U0142678

# 澳門
## 社會現狀調查

五南圖書出版公司 印行

# Macao
# Social
# Survey

澳門大學社會學系教授 李德★澳門大學副教授 蔡天驥★
澳門大學副教授 王紅宇★澳門大學副教授 郭世雅★___主編

# 目錄

# 圖表目錄

# 第一章 序言

李德、蔡天驥、王紅宇

MACAO.

## 第一節　需求、目標以及總體設計

　　在包括中國大陸、台灣、香港和澳門的兩岸四地，澳門是唯一沒有大型社會調查的地區。中國大陸、台灣和香港都有類似的社會調查，而且都已經進行了多年。比如，大陸有北京大學主辦的「中國家庭追蹤調查」（CFPS），台灣有台灣中央研究院主辦的「台灣社會變遷基本調查」（TSCS），香港有香港科技大學主辦的「香港社會動態追蹤調查」（HKPSSD）。這些調查研究擁有以下共同特點。第一，它們普遍使用能夠代表整個目標人群的樣本；第二，它們的研究設計全是縱向的，採用的方法或者是追蹤研究（panel study）或者是長期橫斷面設計（long-term cross-sectional design）；第三，它們都涵蓋眾多的主題領域，蒐集能夠建立各項主要社會指標的廣泛數據。

　　由於缺乏具有代表性的社會調查研究，澳門的許多社會問題都不能得到完整的認識，在兩岸四地其他地區被認為理所當然的社會指標的計量也無法進行。特別是，由於缺乏以人口為基礎的經驗數據，許多與澳門社會發展緊密相關的社會問題得不到研究。這些問題包括社會分層、移民、家庭轉型、社會認同、生理與心理健康、價值觀念、成癮和犯罪行為，以及博彩和旅遊業的影響等等。為了彌補這方面的空缺，澳門大學社會學系的師生花了三年多的時間，於 2015 至 2017 年之間設計並進行了一項澳門最大和最有代表性的題為「澳門社會調查」的實證研究，本書的各個章節展現了這項研究的主要結果。

　　「澳門社會調查」的主要目標有以下幾個。第一、建立有效的涵蓋社會分層、移民、就業、婚姻、家庭、身份認同、健康、犯罪、宗教以及價值觀念等領域的社會指標。第二、創建一個可

以用來進行澳門研究以及與世界其他國家和地區橫向比較研究的數據庫。第三，透過數據分析發現並驗證適合澳門社會的社會學理論。第四，基於實證研究，為澳門社會的健康發展提供政策建議。第五，為以後進行的關於澳門社會發展和變化的縱向研究提供基礎數據。

在方法和設計上，「澳門社會調查」擁有三個區別於以前調查研究的特徵。第一，它採用的是入戶調查，也就是說，由訪員到受訪者的家裡直接進行訪談。入戶調查是國際上大型社會調查最常使用的方法，如美國的「綜合社會調查」和北京大學主辦的「中國家庭追蹤調查」使用的都是這種方法。澳門沒有包含所有人口的抽樣框架，因此，創建有代表性而且易於接觸的樣本的最好的方法是採用「綜合社會調查」和「中國家庭追蹤調查」的設計，先抽取家庭然後再選擇家中的成員。第二，「澳門社會調查」使用的是能夠代表澳門人口的概率樣本。關於澳門文化和社會問題的調查並不少，比如，澳門的聖若瑟大學於 2007 至 2012 年間進行了 12 次關於澳門生活質量的調查（Rato and Davey, 2012）。但是，以前的調查研究使用的多是規模比較小的簡便樣本，加上比較低的回覆率，所蒐集的數據一般缺少代表性。本次調查採用多階段分層聚類概率比例抽樣法，所選樣本能夠在最大程度上代表結構複雜的居住人口，與此相應，調查的結果能夠更準確地描述澳門的社會和人口特徵。第三，我們在蒐集數據時使用的是國際先進調查研究經常使用的電腦輔助面訪（CAPI）。到目前為止，電話調查是澳門境內社會調查研究經常採用的方法。電話調查雖然容易操作而且費用較低，但涉及的內容往往有限，而且回覆率一般比較低。為了避免這類問題，本調查透過個人訪談的方式在許多不同的領域與研究對象進行交流，蒐集訊息既廣泛又深入，而且達到了相當高的回覆率。

最後應當指出，「澳門社會調查」是一個由澳門大學資助、澳門大學社會科學學院社會學系教師和研究生共同策劃、設計並執行的大型研究項目。項目的總負責人（Principal Investigator）為李德教授，副主持人（Co-Principal Investigator）為王紅宇、蔡天驥和郭世雅教授，唐偉擔任項目管理人。我們還專門成立了國際專家指導委員會，指導項目的設計與執行。委員會的成員包括美國伊利諾伊大學的廖福挺（Tim Liao）教授、倫敦大學學院的 Roy Fitzgerald 教授、北京大學的任強教授、香港科技大學的吳曉剛教授，以及香港中文大學的張越華教授。這些專家在項目籌備階段提出了許多寶貴的建議。入戶訪談由接受過專門培訓的澳門大學的研究生和本科生執行，沒有他們長達一年的辛苦和努力，這項調查研究也不可能按時間和計畫順利完成。

## 第二節　研究方法：抽樣與加權

### 一、引言

受澳門大學資助，「澳門社會調查」（Macao Social Survey，MSS）是由澳門大學社會學系進行的研究項目。該調查旨在透過家庭追蹤調查蒐集家庭和個人層面的數據，包括社會分層、遷移、工作及就業、婚姻與家庭、健康、心理、犯罪、認同以及博彩參與，瞭解有關社會經濟變遷趨勢、成因和其形成過程的模式，對澳門當前和未來面對的種種社會問題進行綜合分析。

本次調查的設計與問題涵蓋方面借鑒諸多現有調查，例如：於 1968 年開始的美國密西根大學的「收入動態追蹤調查」（Panel Study of Income Dynamics, PSID）；1975 年的「監測未來」（Monitoring the Future, MTF）；「香港社會動態追蹤調

查」（Hong Kong Panel Study of Social Dynamics, HKPSSD）；「台灣華人家庭動態資料庫」（Panel Study of Family Dynamics, PSFD）；「台灣社會變遷基本調查」（Taiwan Social Change Survey, TSCS）；「中國家庭動態追蹤調查」（China Family Panel Studies, CFPS）。目前為止，已有二十多個國家或地區進行了基於家庭戶的追蹤調查，MSS 為澳門首個類似的調查，相信從 MSS 分析獲得的結果，可以為政策制定提供參考，以解決諸如不平等、社會流動、貧窮、教育、就業、婚姻與家庭等問題，從而改善澳門居民的生活素質。

「澳門社會調查」項目資助為期三年（從 2015 年 04 月至 2018 年 03 月），經過一年精心準備，包括問卷和抽樣設計，聽取專家組意見，設計調查系統，第一輪訪問工作於 2016 年 06 月正式開始，至 2017 年 06 月結束。調查一共訪問了澳門隨機抽樣獲取的 2,604 個家庭，共 3,508 個個體。本章將詳細介紹 MSS 的抽樣設計、問卷結構、訪問執行狀況，以及數據清理與加權等訊息。此外，還將提供基本的調查結果與 2011 年人口普查數據的對照。

## 二、抽樣設計與方案

### （一）目標人口

MSS 擬覆蓋合資格的澳門家庭住戶內所有成員，根據政府對家庭住戶的定義，即「一同居住並共同負責日常生活開支的一群人士。這些人不一定有親屬關係。如果有人獨自負責日常生活開支，沒有其他人共同分擔，他或她也會被視為住戶，歸類為一人家庭住戶」。透過家庭訪問，對被選合資格的家庭中合資格的成員進行面訪，符合資格的成員為與該家庭有家庭或婚姻關係並在過去 6 個月內，在該家庭累計住滿最少 3 個月或未來 6 個月內打算在該

家庭居住 3 個月或以上的成員。

## （二）抽樣單位與抽樣框

MSS 採用屋宇單位作為最低抽樣單位，屋宇地址為抽樣框，涵蓋全澳陸上非住院人口（不包括如居住於老人院或學生宿舍的人士、懲教機構的囚犯、水上居民等）。每個屋宇單位均以一個單獨的地址作為識別，並詳細列出房屋號碼、街道名稱、大廈名稱、層數和單位號碼。

屋宇地址抽樣框由 2011 年普查資料構建。根據澳門統計暨普查局公布的 2011 年普查結果，全澳分為 22 個普查區（見圖 1-2-1）：青洲區、台山區、黑沙環及祐漢區、黑沙環新填海區、望廈及水塘區、筷子基區、林茂塘區，高士德及雅廉訪區、新橋區、沙梨頭及大三巴區、荷蘭園區、東望洋區，新口岸區、外港及南灣湖新填海區、中區、下環區、南西灣及主教山區、海洋及小潭山區、冰仔中心區、大學及北安灣區／北安及大潭山區、冰仔舊城及馬場區，以及路環區。

結合 Google 與百度地圖，訪員走訪全部普查區，列出該區所有居民屋宇單位，包括小區大廈和獨立屋。小區大廈單位以大廈名稱、樓層、單位號碼作為唯一識別；獨立屋以街道名稱、門牌號碼作為唯一識別。臨時建築物如天台、建築工地活動屋及後巷建築物沒有列入抽樣框。

## （三）抽樣方案

### 1. 樣本量

MSS 的目標是訪問約 2,500 個全澳家庭住戶。這個最終的樣本量取決於在簡單隨機抽樣假設下估計一個總體比例 $p$ 時所需要的樣本量。當絕對抽樣誤差少於 2% 和置信水準為 95%，合適的樣

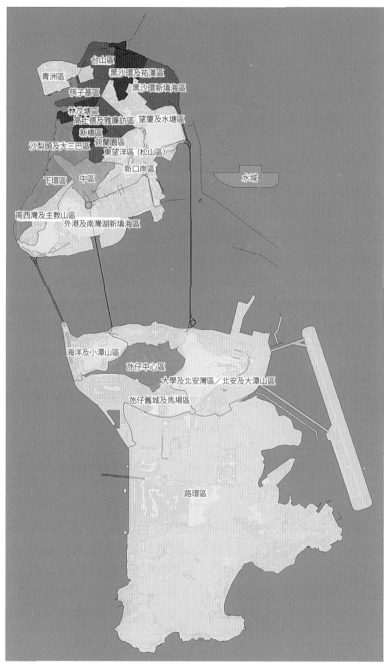

圖 1-2-1　澳門 2011 年普查區域劃分

本量的計算公式為：

$$n_0 = \frac{u_a^2 \times p(1-p)}{d^2} = 2{,}500$$

其中 $d$ 代表絕對抽樣誤差（數值是 0.02），當置信水準值是 0.95 時 $u_a$ 取 2，$p(1-p)$ 則取最大值 0.25。由於調查採用分層抽樣法，所以設計效應不會大於 1。這個總樣本量 2,500 個家庭住戶確保了對總體參數的恰當估計，樣本量是合適的。根據以往的經驗，比如 HKPSSD 第一期（2014）訪問了 8,678 個有效地址，成功訪問 3,624 個合格家庭，回應率大約 41%；CFPS 第一期（2014），發放樣本 19,986 戶，14,960 戶完成訪問，累計戶回應率為 81.3%；TSCS 六期五次（2014）家庭的應答率為 50% 左右。根據以上資料，我們初步假設回應率 50%，同時考慮到屋宇地址框中還有不合資格的地址（例如：無人居住單位，或者住宅轉商用單位），這樣估計樣本至少要有 5,000 個地址才能訪問到 2,500 個家庭住戶。

## 2. 抽樣過程

本次研究採用分層隨機抽樣方法，重點關注所選樣本的地理代表性。具體的抽樣過程如下：

參考 2011 年普查結果，按照人口分布比例，確定每個普查區抽取單位數量。由於澳門政府公共出租房屋──社屋的興建，望廈社屋（2012 年，346 單位）、石排灣社屋（2013 年，4,672 單位）、筷子基社屋（2015 年，737 單位）先後投入使用，使得人口分布與 2011 年普查時有較大出入。根據訪員走訪結果，我們將 22 個普查區域整合為 15 個抽樣層，按照排查出的屋宇數量，相應調整、制定抽取屋宇個數。

在每一層中隨機抽取所需的單位個數。考慮到可能的拒訪，我們選取了五個獨立複樣本（replicate）。當某個層抽樣耗盡，便可以使用下一個複樣本抽取的單位，直到達到目標樣本量。具體抽樣數量與最終訪問結果在表 1-2-1 中列出。

表 1-2-1 2011 年普查區域戶數與樣本分配

| 2011 普查區域 | 2011 普查戶數 | 按比例分配數量 | 抽樣單位數量 | 完成／聯繫個數 |
|---|---|---|---|---|
| 青洲區 + 台山區 | 3,332+12,271 | 94+346 | 440*5 | 220/628 |
| 黑沙環及祐漢區 | 19,760 | 558 | 500*5 | 254/827 |
| 黑沙環新填海區 | 15,903 | 449 | 520*5 | 269/796 |
| 望廈及水塘區＋筷子基區＋林茂塘區 | 6,841+7,409+14,663 | 193+209+414 | 580*5 | 290/1,074 |
| 高士德及雅廉訪區 | 7,729 | 218 | 220*5 | 110/383 |
| 新橋區 | 14,051 | 397 | 340*5 | 170/446 |
| 沙梨頭及大三巴區 | 8,913 | 252 | 240*5 | 125/337 |
| 荷蘭園區 | 8,795 | 248 | 260*5 | 131/672 |
| 東望洋區＋新口岸區＋外港及南灣湖新填海區 | 1,669+3,935+4,092 | 48+111+116 | 300*5 | 150/559 |
| 中區 | 7,422 | 210 | 200*5 | 101/371 |
| 下環區 | 12,320 | 348 | 280*5 | 140/401 |
| 南西灣及主教山區 | 3,636 | 103 | 100*5 | 50/181 |
| 海洋及小潭山區＋大學及北安灣區＋氹仔舊城及馬場區 | 3,254+1,669+1,274 | 92+48+36 | 240*5 | 120/316 |
| 氹仔中心區 | 17,585 | 496 | 520*5 | 260/882 |
| 路環區 | 853 | 25 | 420*5 | 211/828 |
| 總計 | 177,376 | 5,011 | 5,160*5 | 2,601/8,155 |

## 3. 實際結果

　　最終調查成功走訪 2,601 屋宇單位，訪問 3,502 人。我們將調查結果與澳門統計暨普查局公布的按居住地、性別、出生地、受教育程度、婚姻狀態、年齡的 2016 年中期人口統計做了比較。從表 1-2-2 中可以看出，調查結果中居住在路環的比例稍高（+4.60%），出生在澳門的多（+11.57%），而出生在大陸的稍低（−5.44%），接受過大學教育的比例高（+8.65%），年齡在 25 至 29 歲的稍多（+2.51%）。在婚姻狀態、性別特徵上，沒有明顯差距。

表 1-2-2　調查結果與 2016 年中期人口統計的比較

| 變量 | 類別 | 調查（%） | 2016 中期人口統計（%） | 差異（%） |
|---|---|---|---|---|
| 居住地 | 澳門 | 78.13 | 80.05 | −1.92 |
| | 氹仔 | 13.14 | 15.81 | −2.67 |
| | 路環 | 8.74 | 4.14 | +4.60 |
| 性別 | 男 | 47.57 | 48.20 | −0.63 |
| | 女 | 52.43 | 51.80 | +0.63 |
| 出生地 | 澳門 | 52.27 | 40.70 | +11.57 |
| | 香港 | 1.63 | 3.30 | −1.67 |
| | 大陸 | 38.16 | 43.60 | −5.44 |
| | 台灣 | 0.34 | 0.50 | −0.16 |
| | 菲律賓 | 0.71 | 4.40 | −3.69 |
| | 亞洲國家 | 6.06 | 6.20 | −0.14 |
| | 其他 | 0.83 | 1.20 | −0.37 |
| 受教育程度 | 小學以下 | 7.93 | 9.30 | −1.37 |
| | 小學 | 13.75 | 15.20 | −1.45 |
| | 初中 | 22.59 | 20.10 | +2.49 |
| | 高中 | 22.22 | 26.20 | −3.98 |

（續表 1-2-2）

| 變量 | 類別 | 調查（%） | 2016 中期人口統計（%） | 差異（%） |
|------|------|---------|----------------------|----------|
| 受教育程度 | 非學位課程 | 3.69 | 2.00 | +1.69 |
| | 學位課程 | 29.75 | 21.10 | +8.65 |
| | 其他 | 0.06 | 6.20 | −6.14 |
| 婚姻狀態 | 未婚 | 29.99 | 29.90 | 0.09 |
| | 已婚 | 64.29 | 63.20 | +1.09 |
| | 分居／離婚 | 2.52 | 3.30 | −0.78 |
| | 鰥寡 | 3.20 | 3.70 | −0.50 |
| 年齡組 | 20 歲以下 | 3.90 | 4.90 | −1.00 |
| | 25-29 | 10.61 | 8.10 | +2.51 |
| | 30-34 | 11.48 | 11.50 | −0.02 |
| | 35-39 | 10.43 | 12.20 | −1.77 |
| | 40-44 | 7.76 | 9.10 | −1.34 |
| | 45-49 | 6.30 | 8.80 | −2.50 |
| | 50-54 | 8.97 | 9.10 | −0.13 |
| | 55-59 | 8.66 | 9.50 | −0.84 |
| | 60-64 | 9.84 | 8.70 | +1.14 |
| | 65-69 | 7.58 | 6.90 | +0.68 |
| | 70-74 | 6.37 | 4.70 | +1.67 |
| | 75-79 | 3.65 | 2.40 | +1.25 |
| | 80 以上 | 4.45 | 4.10 | +0.35 |

## （四）樣本加權

　　造成樣本與中期統計數據之間差異的原因可能是多種多樣的。比如，基於 2011 年普查的抽樣框與 2016 年人口居住情況的差異（例如：社屋的興建與使用）；普查局與本次調查對目標人口的

定義不完全一致；選擇性拒訪以及隨機抽樣誤差。為了彌補抽樣誤差，根據澳門統計普查局提供的 2016 年分地區，按出生地、性別，以及婚姻狀態中期人口數，我們利用 Raking 法（Bishop et al., 1975；Izrael, et al., 2000）對實際調查數據進行了加權。Raking 法是透過迭代的方式對調查數據進行加權以達到加權後調查數據與已知的目標特徵（例如：普查分布）一致。然而，不同的目標變量的選擇會造成加權結果的不同。再加上加權過程本身也會增添不確定性，加權過程需要額外謹慎。一般而言，在缺乏對樣本與已知目標人口差距具體原因的分析情況下，加權前後的結果盡量保持已知。因此我們設計了不同的加權方案，在對不同方案的結果比較之後，選取相對穩健的一個。

從前述比較中我們發現，調查結果與 2016 年中期婚姻狀態、性別特徵並無太大區別，居住地的差異也相對較小，因此我們選取這三個變量作為基礎目標變量。然後加入年齡組（方案一）、出生地（方案二）、受教育程度（方案三）、出生地與受教育程度（方案四）。接下來，我們選取了一系列沒有包括在目標變量中的指標，比較加權前後的結果。表 1-2-3 給出了在一系列 0-1 變量或者連續變量上的 z 檢驗結果。可以看出，四種方案都沒有顯著的加權前後的區別，儘管方案三與四相對差別要比方案一和二要大。接下來，我們有選取了一些定類變量，在每一個類別上，我們做了加權前後的 z 檢驗，而每個變量則用 F 檢驗來查看加權前後是否有區別。從表 1-2-4 可以看出，方案一的加權前後差異最小。因此，我們採用方案一的加權結果，即以居住地、性別、年齡組以及婚姻狀態作為目標變量進行加權。但值得注意的是，由於年齡變量的缺失，部分個體無法完成加權。

表 1-2-3　加權方案在連續變量上的比較結果

| 變量 | 方案一<br>diff(std.err) | 方案二<br>diff(std.err) | 方案三<br>diff(std.err) | 方案四<br>diff(std.err) |
|---|---|---|---|---|
| 是否賭博 | 0.009(0.441) | 0.010(0.551) | 0.014(0.901) | 0.021(0.990) |
| 是否喝酒 | 0.016(0.667) | 0.025(0.761) | −0.013(1.082) | −0.009(1.139) |
| 是否使用毒品 | 0.001(0.098) | 0.000(0.072) | −0.001(0.064) | −0.001(0.065) |
| 是否被盜 | 0.004(0.312) | 0.006(0.337) | −0.008(0.322) | −0.009(0.302) |
| 是否被非法入侵 | 0.000(0.137) | −0.000(0.133) | −0.001(0.182) | 0.000(0.187) |
| 是否車輛被盜 | 0.001(0.285) | 0.000(0.246) | −0.003(0.315) | −0.005(0.296) |
| 是否被搶劫 | 0.001(0.119) | −0.000(0.115) | −0.001(0.140) | −0.001(0.139) |
| 是否被威脅 | 0.000(0.112) | 0.000(0.100) | −0.000(0.126) | 0.001(0.138) |
| 是否被熟人侵害 | 0.001(0.123) | 0.001(0.112) | −0.002(0.110) | −0.001(0.121) |
| 是否被強姦 | −0.000(0.048) | 0.000(0.044) | 0.000(0.081) | 0.000(0.082) |
| 是否隱瞞犯罪傷害 | 0.001(0.178) | 0.001(0.156) | −0.004(0.141) | −0.004(0.143) |
| BMI | 0.000(0.001) | 0.000(0.001) | 0.000(0.011) | 0.000(0.012) |

注：*** $p < .001$；**$p < .01$；*$p < .05$；+$p < .1$。

表 1-2-4　加權方案在定類變量上的比較結果

| 變量 | 類別 | 方案一<br>diff(std.err) | 方案二<br>diff(std.err) | 方案三<br>diff(std.err) | 方案四<br>diff(std.err) |
|---|---|---|---|---|---|
| 幸福指數自評 | 1 非常不開心 | −0.001(0.002) | 0.002(0.002) | −0.000(0.002) | −0.001(0.002) |
| | 2 | −0.000(0.005) | −0.005(0.005) | −0.003(0.005) | −0.003(0.005) |
| | 3 | −0.009(0.006) | −0.014(0.006)* | −0.019(0.005)*** | −0.020(0.005)*** |
| | 4 | 0.002(0.010) | −0.001(0.009) | −0.008(0.009) | −0.020(0.009)* |
| | 5 | 0.006(0.012) | −0.001(0.011) | 0.005(0.011) | 0.008(0.011) |
| | 6 | 0.001(0.011) | 0.008(0.011) | 0.040(0.011)*** | 0.040(0.011)*** |
| | 7 非常開心 | 0.001(0.011) | 0.011(0.010) | −0.015(0.010) | −0.004(0.010) |

（續表 1-2-4）

| 變量 | 類別 | 方案一 diff(std.err) | 方案二 diff(std.err) | 方案三 diff(std.err) | 方案四 diff(std.err) |
|---|---|---|---|---|---|
|  | F-test | 1.981(6) | 9.282(6) | 24.386(6)*** | 28.192(6)*** |
| 與同齡人相比，幸福指數自評 | 1 更不開心 | −0.000(0.002) | 0.002(0.002) | −0.001(0.002) | −0.001(0.002) |
|  | 2 | −0.001(0.004) | −0.002(0.004) | 0.002(0.004) | 0.000(0.004) |
|  | 3 | −0.007(0.007) | −0.009(0.006) | −0.012(0.006)* | −0.014(0.006)* |
|  | 4 | −0.007(0.012) | −0.011(0.011) | −0.033(0.010)** | −0.036(0.010)*** |
|  | 5 | 0.008(0.012) | −0.000(0.011) | 0.005(0.011) | 0.006(0.011) |
|  | 6 | 0.006(0.012) | 0.012(0.012) | 0.052(0.012)*** | 0.061(0.012)*** |
|  | 7 更開心 | 0.000(0.008) | 0.008(0.008) | −0.013(0.007)+ | −0.015(0.007)* |
|  | F-test | 1.699(6) | 5.468(6) | 28.143(6)*** | 37.326(6)*** |
| 與同齡人相比，健康自評 | 好許多 | −0.000(0.006) | 0.008(0.005) | −0.007(0.005) | 0.010(0.006)+ |
|  | 較好 | 0.007(0.012) | −0.001(0.011) | −0.040(0.011)*** | −0.053(0.011)*** |
|  | 差不多 | −0.000(0.013) | −0.007(0.012) | −0.003(0.012) | 0.001(0.012) |
|  | 較差 | −0.006(0.008) | 0.001(0.008) | 0.043(0.009)*** | 0.037(0.009)*** |
|  | 差許多 | −0.000(0.003) | 0.001(0.003) | 0.006(0.003)* | 0.005(0.003) |
|  | F-test | 0.679(4) | 2.022(4) | 35.322(4)*** | 37.335(4)*** |
| 健康自評 | 極好 | 0.001(0.005) | 0.007(0.004) | −0.002(0.004) | 0.017(0.005)*** |
|  | 很好 | 0.007(0.010) | 0.004(0.009) | −0.022(0.009)* | −0.029(0.009)*** |
|  | 好 | −0.002(0.012) | −0.018(0.011) | −0.044(0.011)*** | −0.046(0.011)*** |
|  | 一般 | −0.004(0.012) | 0.003(0.011) | 0.011(0.011) | 0.007(0.011) |
|  | 差 | −0.002(0.006) | 0.005(0.007) | 0.057(0.008)*** | 0.052(0.008)*** |
|  | F-test | 0.681(4) | 4.337(4) | 61.727(4)*** | 71.696(4)*** |
| 吸菸 | 從沒吸過菸 | −0.013(0.009) | −0.019(0.009)* | −0.059(0.009)*** | −0.057(0.009)*** |
|  | 一兩次 | 0.003(0.004) | 0.003(0.003) | −0.001(0.003) | −0.003(0.003) |

（續表 1-2-4）

| 變量 | 類別 | 方案一<br>diff(std.err) | 方案二<br>diff(std.err) | 方案三<br>diff(std.crr) | 方案四<br>diff(std.err) |
|---|---|---|---|---|---|
| 吸菸 | 偶爾、並不經常 | 0.004(0.005) | 0.002(0.004) | 0.001(0.004) | −0.002(0.004) |
| | 以前經常 | 0.002(0.004) | 0.003(0.004) | 0.011(0.004)* | 0.011(0.004)* |
| | 現在經常 | 0.004(0.006) | 0.011(0.006)+ | 0.048(0.007)*** | 0.051(0.007)*** |
| | F-test | 2.543(4) | 5.182(4) | 56.755(4)*** | 62.298(4)*** |
| 飲酒頻率（12月內） | 沒有 | 0.001(0.004) | 0.000(0.002) | −0.002(0.002) | −0.002(0.002) |
| | 一次 | −0.000(0.010) | 0.009(0.007) | −0.007(0.006) | −0.006(0.006) |
| | 兩次 | −0.002(0.015) | 0.003(0.011) | 0.021(0.012)+ | 0.031(0.012)* |
| | 三次至五次 | −0.003(0.014) | −0.007(0.011) | −0.006(0.012) | −0.011(0.011) |
| | 五次至九次 | 0.002(0.016) | 0.016(0.014) | 0.008(0.014) | 0.021(0.014) |
| | 十次及以上 | 0.003(0.025) | −0.021(0.020) | −0.014(0.020) | −0.033(0.020) |
| | F-test | 0.169(5) | 3.382(5) | 5.458(5) | 10.889(5)+ |
| 自我認同（澳門人） | 1 非常不認同 | 0.002(0.004) | 0.025(0.005)*** | −0.000(0.004) | 0.032(0.005)*** |
| | 2 | −0.000(0.003) | −0.000(0.003) | −0.000(0.003) | −0.001(0.003) |
| | 3 | 0.001(0.004) | 0.003(0.004) | −0.003(0.004) | −0.003(0.004) |
| | 4 一般 | 0.002(0.009) | −0.002(0.008) | −0.017(0.008)* | −0.020(0.008)* |
| | 5 | −0.006(0.009) | −0.017(0.008)* | −0.025(0.008)** | −0.028(0.007)*** |
| | 6 | −0.002(0.010) | −0.017(0.010)+ | −0.023(0.010)* | −0.028(0.010)** |
| | 7 非常認同 | 0.003(0.013) | 0.008(0.012) | 0.067(0.012)*** | 0.047(0.012)*** |
| | F-test | 0.840(6) | 36.235(6)*** | 32.782(6)*** | 75.690(6)*** |

（續表 1-2-4）

| 變量 | 類別 | 方案一<br>diff(std.err) | 方案二<br>diff(std.err) | 方案三<br>diff(std.err) | 方案四<br>diff(std.err) |
|---|---|---|---|---|---|
| 自我認同（中國人） | 1 非常不認同 | 0.003(0.004) | 0.018(0.004)*** | −0.008(0.003)** | −0.005(0.003)+ |
| | 2 | 0.001(0.003) | −0.002(0.003) | 0.002(0.003) | 0.001(0.003) |
| | 3 | −0.005(0.005) | −0.004(0.004) | −0.012(0.004)** | −0.012(0.004)** |
| | 4 一般 | −0.014(0.010) | −0.015(0.009) | −0.033(0.009)*** | −0.030(0.009)*** |
| | 5 | 0.001(0.009) | −0.013(0.008)+ | −0.016(0.008)* | −0.015(0.008)+ |
| | 6 | 0.000(0.008) | −0.005(0.008) | −0.009(0.008) | −0.007(0.008) |
| | 7 非常認同 | 0.014(0.013) | 0.021(0.012)+ | 0.077(0.012)*** | 0.069(0.012)*** |
| | F-test | 3.543(6) | 27.871(6)*** | 52.761(6)*** | 39.327(6)*** |
| 自我認同（澳門人 vs. 中國人） | 1 澳門人 | 0.000(0.004) | 0.004(0.004) | −0.005(0.004) | −0.006(0.004)+ |
| | 2 | −0.001(0.005) | −0.001(0.004) | −0.005(0.004) | −0.006(0.004) |
| | 3 | −0.005(0.006) | −0.009(0.005)+ | −0.015(0.005)** | −0.015(0.005)** |
| | 4 澳門人＋中國人 | −0.010(0.013) | −0.008(0.012) | 0.016(0.012) | 0.008(0.012) |
| | 5 | 0.007(0.009) | −0.002(0.009) | −0.015(0.009)+ | −0.008(0.009) |
| | 6 | 0.001(0.006) | −0.000(0.007) | 0.010(0.007) | 0.008(0.007) |
| | 7 中國人 | 0.007(0.007) | 0.015(0.007)* | 0.016(0.007)* | 0.019(0.007)** |
| | F-test | 2.453(6) | 8.690(6) | 22.137(6)** | 20.838(6)** |
| 政治傾向 | 1 十分保守 | 0.000(0.004) | 0.007(0.004) | 0.004(0.004) | 0.001(0.004) |
| | 2 | −0.001(0.005) | 0.000(0.005) | 0.001(0.005) | 0.000(0.005) |
| | 3 | −0.007(0.006) | −0.007(0.006) | −0.007(0.006) | −0.010(0.006)+ |

（續表 1-2-4）

| 變量 | 類別 | 方案一 diff(std.err) | 方案二 diff(std.err) | 方案三 diff(std.err) | 方案四 diff(std.err) |
|---|---|---|---|---|---|
| 政治傾向 | 4 溫和中間派 | −0.007(0.013) | −0.008(0.012) | 0.004(0.012) | −0.002(0.012) |
| | 5 | 0.004(0.009) | 0.001(0.009) | −0.015(0.009)+ | −0.004(0.009) |
| | 6 | 0.005(0.007) | −0.001(0.008) | 0.015(0.009)+ | 0.013(0.009) |
| | 7 十分開放 | 0.006(0.008) | 0.008(0.007) | −0.002(0.007) | 0.002(0.007) |
| | F-test | 2.577(6) | 4.963(6) | 7.340(6) | 5.103(6) |
| 身為中國人我感到自豪 | 非常不同意 | 0.003(0.004) | 0.007(0.004)+ | 0.009(0.004)* | 0.004(0.004) |
| | 不同意 | 0.001(0.009) | 0.000(0.008) | −0.024(0.008)** | −0.023(0.008)** |
| | 同意 | −0.003(0.012) | −0.005(0.011) | 0.038(0.011)*** | 0.031(0.011)** |
| | 非常同意 | −0.000(0.009) | −0.002(0.008) | −0.023(0.008)** | −0.013(0.008) |
| | F-test | 0.436(3) | 2.833(3) | 24.263(3)*** | 13.240(3)** |
| 擅自拿走他人錢財物品 | 0 次 | −0.002(0.003) | 0.001(0.003) | 0.002(0.002) | 0.003(0.002) |
| | 1 次 | 0.000(0.002) | −0.000(0.002) | −0.002(0.002) | −0.002(0.002) |
| | 2 次 | 0.002(0.002) | 0.000(0.001) | 0.001(0.001) | 0.000(0.001) |
| | 3 次以上 | 0.000(0.001) | −0.000(0.001) | −0.001(0.001) | −0.001(0.001) |
| | F-test | 1.991(3) | 0.054(3) | 1.610(3) | 2.098(3) |
| 無故徒手或以武器傷人 | 0 次 | −0.002(0.002) | −0.000(0.002) | 0.001(0.002) | 0.002(0.002) |
| | 1 次 | 0.001(0.002) | 0.001(0.001) | −0.002(0.001) | −0.002(0.001)+ |
| | 2 次 | 0.000(0.001) | 0.000(0.001) | 0.000(0.001) | 0.000(0.001) |
| | 3 次以上 | 0.000(0.001) | −0.000(0.001) | 0.000(0.001) | 0.000(0.001) |
| | F-test | 0.665(3) | 0.129(3) | 2.944(3) | 3.152(3) |

（續表 1-2-4）

| 變量 | 類別 | 方案一 diff(std.err) | 方案二 diff(std.err) | 方案三 diff(std.err) | 方案四 diff(std.err) |
|---|---|---|---|---|---|
| 故意損毀公共或他人財物 | 0 次 | −0.002(0.002) | −0.000(0.002) | −0.000(0.002) | 0.000(0.002) |
| | 1 次 | 0.001(0.001) | 0.000(0.001) | −0.001(0.001) | −0.001(0.001) |
| | 2 次 | 0.001(0.001) | −0.000(0.001) | −0.001(0.001) | −0.001(0.001) |
| | 3 次以上 | −0.000(0.001) | −0.000(0.001) | 0.001(0.001) | 0.001(0.001)+ |
| | F-test | 0.981(3) | 0.107(3) | 4.424(3) | 4.781(3) |
| | 樣本量 | 2,873 | 3,498 | 3,489 | 3,489 |

注：***p < .001；**p < .01；*p < .05；+p < .1。

## 第三節　研究方法：問卷

　　問卷主要包括兩部分。首先是有關受訪者的家庭和所住社區的情況，比如受訪者是否僱住家外傭、居住面積、居住環境、家庭收入、社區安全等等。第二部分是問卷的主體，包括了九個部分，我們蒐集了有關受訪者的基本訊息、教育、宗教、工作收入及工作期望、身體健康及心理健康、澳門居民的價值體系、身份認同、幸福感、政治與社團的參與、賭博行為、犯罪與被害的基本訊息。基於澳門擁有為數不少的投資及技術移民，我們特別設置了一個有關移民的模組，蒐集有關移民的移民途徑、居澳年限、來自何方、移民前與移民後工作對比等等訊息。

　　具體說來基本訊息模組包括了受訪者的性別、年齡、身份、出生地、婚姻狀況、語言的使用。有關澳門居民教育的模組，我們蒐集了澳門居民的最高學歷、接受教育的地點、是全職學生還是半工

半讀等等訊息。有關宗教信仰的模組，我們蒐集了受訪者的宗教信仰、參與宗教活動的頻率、宗教在受訪者生活中的重要性、受訪者對神的認知程度等等訊息。在有關工作、工作收入及工作預期的模組，我們蒐集了受訪者的工作性質、工作地點、工作收入、工作歷史，以及工作福利等詳盡的訊息。在有關受訪者的身體健康模組與心理健康的模組，我們蒐集了受訪者的身高、體重、健康狀況、疾病史、就醫狀況、醫療保險、吸菸、飲酒、非醫用藥物的使用及心理健康等訊息。

在有關受訪者價值體系及身份認同的模組，我們蒐集了受訪者對非主流或邊緣群體（比如有毒癮的人、同性戀、外籍勞工、愛滋病患者等）的態度、受訪者對性別平等的看法、受訪者對澳門未來十年發展方向及急需解決問題的看法以及對澳門與內地關係的看法。有關身份認同，我們蒐集了受訪者是否認為自己是澳門人或是中國人的態度，以及受訪者是否可以正確識別中華人民共和國的國旗；在這個模組，我們同時還蒐集了有關受訪者的幸福感及性格特點等訊息。在政治與社團參與的模組，我們首先蒐集了有關受訪者媒體使用的概況，比如受訪者透過報刊、電視、網路獲取有關時政新聞的頻率；在這一模組，我們還蒐集了受訪者社團及義工參與的種類與頻率的詳盡訊息。有關受訪者的政治參與，我們蒐集了有關受訪者的政治興趣、政治效能、政治信任、政治動員，及政治參與的方式和所扮演的角色的訊息。有關賭博的模組，我們蒐集了有關受訪者參與賭博活動的種類、賭博的金額、賭博上癮的程度以及對澳門博彩業的看法等訊息。最後，在犯罪與被害的模組，我們蒐集了有關受訪者是否曾經犯過偷竊、傷人、破壞公物，或是否成為這些非法行為的受害者等訊息。

總體來說，我們的問卷蒐集了有關受訪者基本訊息、教育程

度、宗教信仰、工作歷史、經濟狀況、身體及心理狀況、社團政治
參與、價值體系、幸福感、賭博行為、犯罪及被害的詳盡訊息。

## 參考文獻

1. Bishop, Yvonne M. M., Fienberg, Stephen E., and Holland, Paul W.(1975). *Discrete Multivariate Analysis: Theory and Practice.* Cambridge, MA: MIT Press

2. Izrael, David, Hoaglin, David C., and Battaglia, Michael P.(2000). A SAS Macro for Balancing a Weighted Sample. Proceedings of the Twenty-Fifth Annual SAS Users Group International Conference, Paper 275.

3. Rato, R. and Davey, G.(2012). Quality of life in Macau, China. *Social Indicators Research, 105*, 93-108.

# 第二章　社區、家庭與婚姻關係

夏一巍、李毅

MACAO.

## 第一節　社區與家庭

社區是一個社會的重要單位。生活在同一區域的人群，有共同的文化，形成社區。在澳門社會，社區具有重要的社會功能。社區透過歸屬感凝聚內部成員，而內部成員可以透過自己的行動來改造社區，進而對整個社會產生一定的影響。

家庭是社會的基本單位。人類歷史上，家庭始終有著重要的功能，比如生產、消費、生育、撫養後代等。成員們在家庭裡共同生活，照顧對方。家庭也是個人和社會之間的橋梁。新的生命來到這個世界後首先是由家庭成員來撫育，之後再接受社會化的教育，比如上學、參加工作。

目前學術界對澳門社會的社區和家庭研究沒有太多詳細的個人層面數據和分析。可以說這方面的研究還是一片空白。本章將用澳門社會調查的數據，對澳門社會的社區和家庭狀況進行描述性分析。本章所做的描述和分析將首次對澳門社會的社區和家庭做一個社會學人口學角度的基本研究。

### 一、澳門社區基本情況描述

### （一）居民對社區的基本態度和看法

在澳門綜合社會調查中，我們詢問了受訪者關於社區的一些看法。首先我們看一下受訪者對社區環境的一個整體的評價。表2-1-1 顯示對「人民沒有足夠重視法律和規則」有 11% 的人認為是個大問題，有 29% 的人認為是一般問題，有 60% 的人認為不是個問題。對「犯罪和暴力事件」有 12% 的人認為是個大問題，有 24% 的人認為是一般問題，有 65% 的人認為不是個問題。對「廢棄或者倒塌的建築」有 12% 的人認為是個大問題，有 24% 的人

認為是一般問題，有 64% 的人認為不是個問題。對「警力不足」有 13% 的人認為是個大問題，有 30% 的人認為是一般問題，有 57% 的人認為不是個問題。對「公共交通資源缺乏」有 19% 的人認為是個大問題，有 26% 的人認為是一般問題，有 55% 的人認為不是個問題。對「父母不監管他們的小孩」有 11% 的人認為是個大問題，有 24% 的人認為是一般問題，有 65% 的人認為不是個問題。對「人們只顧自己而不關心社區的事情」有 12% 的人認為是個大問題，有 29% 的人認為是一般問題，有 59% 的人認為不是個問題。對「很多人找不到工作」有 13% 的人認為是個大問題，有 23% 的人認為是一般問題，有 64% 的人認為不是個問題。

表 2-1-1　居民對社區問題的看法

| 問題 ＼ 看法 | 大問題 | 一般問題 | 不是問題 | N |
|---|---|---|---|---|
| 人民沒有足夠重視法律和規則 | 11% | 29% | 60% | 2,673 |
| 犯罪和暴力事件 | 12% | 24% | 65% | 2,669 |
| 廢棄或者倒塌的建築 | 12% | 24% | 64% | 2,661 |
| 警力不足 | 13% | 30% | 57% | 2,666 |
| 公共交通資源缺乏 | 19% | 26% | 55% | 2,673 |
| 父母不監管他們的小孩 | 11% | 24% | 65% | 2,667 |
| 人們只顧自己而不關心社區的事情 | 12% | 29% | 59% | 2,735 |
| 很多人找不到工作 | 13% | 23% | 64% | 2,637 |

　　接下來，我們看一下分區域的評價。我們將澳門分為三個大的區域：澳門半島、氹仔、路環。表 2-1-2 顯示了居住在三個區域的居民對表 2-1-1 所列的各種社區問題認為「大問題」和「一般問題」的百分比。根據表 2-1-2，我們可以發現居住在澳門半島、氹仔、路環對於上述各類問題的感知並不相同，除少數例外，居住在氹仔

的居民比居住在澳門半島的居民對各類問題的感知更為明顯。而居住的路環的居民對各類問題的感知均明顯低於澳門半島和氹仔。

具體來說，澳門半島和氹仔均有約 40% 的居民認為「人民沒有足夠重視法律和規則」是一個問題，而在路環僅有 28% 的居民認為是個問題。對「犯罪和暴力事件」而言，居住在氹仔的居民 43% 認為是個問題，而對於居住在澳門半島和路環則的居民而言分別為 34% 和 28% 認為是個問題。類似的，居住在氹仔的居民 44% 認為「廢棄或者倒塌的建築」是個問題，而居住在澳門半島和路環的居民則分別有 35% 和 24% 認為是個問題。居住在澳門半島和氹仔的居民認為「警力不足」的百分比較為接近，均略高於 40%，但對於路環居民而言僅有 31% 認為警力不足是個問題。對於「公共交通資源缺乏」而言，澳門居民認為這一方面是個問題的比例最高，為 46%，其次為氹仔居民，比例為 44%，最後為路環居民，僅有 36% 的居民認為「公共交通資源缺乏」是個問題。約 44% 的氹仔居民認為居住社區的「父母不監管他們的小孩」是個問題，而澳門半島僅有 34% 的居民認為這是個問題，路環居民認為這是個問題的比例更少，為 27%。有 46% 和 41% 的氹仔和澳門半島居民認為「人們只顧自己而不關心社區的事情」是一個問題，對於路環居民而言僅有 27% 認為這是個問題。最後，對於「很多人找不到工作」而言，澳門半島和氹仔的居民認為其是一個問題的比例均為 36% 左右，而路環居民則僅有 28% 認為其是一個問題。

表 2-1-2　分區居民對社區問題的看法

| 問題　　　　　　　　　　　地區 | 澳門半島 | 氹仔 | 路環 |
|---|---|---|---|
| 人民沒有足夠重視法律和規則 | 40% | 44% | 28% |
| 犯罪和暴力事件 | 34% | 43% | 28% |

（續表 2-1-2）

| 問題 \ 地區 | 澳門半島 | 氹仔 | 路環 |
|---|---|---|---|
| 廢棄或者倒塌的建築 | 35% | 44% | 24% |
| 警力不足 | 44% | 41% | 31% |
| 公共交通資源缺乏 | 46% | 44% | 36% |
| 父母不監管他們的小孩 | 34% | 44% | 27% |
| 人們只顧自己而不關心社區的事情 | 41% | 46% | 27% |
| 很多人找不到工作 | 37% | 36% | 28% |
| | 2,082 | 385 | 214 |

注：本表匯報的是居民認為該項是個問題的百分比。

　　本次研究還詢問了受訪者從養育孩子角度對社區環境的評價。表 2-1-3 顯示三個區域對該問題的回答分布。從中可以發現：在氹仔地區，居民對社區環境評價正面的比例為 69%（很好 61% 加非常好 8%），澳門半島和路環的居民則分別為 53%（很好 45% 加非常好 8%）和 75%（很好 58% 加非常好 17%）。綜合來看，路環居民對居住環境的評價最高，其次是氹仔居民，最後是澳門半島的居民。

表 2-1-3　從養育孩子角度，居民對社區環境的評價

| 評價 \ 地區 | 澳門半島 | 氹仔 | 路環 |
|---|---|---|---|
| 非常好 | 8% | 8% | 17% |
| 很好 | 45% | 61% | 58% |
| 說不清楚 | 38% | 27% | 19% |
| 不好 | 9% | 4% | 5% |
| 非常不好 | 8% | 8% | 17% |
| N | 2,082 | 385 | 214 |

本次研究進一步詢問了受訪者對社區安全的評價。具體來說我們詢問了受訪者當夜間單獨行走在社區中，是否感到害怕。根據表 2-1-4，約 91%（一點不害怕 16% 加不害怕 75%）的路環居民不害怕走夜路，89%（一點不害怕 27% 加不害怕 62%）的冰仔居民不害怕走夜路，而對於澳門半島居民而言僅有約 86%（一點不害怕 35% 加不害怕 51%）的居民不害怕走夜路。

表 2-1-4　居民對社區安全的評價

| 評價 ＼ 地區 | 澳門半島 | 冰仔 | 路環 |
|---|---|---|---|
| 一點不害怕 | 35% | 27% | 16% |
| 不害怕 | 51% | 62% | 75% |
| 有點害怕 | 13% | 12% | 9% |
| 非常害怕 | 1% | 1% | 0% |
| N | 2,085 | 386 | 214 |

我們也詢問了受訪者對社區遊客數量的看法。表 2-1-5 顯示在澳門半島居民中有 21% 的受訪者認為在其生活的社區中遊客非常多，34% 的認為其生活的社區中遊客數量一般，45% 的認為其生活的社區中幾乎看不到遊客。而對於冰仔居民而言，13% 的居民表示遊客非常多，38% 表示遊客數量一般，49% 表示幾乎看不到遊客。最後，對於路環居民來說，幾乎無任何居民表示遊客數量非常多，但是認為遊客數量的一般和幾乎看不到遊客的居民各占41% 和 59%。

表 2-1-5　居民對社區遊客數量的評價

| 評價 ＼ 地區 | 澳門半島 | 冰仔 | 路環 |
|---|---|---|---|
| 遊客非常多 | 21% | 13% | 0% |

（續表 2-1-5）

| 評價＼地區 | 澳門半島 | 氹仔 | 路環 |
|---|---|---|---|
| 遊客數量一般 | 34% | 38% | 41% |
| 幾乎看不到遊客 | 45% | 49% | 59% |
| N | 2,085 | 387 | 214 |

## 二、澳門主要社區的基本情況

　　接下來，我們將對澳門主要社區的人口構成、教育、婚姻等方面進行描述。為了比較澳門半島、氹仔和路環的人口構成，表 2-1-6 羅列了澳門分島嶼人口的簡單構成。從中可以發現，對於澳門半島而言，4% 的居民小於 20 歲，20-29 歲的居民占 20%，30-39 的占 20%，40-49 歲的占 15%，50-64 歲的占 28%，大於 65 歲的占 13%。而對於氹仔居民而言，小於 20 歲占 3%，20-29 歲的居民占 26%，30-39 的占 23%，40-49 歲的占 23%，50-64 歲的占 19%，大於 65 歲的占 6%。最後，對於路環居民而言，小於 20 歲占 5%，20-29 歲的居民占 18%，30-39 的占 15%，40-49 歲的占 15%，50-64 歲的占 24%，大於 65 歲的占 23%。因此，總體上看，路環居民的平均年齡大於澳門半島的居民，而氹仔居民則相對而言比其他兩個島更加年輕。分區的統計數據詳見表 2-1-7。

表 2-1-6　澳門分島嶼人口構成

| 島嶼＼年齡 | <20 | 20-29 | 30-39 | 40-49 | 50-64 | >=65 | N |
|---|---|---|---|---|---|---|---|
| 澳門半島 | 4% | 20% | 20% | 15% | 28% | 13% | 2,674 |
| 氹仔 | 3% | 26% | 23% | 23% | 19% | 6% | 455 |
| 路環 | 5% | 18% | 15% | 15% | 24% | 23% | 304 |

注：百分比為加權後結果

表 2-1-7 澳門主要堂區人口構成

| 島嶼 | 年齡<br>堂區 | <20 | 20-29 | 30-39 | 40-49 | 50-64 | >=65 | N |
|---|---|---|---|---|---|---|---|---|
| 澳門半島 | 青洲台山 | 6% | 17% | 15% | 11% | 34% | 17% | 314 |
| | 黑沙環祐漢 | 4% | 19% | 18% | 14% | 32% | 14% | 290 |
| | 填海區 | 5% | 17% | 26% | 13% | 27% | 12% | 337 |
| | 望廈 | 3% | 13% | 18% | 16% | 29% | 21% | 335 |
| | 高士德 | 5% | 18% | 21% | 9% | 34% | 14% | 135 |
| | 新橋 | 3% | 26% | 19% | 21% | 22% | 9% | 319 |
| | 大三巴 | 6% | 28% | 18% | 14% | 26% | 8% | 211 |
| | 荷蘭園 | 2% | 14% | 36% | 11% | 19% | 19% | 143 |
| | 東望洋 | 7% | 18% | 19% | 19% | 29% | 8% | 188 |
| | 中區 | 3% | 23% | 15% | 16% | 23% | 20% | 118 |
| | 下環區 | 4% | 35% | 19% | 15% | 25% | 3% | 231 |
| | 南西灣 | 2% | 13% | 33% | 10% | 24% | 20% | 50 |
| 氹仔 | 氹仔 | 6% | 32% | 15% | 24% | 20% | 5% | 152 |
| | 路氹 | 2% | 24% | 27% | 23% | 19% | 6% | 303 |
| 路環 | 路環 | 5% | 18% | 15% | 15% | 24% | 23% | 304 |

　　接下來我們看教育構成。表 2-1-8 羅列了澳門各島受教育情況。從中我們可以發現澳門半島居民 22% 受教育程度為小學及以下，36% 為初中，34% 為高中，大學及以上則占 9%。而對於氹仔居民而言，13% 的居民學歷在小學及以下，35% 的居民為初中，29% 為高中，24% 大學及以上。最後，路環的居民 29% 表示其僅接受過小學及以下的教育，32% 初中，36% 高中，大學及以上僅有 3%。因此，可以明顯看出，氹仔居民受教育程度最高，其次為澳門的居民，再次為路環居民。同樣，分區的統計數據詳見表2-1-9。

表 2-1-8　澳門分島嶼受教育構成

| 島嶼＼教育程度 | 小學及以下 | 初中 | 高中 | 大學及以上 | N |
|---|---|---|---|---|---|
| 澳門半島 | 22% | 36% | 34% | 9% | 1,846 |
| 氹仔 | 13% | 35% | 29% | 24% | 241 |
| 路環 | 29% | 32% | 36% | 3% | 187 |

表 2-1-9　澳門主要社區教育構成

| 島嶼 | 堂區＼教育程度 | 小學及以下 | 初中 | 高中 | 大學及以上 | N |
|---|---|---|---|---|---|---|
| 澳門半島 | 青洲台山 | 30% | 23% | 46% | 2% | 243 |
| | 黑沙環祐漢 | 26% | 29% | 38% | 8% | 226 |
| | 填海區 | 24% | 32% | 35% | 8% | 236 |
| | 望廈 | 32% | 26% | 38% | 4% | 257 |
| | 高士德 | 16% | 30% | 43% | 11% | 98 |
| | 新橋 | 22% | 43% | 25% | 10% | 198 |
| | 大三巴 | 15% | 46% | 32% | 7% | 127 |
| | 荷蘭園 | 11% | 32% | 41% | 16% | 98 |
| | 東望洋 | 9% | 30% | 39% | 22% | 135 |
| | 中區 | 12% | 39% | 30% | 19% | 77 |
| | 下環區 | 9% | 64% | 19% | 8% | 120 |
| | 南西灣 | 19% | 39% | 19% | 24% | 31 |
| 氹仔 | 氹仔 | 12% | 40% | 28% | 22% | 75 |
| | 路氹 | 14% | 24% | 37% | 24% | 166 |
| 路環 | 路環 | 29% | 36% | 32% | 3% | 187 |

　　接下來我們再看婚姻構成。表 2-1-10 顯示在澳門社區中，未婚居民占 28.7%，同居占 1.1%，已婚占 62.8%，喪偶、分居或離異的占 7.3%。氹仔和路環的對應比例與澳門半島居民類似，未婚

分別占 28.6% 和 28.7%，同居分別占 1.4% 和 0.3%，已婚分別占
64.4% 和 64.2%，喪偶、分居或離異的各占 5.6% 和 6.8%。可以
看出，三個地區的婚姻構成基本持平。同樣，分堂區的統計數據詳
見表 2-1-11。

表 2-1-10　澳門主要社區婚姻構成

| 島嶼 ＼ 婚姻 | 未婚 | 同居 | 已婚 | 喪偶、分居或離異 | N |
|---|---|---|---|---|---|
| 澳門半島 | 28.7% | 1.1% | 62.8% | 7.3% | 2,732 |
| 氹仔 | 28.6% | 1.4% | 64.4% | 5.6% | 460 |
| 路環 | 28.7% | 0.3% | 64.2% | 6.8% | 306 |

表 2-1-11　澳門主要社區婚姻構成（分堂區）

| 島嶼 | 堂區 ＼ 婚姻 | 未婚 | 同居 | 已婚 | 喪偶、分居或離異 | N |
|---|---|---|---|---|---|---|
| 澳門半島 | 青洲台山 | 31.2% | 0.0% | 59.1% | 9.6% | 320 |
| | 黑沙環祐漢 | 19.5% | 1.4% | 75.2% | 3.9% | 306 |
| | 填海區 | 20.7% | 1.2% | 69.6% | 8.5% | 350 |
| | 望廈 | 22.6% | 0.0% | 67.1% | 10.3% | 342 |
| | 高士德 | 26.7% | 2.1% | 63.3% | 7.9% | 139 |
| | 新橋 | 35.2% | 1.4% | 55.5% | 7.9% | 319 |
| | 大三巴 | 37.2% | 2.3% | 55.6% | 5.0% | 211 |
| | 荷蘭園 | 23.1% | 1.8% | 64.7% | 10.4% | 148 |
| | 東望洋 | 31.2% | 0.4% | 64.5% | 3.9% | 192 |
| | 中區 | 32.4% | 0.7% | 57.6% | 9.2% | 121 |
| | 下環區 | 50.1% | 3.3% | 45.2% | 1.4% | 232 |
| | 南西灣 | 19.4% | 0.0% | 73.0% | 7.7% | 52 |
| 氹仔 | 氹仔 | 33.8% | 1.0% | 64.3% | 1.0% | 154 |
| | 路氹 | 26.4% | 1.6% | 64.5% | 7.5% | 306 |
| 路環 | 路環 | 28.7% | 0.3% | 64.2% | 6.8% | 306 |

## 三、澳門家庭基本情況描述

在這一節，我們將對澳門家庭基本情況進行描述分析，包括澳門家庭的規模、居住空間、居住面積和產權性質。首先，表 2-1-12 給出了家庭人口規模的描述分析，其中一人戶占 43%，兩人戶占 25%，三人和四人戶分別占 17% 和 12%，五人及以上的戶僅占約 4%。

表 2-1-12　家庭構成

| 家庭規模 | 加權後百分比 | 總數 |
| --- | --- | --- |
| 1 人 | 43% | 1,098 |
| 2 人 | 25% | 644 |
| 3 人 | 17% | 430 |
| 4 人 | 12% | 300 |
| 5 人 | 3% | 85 |
| >5 人 | 1% | 25 |
| N | 100% | 2,582 |

注：由於四捨五入，百分比的合不為 100%。

表 2-1-13 統計了澳門居民主要的居住空間、產權性質和居住面積的訊息：可以看出有 86% 的住戶的居住空間是整個單位，餘下的 14% 是居住在房間裡的一個臥室而不是整個房屋單位。按照產權性質來看，有 66% 的自置物業，17% 的全租戶，9% 的合租戶，1% 的二房東，0.04% 的三房客，4% 的免租金，2% 的公司、雇主提供，以及不到 1% 的其他類型。就房屋居住面積而言，16% 的居民居住的房屋面積低於 40 平方公尺，28% 的居民居住的房屋面積在 40-60 平方公尺之間，17% 的居民房屋面積在 60-80 平方公尺之間，22% 的居民居住房屋面積在 80-120 平方公尺之間，

18% 的居民居住的房屋面積大於 120 平方公尺。但平攤到個體，可以發現，人均居住面積小於 40 平方公尺的高達 55%，人均均值面積在 40-60 平方公尺的居民占 14%，60-80 平方公尺的占 7%，80-120 平方公尺的占 13%，大於 120 平方公尺的仍有 11%。

表 2-1-13　居住空間情況

| | 加權後百分比 | 總數 |
|---|---|---|
| 居住空間 | | |
| 整個單位 | 86% | 2,375 |
| 房間 | 14% | 313 |
| N | 100% | 2,688 |
| 產權性質 | | |
| 自置物業 | 66% | 1,840 |
| 全租戶 | 17% | 417 |
| 合租戶 | 9% | 179 |
| 二房東 | 1% | 8 |
| 三房客 | 0% | 2 |
| 免租金 | 4% | 189 |
| 公司、雇主提供 | 2% | 31 |
| 其他 | 1% | 18 |
| N | 100% | 2,684 |
| 房屋面積（M²） | | |
| < 40 | 16% | 340 |
| 40-60 | 28% | 585 |
| 60-80 | 17% | 350 |
| 80-120 | 22% | 457 |
| > 120 | 18% | 351 |
| N | 100% | 2,083 |

（續表 2-1-13）

| | 加權後百分比 | 總數 |
|---|---|---|
| 人均房屋面積（M²） | | |
| < 40 | 55% | 1,140 |
| 40-60 | 14% | 286 |
| 60-80 | 7% | 152 |
| 80-120 | 13% | 266 |
| > 120 | 11% | 231 |
| N | 100% | 2,075 |

注：由於四捨五入，百分比的合不爲100%。

## 四、小結

　　本節主要就澳門居住社區、澳門各區及各島的基本人口學指標以及澳門家庭的基本情況進行簡要的介紹。根據本節，我們有如下發現：首先，從居住社區的評價來看，澳門居民對所居住的社區的評價整體而言較為積極，但澳門各島之間的評價存在差異。具體而言，路環居民對居住環境的評價最高，其次是氹仔的居民和澳門半島的居民。其二，就澳門各個堂區和島嶼的基本人口學指標來看，路環居民的平均年齡大於澳門半島的居民，而氹仔的居民則相對而言比其他兩個島的居民更加年輕。氹仔的居民受教育程度最高，其次為澳門的居民，再次為路環居民。三個地區的婚姻構成則基本持平。最後，從家庭基本情況來看，澳門家庭絕大多數為一人戶和兩人戶，普遍居住在整個單位空間。而從產權性質來看，六成居民為自置物業。絕大多數家庭居住在 40-120 平方公尺之間。人均居住面積普遍小於 40 平方公尺。

## 第二節　婚姻關係

家庭是社會的基本單位，而婚姻是建立組成家庭的最主要手段。透過婚姻，配偶雙方的社會關係社會資源得以整合，配偶雙方互相照顧，建立社會關係，支持對方以及養育子女。婚姻是非常重要的社會單位。在婚姻之中進行了配偶雙方關係的培養與建立，以及對子女和後代的教育和社會化。

目前學術界對澳門社會的婚姻研究大多集中在法律和制度層面，而對個人層面數據的分析並不多見。一些關於婚姻的基本情況並沒有相關研究。本章將用澳門社會調查的數據，對澳門人的婚姻狀況進行描述性分析並對和婚姻相關的變量進行分析。本章所做的分析將首次對澳門社會的婚姻狀況做一個社會學人口學角度的研究。這個研究將對以後澳門婚姻研究提供一些基本的材料，並對政府相關部門的政策制定起到一定的作用。

### 一、婚姻基本情況

第一部分描述澳門社會的婚姻基本情況。首先我們看澳門婚姻的概況。表 2-2-1 顯示未婚居民占總人口的 29%，同居的占 1%，已婚的占 63%，分居的占 1%，離婚的占 2%，喪偶的占 4%。

表 2-2-1　婚姻基本狀態

| 婚姻狀態 | 加權後百分比 | 總數 |
|---|---|---|
| 未婚 | 29% | 1,007 |
| 同居 | 1% | 42 |
| 已婚 | 63% | 2,249 |
| 分居 | 1% | 13 |

（續表 2-2-1）

| 婚姻狀態 | 加權後百分比 | 總數 |
|---|---|---|
| 離婚 | 2% | 75 |
| 喪偶 | 4% | 112 |
| N | 100% | 3,498 |

接下來我們看澳門婚姻的初婚年齡。表 2-2-2 顯示，男性初婚年齡小於 20 歲的占 6%，20-29 歲占 57%，30-39 歲占 30%，大於 40 歲的占 7%；而對於女性而言，初婚年齡小於 20 歲的占 13%，20-29 歲占 68%，30-39 歲的占 16%，大於 40 歲占約 3%。可以看到，無論性別，澳門居民超過 75% 初婚年齡在 20-39 歲之間，澳門居民男性的初婚年齡分布較之女性更離散，此外，平均而言澳門居民男性的初婚年齡略高於女性。而就婚姻次數而言，無論男女，絕大多數澳門居民為婚姻次數為一次以下，婚姻次數大於一次的占比不到 0.1%。最後，就婚姻時長而言，澳門居民男性平均婚姻時長為 23.70 年，女性為 23.94 年。

表 2-2-2　分性別統計婚姻狀況

| | 男性 | 女性 |
|---|---|---|
| 初婚年齡 | | |
| < 20 | 6% | 13% |
| 20-29 | 57% | 68% |
| 30-39 | 30% | 16% |
| 40-49 | 4% | 1% |
| 50-59 | 1% | 1% |
| 60-69 | 1% | 1% |
| > 70 | 1% | 0% |
| N | 771 | 864 |

（續表 2-2-2）

|  | 男性 | 女性 |
|---|---|---|
| 結婚次數 | | |
| 0 | 53% | 53% |
| 1 | 47% | 47% |
| 2 | 0% | 0% |
| N | 1,665 | 1,833 |
| 婚姻時長（年） | | |
| 均值（標準差） | 23.70（15.59） | 23.94（14.70） |
| N | 1,665 | 1,833 |

　　為了進一步觀察澳門居民初婚匹配情況，我們對澳門居民初婚年齡匹配狀況、初婚受教育匹配情況和初婚出生地匹配狀況做了簡單的描述性分析。表 2-2-2 至表 2-2-5 中，我們羅列了澳門已婚家庭中丈夫和妻子在初婚時的年齡、受教育程度和出生地的匹配狀態。根據表 2-2-3，我們可以觀察到，丈夫和妻子在同一年齡層的家庭占絕大多數，為 58%（對角線比例之和），其中丈夫和妻子初婚年齡均為 20-29 歲的個體占了所有個體的 48% 之多。我們可以觀察到表 2-2-3 左下三角的比例基本上大於右上三角，這說明丈夫年齡大於妻子的家庭所占百分比高於妻子大於丈夫的家庭。此外，丈夫初婚年齡 30-39 歲之間，而妻子初婚年齡在 20-29 歲之間的家庭所占比為 19%，僅次於丈夫和妻子初婚年齡均為 20-29 歲的家庭所占之比例。

表 2-2-3　初婚年齡匹配狀態（N=1,382）

| 丈夫 ＼ 妻子 | <20 | 20-29 | 30-39 | 40-49 | >50 |
|---|---|---|---|---|---|
| < 20 | 1% | 2% | 0% | 0% | 0% |
| 20-29 | 6% | 48% | 4% | 0% | 0% |
| 30-39 | 1% | 19% | 9% | 1% | 0% |
| 40-49 | 1% | 2% | 2% | 0% | 0% |
| > 50 | 0% | 0% | 1% | 0% | 0% |

　　表 2-2-4 列舉了澳門居民初婚受教育的匹配狀態。從中我們可以看出，初婚丈夫和妻子受教育程度相同的家庭（對角線）同樣占據絕大多數，為 58%。而其中丈夫和妻子初婚均為初中學歷占比最高，為 21%；其次是均為高中學歷，占比 16%；均為小學以下占比 15%；均為大學以上則占比 6%。同樣，與表 2-2-3 類似，表 2-2-4 中左下三角的比例均高於對應的右上三角的比例，這說明澳門家庭中丈夫學歷高於妻子的家庭占比，高於妻子學歷高於丈夫的家庭。

表 2-2-4　初婚受教育匹配狀態（N=1,317）

| 丈夫 ＼ 妻子 | 小學及以下 | 初中 | 高中 | 大學及以上 |
|---|---|---|---|---|
| 小學及以下 | 15% | 6% | 3% | 1% |
| 初中 | 8% | 21% | 5% | 2% |
| 高中 | 4% | 7% | 16% | 2% |
| 大學及以上 | 0% | 2% | 2% | 6% |

　　最後，表 2-2-5 列舉了澳門居民初婚出生地的匹配狀態。同樣，我們可以發現，丈夫和妻子出生地相同的家庭占所有家庭的絕

大多數,為 68%(對角線比例之和)。其中,丈夫和妻子出生地均為澳門的占 26%,均為香港占 1%,均為內地占 34%,均為其他地區占 7%。進一步觀察斜對角以外的單元格可以發現,丈夫出生地為澳門,妻子出生地為內地的家庭是夫妻雙方出生地不相同的各種組合中百分比最高的一組,占 14%;反之丈夫出生內地,妻子出所在澳門的家庭僅占 8%。

表 2-2-5　初婚出生地匹配狀態(N=1,829)

| 丈夫 ＼ 妻子 | 澳門 | 香港 | 內地 | 其他地區 |
|---|---|---|---|---|
| 澳門 | 26% | 1% | 14% | 2% |
| 香港 | 2% | 1% | 1% | 0% |
| 內地 | 8% | 1% | 34% | 2% |
| 其他地區 | 1% | 0% | 3% | 7% |

## 二、單身、分居、離婚和喪偶等基本情況

在這一部分裡,我們將描述澳門社會的單身,分居、離婚、喪偶居民的年齡、性別、受教育程度和出生地的分布(見表 2-2-6)。首先,從年齡結構來說,未婚居民的年齡多集中在 20-29 歲,占 55%;而分居的居民多集中在 40-49 和 > 65 歲兩個區間,分別占比 35% 和 34%;離婚居民絕大多數年齡為 50-65 歲,占比 46%;而喪偶居民的年齡大多數超過 65 歲,占比 64%。其次,就不同未婚狀態的性別分布來看,未婚性別比基本持平;女性分居、離婚、喪偶的比例基本高於男性,所占比分別為 68%、61% 和 80%。其三,就教育程度看,未婚居民受教育程度絕大多數為高中,占比 55%;分居的居民多為初中,占比 69%;離婚的居民受教育程度

多為初中和高中，兩者占比分別為 34% 和 31%；喪偶的居民受教育程度多為初中，占比 78%。最後，從出生地看未婚居民出生地位於澳門的比例最高，為 59%；分居的居民的出生地位其他國家和地區的比例最高，為 59%；但離婚和喪偶的居民出生在內地的比例最高，分別為 56% 和 62%。

表 2-2-6　未婚、分居、離婚、喪偶的基本情況

| | 未婚 | 分居 | 離婚 | 喪偶 |
|---|---|---|---|---|
| 年齡結構 | | | | |
| <20 | 14% | 0% | 1% | 0% |
| 20-29 | 55% | 0% | 2% | 1% |
| 30-39 | 18% | 11% | 13% | 5% |
| 40-49 | 5% | 35% | 24% | 4% |
| 50-65 | 6% | 20% | 46% | 27% |
| >65 | 2% | 34% | 16% | 64% |
| N | 990 | 13 | 74 | 112 |
| 性別 | | | | |
| 男 | 50% | 32% | 39% | 20% |
| 女 | 50% | 68% | 61% | 80% |
| N | 1,007 | 13 | 75 | 112 |
| 教育 | | | | |
| 小學及以下 | 9% | 25% | 28% | 13% |
| 初中 | 18% | 69% | 34% | 78% |
| 高中 | 55% | 0% | 31% | 4% |
| 大學及以上 | 18% | 6% | 7% | 4% |
| N | 404 | 10 | 65 | 111 |

(續表 2-2-6)

| | 未婚 | 分居 | 離婚 | 喪偶 |
|---|---|---|---|---|
| 出生地 | | | | |
| 澳門 | 59% | 7% | 30% | 24% |
| 內地 | 21% | 34% | 56% | 62% |
| 香港 | 3% | 0% | 3% | 4% |
| 其他地區 | 19% | 59% | 12% | 11% |
| N | 1,007 | 13 | 75 | 112 |

## 三、澳門社區婚姻狀況與經濟地位、健康的關係

　　這一部分裡，我們主要考察澳門社會中婚姻狀態與社會經濟地位，健康的關係。具體來說，我們將比較未婚、同居和已婚的群體之間的教育程度、收入、心理和生理健康水準的差別。根據表2-2-7可以發現，未婚的居民絕大多數在高中學歷，占比55%；已婚居民則主要集中在初、高中，分別占比39%和29%；而對於同居的居民，高中和大學以上占據絕對多數，分別為43%和29%。

　　而就收入而言，未婚居民平均月收入為11,411澳門幣（MOP），已婚居民平均月收入14,200 MOP，同居居民平均月收入19,625 MOP。檢驗顯示，未婚、已婚和同居居民的平均月收入兩兩之間差異達統計學顯著（P < 0.01）水準。

　　為了評價不同婚姻狀態的居民的心理健康狀況，我們向被訪居民詢問了如下問題：「你認為自己是個快樂的人嗎？」答案從「1=非常不像我」，到「7= 非常像我」。我們將不同婚姻狀態的居民在該題目上的得分取均值，結果發現未婚居民該題得分均值為5.3，已婚居民得分也為5.3，但同居居民得分為5.6。三種不同的

婚姻狀況的居民在自評快樂得分均值兩兩比較的 T 檢驗結果均不顯著。

最後，為了評價不同婚姻狀態的居民的生理健康狀況，我們詢問了受訪者對自己健康狀況的評估。從表 2-2-7 中可以發現，多數未婚居民自評健康在「好」和「一般」，占比分別為 35% 和 32%。同樣，多數已婚的居民自評健康也在「好」和「一般」，分別占比 34% 和 38%。同居的居民自評健康也集中分布在「好」和「一般」，分別占比 28% 和 38%。

表 2-2-7　結婚、同居、單身的基本情況

| | 未婚 | 同居 | 已婚 |
|---|---|---|---|
| **教育** | | | |
| 小學及以下 | 9% | 0% | 22% |
| 初中 | 18% | 28% | 39% |
| 高中 | 55% | 43% | 29% |
| 大學及以上 | 18% | 29% | 10% |
| N | 404 | 11 | 1,715 |
| **收入（澳門幣 MOP）** | | | |
| 收入（標準差） | 11,411（11,600） | 19,625（9,173） | 14,200（12,553） |
| N | 850 | 40 | 1,918 |
| T 檢驗 | 未婚 VS 同居，T = −4.42，P < 0.001 未婚 VS 已婚，T = −5.52，P < 0.001<br>同居 VS 已婚，T = 2.72，P < 0.01 | | |
| **自評快樂得分（1-7）** | | | |
| 得分（標準差） | 5.3（1.3） | 5.6（1.1） | 5.3（1.4） |
| N | 1,004 | 42 | 2,238 |
| T 檢驗 | 未婚 VS 同居，T = −1.85，P = 0.06 未婚 VS 已婚，T = 0.57，P = 0.57<br>同居 VS 已婚，T = 1.90，P = 0.06 | | |

（續表 2-2-7）

| | 未婚 | 同居 | 已婚 |
|---|---|---|---|
| 自評健康狀況 | | | |
| 極好 | 7% | 2% | 2% |
| 很好 | 21% | 27% | 15% |
| 好 | 35% | 28% | 34% |
| 一般 | 32% | 38% | 38% |
| 差 | 5% | 6% | 11% |
| N | 1,004 | 42 | 2,238 |

## 四、小結

　　本節對澳門居民的婚姻狀況了進行簡要的分析。具體而言，本節首先介紹了澳門居民的婚姻基本情況。從中發現，未婚居民占總人口約三成，已婚占約六成，其餘為同居、離婚、喪偶之居民。而就已婚居民而言，無論性別，絕大多數的初婚年齡在 20-39 歲之間，但男性的初婚年齡分布較之女性更離散，此外，男性的初婚年齡略高於女性。而就婚姻次數而言，澳門居民的婚姻狀況非常穩定，絕大多數澳門居民為婚姻次數為一次以下，婚姻次數大於一次的占比不到 0.1%。最後，就婚姻時長而言，澳門居民男性平均婚姻時長為 23.70 年，女性為 23.94 年。進一步觀察澳門居民初婚匹配狀態發現，絕大多數家庭中丈夫和妻子的年齡、受教育程度和出生地均接近或相同。但是，丈夫年齡大於妻子的家庭所占百分比高於妻子年齡大於丈夫的家庭，丈夫學歷高於妻子的家庭占比也高於妻子學歷高於丈夫的家庭。

　　根據上述情況，本節進一步分析了澳門未婚居民的主要特徵。

具體而言，我們描述了描述澳門社會的單身、分居、離婚、喪偶居民的年齡、性別、受教育程度和出生地的分布。從中發現，未婚居民多集中在 20-29 歲之間，分居集中在 40-49 以及大於 65 歲之間，離婚則在 50-65 歲之間，喪偶的居民年齡大多超過 65 歲。從性別看，未婚性別比基本持平；女性分居、離婚、喪偶的比例基本高於男性。從教育程度看，未婚居民受教育程度絕大多數為高中；分居的居民多為初中；離婚的居民受教育程度多為初中和高中；喪偶的居民受教育程度多為初中。最後，從出生地看未婚居民出生地為澳門的比例最高；分居的居民的出生地為其他國家和地區的比例最高；但離婚和喪偶的居民出生在內地的比例最高。

最後，本節還考察了婚姻狀態與社會經濟地位、健康的關係。發現，未婚的居民絕大多數在高中學歷；已婚居民則主要集中在初、高中；而對於同居的居民，高中和大學以上占據絕對多數。同居和已婚居民的收入普遍高於未婚居民。無論是已婚、未婚還是同居，其自評心理和身體健康之間的差異並不顯著。

第三章　社會分層

唐偉、夏一巍、張小莘、梁敏

MACAO.

社會分層理論的研究目標是分析社會成員諸多方面存在的差異並從中尋找出具有意義及代表性的標準，從而去探究當前社會中存在的分層現象。馬克思・韋伯在其《經濟與社會》（1978）以及《階級、地位群體和政黨》兩本書中闡述整個社會中，我們無法用一個單一的標準去統一地概括不同群體之間的社會差別，即社會分層理論強調從多維度的角度來研究社會成員的諸多差別。多個性質不同的相對獨立的體系構成了社會分層體系，分別反映出社會群體不同的社會地位層面。

不同的社會群體、社會成員由於社會資源擁有的差異性產生的分層或者具有差異性的現象，就形成了社會分層。在社會學研究中，社會分層是透過一系列的標準對社會群體、社會成員在社會體系中的地位進行研究，從而有效地分析當前社會具有多層次的差異現象。在當前社會中，社會分層現象存在於社會生活的方方面面。特別是改革開放以來，社會結構產生了一系列變化，其中，社會分層成為當前社會矛盾產生的重要因素之一，其關乎社會安全及和諧。澳門特別行政區在 1999 年回歸至今，隨著博彩業的蓬勃發展，其社會結構也產生較大的變化，隨之產生的社會分層和社會資源分配的差異性也影響著澳門地區的長期發展。當前對社會分層進行研究的測量方法和標準較多，根據澳門地區的社會特徵，《澳門社會現狀調查》一書選擇使用社會經濟地位量表對澳門社會成員的綜合社會地位進行測量，具體將透過教育、收入以及就業三個指標對當前澳門社會成員的分層結構進行分析。

## 第一節　教育情況

當前社會環境下，社會教育的獲得不僅僅是知識的傳遞，更是重要的社會地位獲取機制之一；作為社會分層理論中的重要測量指

標之一，教育與社會經濟地位和社會流動直接存在著不可分割的聯繫。在社會學研究中，社會分層包含兩種不同的理論，即衝突論和功能主義。在不同的理論中，對教育在社會分層中的重要性進行了不同的定義：衝突論認為「社會分層是不同社會集團力量不均衡的表現，而教育是在社會優勢集團的掌控下，實現社會再生產的工具。」（陳彬莉，2007）；而功能主義則認為，社會分層是維持社會系統正常運行的功能需求，每個社會成員透過教育獲得的教能水準是社會分層的重要方式，在當前的教育制度下，透過均等的受教育機會可以實現社會成員向上流社會流動。兩種具有差異性的理論均證明教育在社會分層中的不可或缺。

在本書中，在對澳門社會群體的整體教育水準進行介紹的基礎上，結合澳門社會發展的實際狀況，剖析澳門特別行政區在教育方面具有的結構性特徵；此外，本節還將分析不同性別、不同年齡、不同出生地的澳門居民中其受教育水準的差異性情況。

## 一、澳門整體教育狀況

自回歸以來，澳門的教育在主體、水準、特色等方面實現了跨越式的發展，創立了具有本澳特色的全開放教育體系（馮增俊、江健、郭華邦、周紅莉、鄒一戈，2010）。基礎教育方面，澳門自 2008 年起實施 15 年免費義務教育，截至 2016／2017 學年，本澳共有 65 間免費正規教育學校，涵蓋從幼兒園到高中階段，政府採取多種措施推進教育公平；高等教育方面，雖然起步較晚，但規模發展迅速，目前澳門現有 10 所高等院校，其中 4 所為公立，6 所為私立，涵蓋博士學位、碩士學位、學士學位、高等專科學位、學位後文憑等高等教育課程。從教育統計數據的情況來看，澳門教育暨青年局統計數據結果顯示，2016／2017 學年，澳門的小學淨入學率為 100%，中學總體淨入學率為 82.2%，其中初中為 79.0%，

高中為 66.6%。高等教育盛行率比較高，2017 年本地就業人口中具有高等教育學歷程度的人口比例已達到 36.51%

## （一）澳門整體教育水準介紹

　　本次調查的數據總體來看，澳門居民的教育水準較高。除少數人以外，大部分澳門人均接受過不同程度的教育。93% 的澳門人回答自己上過學，只有約 7% 的人表示自己從未上過學。62.22% 的居民表示接受的最高學歷為非高等教育（包括小學、初中、高中）；37.42% 的居民表示接受了高等教育，其中近 30% 的居民最高學歷為大學本科，3.56% 的居民最高學歷為碩士研究生及以上（見表 3-1-1）。由此可見，澳門居民的教育水準總體較高，基礎教育普及率較高，高學歷人口亦在澳門居民中占有相當重要的比例。居民最高學歷的獲得方法主要是在校全日制教育（占比 95.73%），約 3% 的居民回答最高學歷獲得方法為兼讀制（半工半讀）（3.02%），極少數透過遠程教育的方法獲得學歷（見表 3-1-2）。

表 3-1-1　澳門居民最高學歷分布狀況

| 最高學歷 | 人數 | 百分比 |
| --- | --- | --- |
| 沒接受過任何教育 | 5 | 0.003 |
| 小學 | 480 | 14.31 |
| 初中 | 789 | 24.77 |
| 高中 | 776 | 23.14 |
| 專科 | 128 | 4.39 |
| 大學 | 935 | 29.47 |
| 碩士 | 94 | 3.21 |
| 博士 | 8 | 0.35 |

注：本章表格統計數據均不包含遺漏值。為確保樣本量最大化，各統計變量遺漏值不同，故各表格統計樣本量略有差異。

表 3-1-2　澳門居民最高學歷獲得方法

| 最高學歷獲得途徑 | 人數 | 百分比 |
|---|---|---|
| 全日制 | 3,106 | 95.73 |
| 兼讀制 | 98 | 3.02 |
| 遠程教育 | 3 | 0.09 |

## （二）澳門教育方面的結構特徵

　　澳門的教育制度在回歸後，不斷地進行改革創新，已經形成具有自己特色的教育體制。依照教育體制的階段分類，從基礎教育和高等教育兩個方面總結澳門教育的結構特徵如下：

　　首先，基礎教育的普及性。此次調查結果顯示，僅有 0.003% 的澳門居民表示自己從未接受過任何教育，基本實現了澳門政府全民教育的目標。這與澳門政府在回歸後實行的 15 年免費義務教育措施密不可分，政府不斷加大對義務教育的財政支持，推行多種津貼制和包班制，小班化在澳門得以實現，保障每個學生都能公平地享受教育權利和機會（馮增俊等，2010）。

　　其次，高等教育體系逐步完善，國際性日益凸顯。澳門的高等教育雖然起步較晚，但回歸後澳門的高等教育規模迅速擴大，學校數量、在校生人數和教職員均不斷增加，研究生教育亦不斷發展，建立起從博士、碩士、學士學位到文憑課程等的人才培養體系。同時，澳門教育的國際化特徵明顯，以往的研究結果顯示，澳門每年應屆高中畢業生有 40% 到境外升學（黃發來，2016）。據本次調查結果顯示，澳門居民接受教育的地點主要集中在港澳台和內地，也有居民表示在歐美、澳洲等地區接受教育，且接受教育的地點不集中在一個地方（見表 3-1-3）。

表 3-1-3　澳門居民接受教育的地點分布

| 受教育地 | 人數 |
|---|---|
| 澳門 | 1,880 |
| 大陸 | 1,182 |
| 台灣 | 102 |
| 澳洲 | 12 |
| 香港 | 52 |
| 美國 | 12 |
| 歐洲 | 32 |
| 其他 | 213 |

## （三）澳門居民教育經歷／發展

在澳門政府的十五年免費教育制度下，居民的受教育水準逐漸提高，但澳門整體就業人口的教育程度仍然偏低（晁秋紅，2013），難以適應當前澳門地區經濟社會的快速發展變化。為了鼓勵居民透過學習提升自己的職業技能，促進個人和社會整體進步與可持續發展，澳門政府於 2011 年推出了「持續進修發展計畫」，鼓勵居民在工作中持續進修，提升自身技能，促進社會良好快速發展。

據此次調查結果，92% 的居民表示在獲得最高學歷之前，並沒有工作過或者做生意，僅有 8% 的澳門居民表示在獲得最高學歷之前有過正式工作或者做過生意。且根據表 3-1-4 顯示，33.16%的澳門居民在第一份正式工作或者做生意之前已擁有高中學歷，30.59% 的澳門居民表示在第一份正式工作或者做生意之前已擁有大學本科學歷，其大部分是在澳門和中國內地獲得（見表 3-1-5）。

表 3-1-4　澳門居民在第一份正式工作或者做生意之前已經完成的最高學歷情況

| 工作／做生意之前最高學歷 | 人數 | 百分比 |
|---|---|---|
| 小學及以下 | 26 | 10.24 |
| 初中 | 48 | 19.04 |
| 高中 | 70 | 33.16 |
| 專科 | 13 | 5.38 |
| 大學 | 51 | 30.59 |
| 碩士 | 4 | 1.59 |
| 博士 | -- | -- |

表 3-1-5　澳門居民在第一份正式工作或者做生意之前已經完成最高學歷的地點

| 最高學歷獲得地點 | 人數 | 百分比 |
|---|---|---|
| 澳門 | 113 | 42.99 |
| 台灣 | 2 | 1.02 |
| 中國內地 | 59 | 25.74 |
| 澳洲 | 1 | 0.33 |
| 香港 | 5 | 3.06 |
| 美國 | 2 | 0.57 |
| 歐洲 | 5 | 3.11 |
| 其他 | 25 | 23.18 |

## 二、澳門居民教育水準與其他因素分析

　　居民的受教育水準對社會分層具有明顯的影響，教育水準的高低直接影響社會成員在社會結構中的地位。以往的研究結果顯示，居民的受教育水準存在著差異性，教育水準的差異性會導致人口職業的分層，進而擴大收入差距（張智敏、唐昌海，2003；柯

麗香、陳建新、伍芷蕾，2013），這些差異性主要體現在性別、出生年代等人口學指標。

## （一）教育的性別差異分析

在傳統的重男輕女思想下，女性接受教育的機會遠遠小於男性，受教育的程度也遠低於男性。為了促進教育公平，澳門政府自 2009 年開始大力推行免費義務教育，每年還給予大專教育大力的支持和補貼。依據表 3-1-6 中的本次調查結果可見，澳門居民是否接受過教育在性別方面存在顯著性差異（$p < 0.05$），男性接受過教育的比例明顯比女性高。在接受過正式教育的人口中，居民所獲得的最高學歷即教育水準差異並不存在顯著的性別差異，換句話說，澳門女性居民的受教育水準並不比男性居民低（見表 3-1-7）。

表 3-1-6　澳門居民是否接受過教育與性別交叉表

| 是否接受過教育 ＼ 性別 | 男性（人數／百分比） | 女性（人數／百分比） |
|---|---|---|
| 是 | 1,550（94.34） | 1,671（92.2） |
| 否 | 113（5.66） | 159（7.8） |

注：括號外為樣本數，括號內為百分比；$X^2 = 6.32$, $df = 3,492$, $p < 0.05$

表 3-1-7　澳門居民最高學歷與性別交叉表

| 最高學歷 ＼ 性別 | 男性（人數／百分比） | 女性（人數／百分比） |
|---|---|---|
| 沒接受過任何教育 | 5（0.58） | 5（0.30） |
| 小學 | 229（13.93） | 251（14.67） |
| 初中 | 394（25.37） | 395（24.20） |
| 高中 | 375（23.94） | 401（22.37） |
| 專科 | 56（3.92） | 72（4.83） |
| 大學 | 444（28.9） | 491（30.01） |
| 碩士 | 43（3.41） | 51（3.02） |

（續表 3-1-7）

| 最高學歷 \ 性別 | 男性（人數／百分比） | 女性（人數／百分比） |
|---|---|---|
| 博士 | 5（0.52） | 3（0.18） |
| 其他 | 2（0.13） | 2（--） |

注：括號外爲樣本數，括號內爲百分比；$X^2 = 17.61$, $df = 3,216$, $p > 0.05$

## （二）教育的出生年代差異分析

　　回歸之前，葡澳政府對本地的教育不重視，尤其是在困難重重的五、六十年代，本地大部分私校經營慘澹，直至 1987 年中葡聯合聲明簽訂後，葡澳政府才開始重視教育的發展；高等教育方面，大學稀缺，在回歸前僅有三所公立大專院校（李祥立，1999），這種狀況對於處於該時代的學生而言，存在著不可避免的負面影響。澳門回歸後，經過近二十年不斷的改革、創新，基礎教育普及率逐年提高，高等教育國際化水準顯著，為本地居民提供了豐富多彩的教育資源。

　　本次調查結果顯示，隨著時間的推近，澳門居民受教育的人口比例逐漸增加，但不同出生年代的居民的受教育率有所不同，出生在五、六十年代的居民其接受過教育的比例（84.93%）顯著低於出生於七十年以後的居民（見表 3-1-8）。

表 3-1-8　澳門居民是否接受過教育與年齡階段交叉表

| 接受過教育 \ 年齡 | 50 後 | 60 後 | 70 後 | 80 後 | 90 後 |
|---|---|---|---|---|---|
| 是 | 738（84.93） | 578（93.66） | 489（97.04） | 739（97.26） | 548（97.07） |
| 否 | 154（15.07） | 40（6.34） | 18（2.96） | 28（2.74） | 20（2.93） |

注：括號外爲樣本數，括號內爲百分比；$X^2 = 142.93$, $df = 3,351$, $p < 0.01$

在受教育水準方面，不同年代出生的居民其受教育的水準存在顯著差異（p < 0.01）。出生於五十年代的居民，最高學歷為高中水準的占比較高，隨著時間的推近，其他年代出生的居民，其最高學歷為高中以下的呈下降趨勢；最高學歷為大學及以上的居民占比呈上升的趨勢，尤其是出生在八、九十年代的居民，高學歷人數較多（見表 3-1-9）。

表 3-1-9　澳門居民最高學歷與年齡階段交叉表

| 最高學歷＼年齡 | 50 後 | 60 後 | 70 後 | 80 後 | 90 後 |
|---|---|---|---|---|---|
| 無 | 3 (0.35) | 0 (--) | 0 (--) | 1 (0.81) | 1 (0.16) |
| 小學 | 296 (37.91) | 111 (19.23) | 45 (8.23) | 18 (2.36) | 2 (0.42) |
| 初中 | 245 (34.11) | 245 (41.8) | 155 (32.5) | 91 (11.38) | 36 (6.62) |
| 高中 | 138 (17.79) | 161 (26.05) | 145 (27.52) | 173 (21.88) | 136 (26.05) |
| 專科 | 12 (1.66) | 12 (2.26) | 29 (6.96) | 54 (7.61) | 12 (2.41) |
| 大學 | 37 (7.03) | 43 (9.33) | 96 (20.69) | 351 (48.57) | 346 (61.64) |
| 碩士 | 3 (0.42) | 5 (1.14) | 17 (3.53) | 48 (7.04) | 14 (2.70) |
| 博士 | 2 (0.59) | 1 (0.19) | 2 (0.55) | 2 (0.22) | 0 (0.59) |
| 其他 | 1 (0.14) | 0 (--) | 0 (--) | 1 (0.14) | 0 (--) |

注：括號外為樣本數，括號內為百分比；$X^2 = 1,313$, df = 3,089, p < 0.01

## （三）教育的出生地差異分析

作為一個國際化城市，澳門的居民構成較為複雜。全國人大澳門特別行政區籌委會第四次全體會議通過了《關於對國籍法在澳門特別行政區實施做出解釋的建議》，對來自不同國家和地區的個人明確了其居民身份的認定方法（宋錫祥，1999）。出生地的不同，可能其接受教育的地點不同，受教育的水準亦會有所差異。本調查結果顯示，出生於不同地區的澳門居民其受教育率有所不同（p <

0.05），在澳門和中國內地出所的居民，其受教育率顯著低於香港和其他地區（見表 3-1-10）。

表 3-1-10 澳門居民是否接受過教育與出生地交叉表

| 出生地<br>接受過教育 | 澳門 | 香港 | 中國內地 | 其他地區 |
|---|---|---|---|---|
| 是 | 1,677 (92.80) | 56 (98.34) | 1,227 (92.29) | 261 (96.61) |
| 否 | 150 (7.20) | 1 (1.66) | 107 (7.71) | 14 (3.39) |

注：括號外為樣本數，括號內為百分比；$X^2 = 15.12$, $df = 3,492$, $p < 0.05$

在受教育水準方面，出生在不同地區的居民其受教育的水準有顯著差異（見表 3-1-11）。在澳門、香港出生的居民，大學學歷的占比超過了 40%，中國內地出生的居民其受教育的水準主要是高中及以下，因此，出生在澳門、香港的居民其受教育水準明顯高於出生在內地的居民，這可能與其家庭背景、出生地教育資源、教育水準等相關，有待進一步的研究。

表 3-1-11 澳門居民最高學歷與出生地交叉表

| 出生地<br>最高學歷 | 澳門 | 香港 | 中國內地 | 其他地區 |
|---|---|---|---|---|
| 無 | 3 (0.16) | 0 (--) | 1 (--) | 1 (1.52) |
| 小學 | 193 (10.74) | 0 (--) | 267 (21.46) | 20 (5.21) |
| 初中 | 304 (17.37) | 17 (30.4) | 435 (35.21) | 33 (11.14) |
| 高中 | 423 (24.85) | 4 (6.99) | 272 (21.89) | 77 (26.40) |
| 專科 | 31 (1.95) | 3 (4.77) | 60 (4.96) | 34 (10.14) |
| 大學 | 660 (41.22) | 25 (44.97) | 168 (14.24) | 82 (29.47) |
| 碩士 | 55 (3.55) | 4 (7.30) | 22 (1.91) | 13 (5.603) |
| 博士 | 3 (0.21) | 3 (5.58) | 1 (--) | 1 (0.26) |
| 其他 | 0 (--) | 0 (--) | 2 (0.15) | 0 (--) |

注：括號外為樣本數，括號內為百分比；$X^2 = 624.16$, $df = 3,216$, $p < 0.01$

## 第二節　收入以及貧困狀況

　　社會分層的本質是有限的社會資源在社會中的分配不均等現象，即不同的社會成員在社會環境中占有的具有差異性的有價值的社會事務，包含財富、收入、社會經濟地位等。階級理論認為，社會不平等的根源是在當前的物質生產方式中，對生產資料的占有程度不同，其本質是社會財富和收入的不均等。階級理論的本質是關係理論，關係指的是「以財產關係為核心的生產關係，即在生產過程中基於對生產資料的占有關係而形成的僱傭與被僱傭關係，統治與被統治關係以及剝削與被剝削關係」。

　　澳門社會自回歸以來，經濟取得了巨大的發展，人民的生活水準也日漸提升，但是博彩業的蓬勃發展也帶來了貧富差距的加大和暴富階層的興起。從歷史上來看，澳門地區生產力水準起點較低，經濟支撐 80% 自來源於博彩業，因此，貧富差距具有其存在的必然性。李強（2000）在其書《社會分層與貧富差距》一書中闡明當前中國社會的貧富差距帶來的一系列的社會變遷和社會問題。貧富差距中的底層人民在社會關係中分配的社會資源極少，壓抑的社會現狀可能會導致犯罪率的增加，這一現象與默頓的社會緊張理論一致，即社會底層群體在社會資源分配不均，長期受到壓迫的過程中會產生緊張、壓抑的內在情緒，從而會產生犯罪行為；且有研究表明，當代的社會犯罪，主要來自社會分化中社會結構帶來的無法調和或化解的緊張，從而導致個體在生活中的投射（張小虎，2002）。縱觀當前澳門社會，探究居民收入以及貧困狀況將對澳門的社會發展至關重要。

　　本節的分析將從對澳門居民收入的整體介紹開始，包含居民的個人直接貨幣收入，包括生活經濟來源、月工作收入、伴侶月收入

以及非工作現金收入等；在整體介紹的基礎上，本節第二個部分將分析澳門居民收入與其他因素之間的關係，包含收入與性別、年齡、就業、受教育水準和出生地之間的關係。

為了綜合評價澳門居民收入，本次調查問卷中包含如下有關經濟收入的問題：

第一，請問你現在的經濟收入平均每月大概有多少澳門幣？（注：「經濟收入」指非工資現金收入，包括租金、利息、投資現金回報、政府現金分享、中獎金額、獎學金等），答案選項包括：(1) 少於 2,000；(2)2,000-3,999；(3)4,000-5,999；(4)6,000-7,999；(5)8,000-9,999；(6)10,000-14,999；(7)15,000-19,999；(8)20,000-24,999；(9)25,000-29,999；(10)30,000-39,999；(11)40,000-59,999；60,000 或以上。

第二，你現在職位 / 最近一份工作的平均月收入（包括房屋津貼）大約是多少澳門幣？每年發多少個月的工資？第三，請問你所有兼職的收入每月大約是多少澳門幣？

## 一、個人直接貨幣收入介紹

近年來，澳門經濟發展經歷了一系列波折，尤其是 2014-2016 年連續三年的經濟下滑與收縮，直到 2017 年才恢復正增長，這主要是因為其經濟結構不斷優化，經濟發展才得以活力重現。據統計，2017 年澳門總體就業人口月工作收入中位數 1.5 萬澳門幣，本地居民月工作收入中位數 1.9 萬澳門幣（中央政府駐澳門聯絡辦公室，2018）。本次研究發現，2018 年澳門居民的平均月收入較高，但差距幅度較大。在本次被調查的澳門居民中，較大比例的澳門居民月收入介於 1-2.5 萬澳門幣之間，共有 1,090 人，占比約為 36.81%。其次是月收入在 4,000 澳門幣以下的澳門居民共 959 人，

占比約為 31.01%。再次是月收入在 4,000-10,000 澳門幣的澳門居民共有 575 人，占比約為 19.72%。最後是月收入為 2.5 萬澳門幣以上的澳門居民，共有 367 人，占比約為 12.46%。

表 3-2-1　澳門居民人均月收入概況

| 序號 | 月收入（澳門幣） | 總數（人） | 比例（%） |
|------|------|------|------|
| 1 | <2,000 | 478 | 15.28 |
| 2 | 2,000-3,999 | 481 | 15.73 |
| 3 | 4,000-5,999 | 279 | 8.37 |
| 4 | 6,000-7,999 | 151 | 5.98 |
| 5 | 8,000-9,999 | 145 | 5.37 |
| 6 | 10,000-14,999 | 352 | 12.89 |
| 7 | 15,000-19,999 | 405 | 12.99 |
| 8 | 20,000-24,999 | 333 | 10.93 |
| 9 | 25,000-29,999 | 98 | 3.24 |
| 10 | 30,000-39,999 | 164 | 5.29 |
| 11 | 40,000-59,999 | 66 | 2.47 |
| 12 | 60,000 或以上 | 39 | 1.46 |
| 合計 | | 2,991 | 100 |

## 二、澳門居民經濟收入與其他因素關係分析

### （一）收入與就業分析

居民經濟收入受多方面因素的影響，尤其是其就業情況的影響。伴隨澳門經濟的騰飛發展，澳門居民的經濟收入來源日趨多元化，包括工作收入和非工作收入兩部分。鑑於此，本次問卷調查詢問了被調查者的工作收入和非工作收入兩個部分。與此同時，澳門

還是一個福利地區，其本地居民即便失業或退休，也能獲得較高水準的失業保障金、養老金等福利保障。有研究表明，在澳門，對老年人的物質援助包括一般援助金（最高每月 2,640 澳門幣）、偶發性援助金、特別援助金和敬老金（每年數額不固定）（丘志喬、胡丹纓，2016）。鑑於此，本研究將澳門居民的平均月收入分為工作收入和非工作收入兩部分。研究發現：澳門居民的平均月收入在有工作和沒有工作這兩類群體中的分布有顯著差異（chi2(11) = 1,568.5818，P ≤ 0.001）。其中，在無工作的澳門居民群體中，平均月收入低於 4,000 澳門幣的人最多，共有 865 人，占比約 66.20%；但在有工作的澳門居民中，其平均月收入為 1-2.5 萬澳門幣的人最多，共有 972 人，占比約 56.80%。

表 3-2-2　澳門居民平均月收入與其就業狀況的交叉表

| 月收入<br>（澳門幣）　就業狀況 | 無工作（人／比例） | 有工作（人／比例） | 總數 |
|---|---|---|---|
| < 2,000 | 450 | 24 | 474 |
| | 34.26 | 1.37 | 15.19 |
| 2,000-3,999 | 415 | 64 | 479 |
| | 31.94 | 3.98 | 15.73 |
| 4,000-5,999 | 182 | 95 | 277 |
| | 12.16 | 5.56 | 8.34 |
| 6,000-7,999 | 78 | 73 | 151 |
| | 6.35 | 5.74 | 6 |
| 8,000-9,999 | 43 | 102 | 145 |
| | 3.88 | 6.48 | 5.38 |
| 10,000-14,999 | 64 | 288 | 352 |
| | 5.14 | 18.58 | 12.93 |

（續表 3-2-2）

| 月收入<br>（澳門幣） | 無工作（人／比例） | 有工作（人／比例） | 總數 |
|---|---|---|---|
| 15,000-19,999 | 33 | 372 | 405 |
| | 2.74 | 20.5 | 13.03 |
| 20,000-24,999 | 21 | 312 | 333 |
| | 1.65 | 17.72 | 10.96 |
| 25,000-29,999 | 7 | 91 | 98 |
| | 0.6 | 5.17 | 3.25 |
| 30,000-39,999 | 7 | 157 | 164 |
| | 0.6 | 8.71 | 5.3 |
| 40,000-59,999 | 4 | 61 | 65 |
| | 0.34 | 3.91 | 2.41 |
| 60,000 或以上 | 4 | 35 | 39 |
| | 0.34 | 2.28 | 1.46 |
| 合計 | 1,308 | 1,674 | 2,982 |

（表頭：就業狀況）

$X^2 = 1,568.5818$, df = 2,981, p ≤ 0.001

## （二）收入與性別分析

　　根據 2011 年 5 月 10 日發布的《澳門婦女現況報告 2010》，澳門男女平等狀況同 2009 年一樣保持全球較高水準，居於世界第二十三位（林玉鳳等，2011）。這主要是因為澳門女性的人均預期壽命及人均生產總值的增加。鑑於此，本研究也以人均月平均收入為指標，比較澳門男女居民在此指標上的分布差異。如表 3-2-3 所示：澳門居民的平均月收入在男女之間的分布有顯著差異（chi2(8) = 17.6081，P ≥ 0.05）。整體而言，澳門男性居民的月平均收入略高於女性居民的月平均收入，這表現在兩個方面：一是在月收入 2

萬澳門幣以下的澳門居民群體中，男性居民的人數和比例都低於女性居民；二是在月收入高於 2 萬澳門幣的澳門居民中，男性居民的人數和比例都高於女性居民。這些差異都達到統計顯著水準。

表 3-2-3　澳門居民平均月收入在男女之間的分布

| 月收入（澳門幣） / 性別 | 男（總數／比例） | 女（總數／比例） | 總數 |
|---|---|---|---|
| < 2,000 | 187 | 291 | 478 |
| | 13 | 17.29 | 15.28 |
| 2,000-3,999 | 196 | 285 | 481 |
| | 13.53 | 17.67 | 15.73 |
| 4,000-5,999 | 107 | 172 | 279 |
| | 6.79 | 9.76 | 8.37 |
| 6,000-7,999 | 71 | 80 | 151 |
| | 5.56 | 6.34 | 5.98 |
| 8,000-9,999 | 63 | 82 | 145 |
| | 4.69 | 5.96 | 5.37 |
| 10,000-14,999 | 152 | 200 | 352 |
| | 12.74 | 13.02 | 12.89 |
| 15,000-19,999 | 188 | 217 | 405 |
| | 12.9 | 13.07 | 12.99 |
| 20,000-24,999 | 190 | 143 | 333 |
| | 13.68 | 8.51 | 10.93 |
| 25,000-29,999 | 67 | 31 | 98 |
| | 4.65 | 2 | 3.24 |
| 30,000-39,999 | 99 | 65 | 164 |
| | 6.88 | 3.88 | 5.29 |

（續表 3-2-3）

| 性別<br>月收入<br>（澳門幣） | 男（總數／比例） | 女（總數／比例） | 總數 |
|---|---|---|---|
| 40,000-59,999 | 42 | 24 | 66 |
| | 3.57 | 1.5 | 2.47 |
| 60,000 或以上 | 25 | 14 | 39 |
| | 2 | 0.98 | 1.46 |
| 合計 | 1,387 | 1,604 | 2,991 |

$X^2$ = 93.2105, df = 2,990, p ≤ 0.001

## （三）收入與年齡階段分析

　　根據澳門統計暨普查局於 2016 年 8 月公布的《2016 中期人口統計》報告，澳門人口持續老化，年齡在 65 歲及以上的老年人口較五年前大幅增加 48.6% 至 59,383 人，占總人口 9.1%，比重較五年前上升 1.9 個百分點，年齡在 55 至 64 歲人口（87,583 人）已占總人口 13.5%，預計未來十年人口老化速度將進一步加快（統計暨普查局，2018）。一般而言，隨著個體年齡的增長，其社會閱歷、技術水準、時間精力等均有所變化，這直接與其經濟收入水準相關。故通常情況下，居民的月平均收入在各個年齡層次的居民中分布不均衡。本次調查也發現了相同的社會現象，即澳門不同年代居民的平均月收入分布差異明顯（F(37.00,1.1e+05) = 15.9827，P ≤ 0.001）。其中，澳門居民中的 50 後及其他長者的月平均收入主要集中在 6,000 澳門幣以下的水準，這主要是因為這個年代的居民受教育水準低，本身經濟收入不高。同時，他們現在多已經退休，靠養老金或社會救濟金生活，收入較低乃正常現象。60 後和70 後是澳門市場經濟中的主角，其月平均收入水準旗鼓相當，多

分布在 1-2.5 萬澳門幣之間。澳門的 80 後居民在悄悄崛起，其平均月收入水準幾近追平 70 後，但其在 1 萬以下的人數分布高於 70 後，且在 2.5 萬以上的人數分布低於 70 後，仍有追趕和進步空間。如今，澳門 90 後居民業已進入就業市場，但因缺乏社會閱歷和技術經驗，其平均月收入水準較低，約 66.61% 的 90 後居民月收入在 6,000 澳門幣以下，生活較為艱辛。

表 3-2-4　澳門居民月收入在不同年齡階段中的分布情況

| 月收入（澳門幣） ╲ 年齡階段 | 50 後及更年長者 | 60 後 | 70 後 | 80 後 | 90 後及更年輕者 | 總數 |
|---|---|---|---|---|---|---|
| <2,000 | 117 | 83 | 37 | 45 | 181 | 463 |
| | 14.5 | 16.32 | 7.52 | 6.72 | 35.56 | 15.28 |
| 2,000-3,999 | 286 | 46 | 24 | 33 | 83 | 472 |
| | 36.02 | 8.52 | 5 | 5.66 | 15.81 | 15.97 |
| 4,000-5,999 | 95 | 34 | 30 | 27 | 79 | 265 |
| | 10.39 | 5.51 | 6.95 | 3.78 | 15.24 | 8.22 |
| 6,000-7,999 | 73 | 26 | 13 | 26 | 12 | 150 |
| | 8.79 | 4.31 | 2.63 | 7.81 | 4.75 | 6.14 |
| 8,000-9,999 | 38 | 30 | 23 | 33 | 18 | 142 |
| | 5.03 | 5.92 | 6.49 | 5.86 | 3.93 | 5.44 |
| 10,000-14,999 | 81 | 88 | 59 | 76 | 35 | 339 |
| | 10.67 | 17.1 | 16.92 | 12.85 | 7.73 | 12.86 |
| 15,000-19,999 | 45 | 98 | 89 | 118 | 40 | 390 |
| | 5.51 | 17.93 | 19.72 | 16.57 | 8.16 | 12.96 |
| 20,000-24,999 | 31 | 65 | 65 | 125 | 26 | 312 |
| | 4.41 | 11.82 | 14.41 | 18.43 | 4.98 | 10.63 |

（續表 3-2-4）

| 月收入（澳門幣） | 年齡階段 50後及更年長者 | 60後 | 70後 | 80後 | 90後及更年輕者 | 總數 |
|---|---|---|---|---|---|---|
| 25,000-29,999 | 10 | 15 | 22 | 38 | 8 | 93 |
| | 1.18 | 2.78 | 5.15 | 5.59 | 1.71 | 3.19 |
| 30,000-39,999 | 16 | 27 | 33 | 79 | 6 | 161 |
| | 1.93 | 5.06 | 7.09 | 11.28 | 1.21 | 5.34 |
| 40,000-59,999 | 6 | 14 | 19 | 25 | 1 | 65 |
| | 0.91 | 3.12 | 4.83 | 3.95 | 0.17 | 2.51 |
| 60,000 或以上 | 4 | 7 | 13 | 9 | 4 | 37 |
| | 0.66 | 1.60 | 3.30 | 1.50 | 0.75 | 1.45 |
| 合計 | 802 | 533 | 427 | 634 | 493 | 2,889 |

$F(37.00, 1.1e+05) = 15.9827$, df $= 2,888$, $p \leq 0.001$

## （四）收入與不同出生地居民分析

　　有研究表明，家庭教育背景和家庭經濟背景對城鎮居民收入差距存在較高的代際流動貢獻，即父輩的家庭教育和經濟背景會在很大程度上影響其子女的經濟收入（王婷、李科宏，2018）。據澳門統計暨普查局資料調查報告顯示，澳門是一個多國家／地域人民共同居住的地方，但其主要居民以華人為主（包括大陸、香港等人民），占總人口的 97%，其他國家／地區的人民在澳門居住和工作的人較少，包括葡萄牙人、印尼人、菲律賓人和越南人等，他們主要從事家庭女傭等勞動職業。由此可推測，不同出生地的澳門居民從事不同行業的工作或職業，其經濟收入水準可能有較大差異。經調查研究發現：大陸和港澳地區出生的澳門居民平均月收入水準處於兩極，但在其他國家／地區出生的澳門居民，其

平均月收入水準分布較為集中。具體而言，在香港出生的澳門居民，其平均月收入主要分布在 4,000 澳門幣以下水準和 2.5 萬澳門幣以上水準，其分布占比分別為 30.85% 和 35.69%；在澳門本地出生的澳門居民，其平均月收入水準主要分布在 4,000 澳門幣以下和 1.5-2.5 萬澳門幣之間，占比分布為 30.90% 和 29.43%；而在中國大陸地區出生的澳門居民，其收入分布則限於 4,000 澳門幣以下和 1-2 萬澳門幣之間（占比分別為 34.61% 和 30.12%），稍低於澳門本地出生的澳門居民。但對於港澳和中國大陸以外地區／國家出生的澳門居民而言，其平均月收入在 2,000-1.5 萬澳門幣之間的分布較為均勻。在不同地域出生的澳門居民其月收入水準差異明顯（$F(27.07，80938.75) = 8.4596$，$P \leq 0.001$）。

表 3-2-5　澳門居民月收入在不同出生地群體中的分布情況

| 月收入<br>（澳門幣）＼出生地 | 香港 | 澳門 | 中國大陸 | 其他 | 總數 |
|---|---|---|---|---|---|
| < 2,000 | 3 | 247 | 207 | 21 | 478 |
| | 7.05 | 15.96 | 17.73 | 5.97 | 15.28 |
| 2,000-3,999 | 10 | 235 | 200 | 36 | 481 |
| | 23.80 | 14.94 | 16.88 | 12.02 | 15.73 |
| 4,000-5,999 | 1 | 159 | 74 | 45 | 279 |
| | 2.64 | 9.93 | 5.91 | 13.95 | 8.37 |
| 6,000-7,999 | 0 | 56 | 67 | 28 | 151 |
| | 0 | 3.35 | 5.50 | 17.82 | 5.98 |
| 8,000-9,999 | 0 | 32 | 84 | 29 | 145 |
| | 0 | 2.14 | 6.98 | 11.21 | 5.37 |
| 10,000-14,999 | 6 | 115 | 195 | 36 | 352 |
| | 11.65 | 7.6 | 16.18 | 18.18 | 12.89 |

（續表 3-2-5）

| 月收入<br>（澳門幣） | 出生地 香港 | 澳門 | 中國大陸 | 其他 | 總數 |
|---|---|---|---|---|---|
| 15,000-19,999 | 3 | 98 | 219 | 18 | 405 |
| | 7.26 | 14.6 | 13.94 | 5.63 | 12.99 |
| 20,000-24,999 | 4 | 214 | 105 | 10 | 333 |
| | 9.3 | 14.83 | 8.93 | 6.07 | 10.93 |
| 25,000-29,999 | 4 | 63 | 28 | 3 | 98 |
| | 8.91 | 4.42 | 2.39 | 1.16 | 3.24 |
| 30,000-39,999 | 6 | 112 | 37 | 9 | 164 |
| | 11.94 | 7.92 | 3.17 | 2.96 | 5.29 |
| 40,000-59,999 | 6 | 41 | 15 | 4 | 66 |
| | 14.84 | 3 | 1.40 | 1.69 | 2.47 |
| 60,000 或以上 | 1 | 18 | 11 | 9 | 39 |
| | 2.64 | 1.32 | 1.00 | 3.37 | 1.46 |
| 合計 | 44 | 1,511 | 1,188 | 248 | 2,991 |

$F(27.07，80,938.75) = 8.4596, df = 2,990, p \leq 0.001$

## （五）收入與教育分析

　　澳門高等教育委員會副主席蘇朝輝在 2018 年 11 月 26 日介紹澳門高等教育現狀時說，2017 年本地就業人口中具有高等教育學歷程度人口的比例已經達到 36.51%，即每 3 個澳門就業人口中就有 1 人具有高教學歷。這表明澳門的就業市場中，高學歷就業人群較為普遍。而學歷水準往往與個人的經濟收入掛鉤，且學歷愈高，經濟收入也愈高。本研究發現：不同學歷水準的澳門居民，其平均月收入水準的分布差異明顯。具體而言，初中學歷的澳門居

民，其月收入水準集中分布在 4,000 以下、6,000-8,000 和 1-1.5 萬澳門幣這三個階段；而高中學歷的澳門居民其平均月收入集中分布在 4,000 以下和 1-2.5 萬澳門幣之間。同時，大學及以上學歷的澳門居民，其平均月收入水準的分布較為分散，但整體而言，其收入水準分布在 2 萬澳門幣以上的居民居多，占比約為 39.24%。這三個學歷層次的澳門居民，其平均月收入之間的差異已達到統計上的顯著水準（F(18.93，37,102.00)=12.5696，P ≤ 0.001）。

表 3-2-6　澳門居民月收入在學歷群體中的分布情況

| 月收入（澳門幣）＼最高學歷 | 初中及以下 | 高中 | 大學及以上 | 總數 |
|---|---|---|---|---|
| < 2,000 | 79 | 208 | 18 | 305 |
| | 17.84 | 14.79 | 9.81 | 14.97 |
| 2,000-3,999 | 127 | 177 | 17 | 321 |
| | 27.6 | 13.59 | 9.41 | 16.29 |
| 4,000-5,999 | 49 | 97 | 6 | 152 |
| | 09.89 | 6.47 | 6 | 7.18 |
| 6,000-7,999 | 48 | 49 | 8 | 105 |
| | 11.5 | 4.02 | 4.14 | 5.69 |
| 8,000-9,999 | 29 | 73 | 18 | 120 |
| | 6.72 | 5.91 | 10.13 | 6.51 |
| 10,000-14,999 | 52 | 210 | 15 | 277 |
| | 12.04 | 17.43 | 8.51 | 15.35 |
| 15,000-19,999 | 38 | 239 | 12 | 289 |
| | 8.97 | 17.08 | 6.29 | 14.21 |
| 20,000-24,999 | 11 | 177 | 21 | 209 |
| | 2.75 | 12.39 | 14.43 | 10.45 |

（續表 3-2-6）

| 月收入 (澳門幣) ＼ 最高學歷 | 初中及以下 | 高中 | 大學及以上 | 總數 |
|---|---|---|---|---|
| 25,000-29,999 | 2 | 45 | 7 | 54 |
| | 0.5 | 3.24 | 3.91 | 2.7 |
| 30,000-39,999 | 8 | 46 | 22 | 76 |
| | 1.68 | .03.4 | 10.7 | 3.74 |
| 40,000-59,999 | 1 | 13 | 17 | 31 |
| | 0.26 | 0.98 | 10.2 | 1.73 |
| 60,000 或以上 | 1 | 10 | 11 | 22 |
| | 0.25 | 0.7 | 6.45 | 1.17 |
| 合計 | 445 | 1,344 | 172 | 1,961 |

F(18.93, 37,102.00) = 12.5696, df = 1,960, p ≤ 0.001

## 第三節　就業情況

　　當前，在勞動力市場逐漸細分和就業難度日益增加的環境下，社會個體選擇不同的就業趨勢產生了社會分層的雛形，就業市場將勞動力劃分為不同的社會階層。首先能否成功就業是社會分層的第一步，成功就業的群體將以不同的方式融入社會，融入群體；反之，無法順利就業的群體可能會遠離主流社會或者步入社會底層，這部分群體將是社會犯罪事件的主要來源，根據社會紐帶理論以及社會緊張理論，脫離主流群體的社會個體容易使用犯罪行為來試圖影響他人，因此，就業是社會分層中極為重要的指標之一。

　　澳門特別行政區在就業方面與其他地區或者國家具有較大的差異，首先，澳門地區人口較少，地理位置相對較小，但是受益於博

彩業的發展，以及博彩業帶來的旅遊業的發展也促進了澳門特區第三產業的穩健增長，使得其就業率穩居世界前列。本節的第一部分是對澳門居民整體就業情況的介紹，根據澳門居民的就業情況將其分為三個群體，即當前工作者，曾經工作者以及從未工作者。第二個部分是針對就業情況，對澳門居民的當前職業和第一份職業（即初職）進行對比，根據澳門地區法律規定，年滿 16 歲的青少年即可在就業市場中尋求工作機會，因此，年滿 16 歲的第一份工作訊息即是初職，初職的工作性質、職業類型、公司性質、職業名稱以及僱傭形式等均是本節進行對比分析的重點。第三個部分來源於澳門社會特有的社會特徵，如前文中提到澳門地區就業率較高，更換工作的難易程度較低，頻率較高，因此，澳門社會群體更換工作的可能性以及尋找新工作的可能性大小等是第三個部分的主要分析內容。

基於對就業狀況的整體介紹，第四部分將進一步分析澳門就業與其他因素之間的關係，首先，教育透過畢業文憑、證書以及個體技能向就業市場發送信號，從而根據教育所獲的技能、文憑等訊息被劃分到特定的社會階層中，因此，就業與教育水準的關係也是本節的重點分析部分。其次，根據美國經濟學家多林格爾和皮奧里在 20 世紀 60 年代提出的勞動力市場分割理論，認為教育因素知識影響社會個體可以進入哪一級勞動力市場的一般因素，而關鍵因素則包含年齡、性別以及行業差異等非教育因素。因此，本節也將進一步分析澳門的就業情況和年齡、性別、出生地等因素的交互關係。

## 一、澳門就業情況介紹

就業，指在法定年齡內的有能力勞動且願意勞動的人們所從事的為獲取報酬或者經營收入進行的活動。根據《2018 年中國就業

形勢報告》顯示，2018 年的就業形勢與同期 2017 年相比出現回落的趨勢，儘管第四季度的就業情況出現一定程度的回暖，但是在以上海為代表的一線城市，就業竟仍然非常激烈，且 2019 年開始，就業景氣指數將繼續呈現下降趨勢。中國勞動力市場常年呈現出供大於求，每年新增勞動年齡人口超過 1,000 萬，此外，大量農村剩餘勞動力向非農領域及城市轉移。因此顯性失業和隱性失業人口均居高不下，較大的就業壓力已經成為中國宏觀宏觀經濟的主要問題之一。失業人數的上升將導致生活水準的下降，失業群體無法順利融入社會，逐漸遠離主流社會，嚴重者可能會步入社會底層，直接或間接地導致犯罪越軌行為的發生。

與其他地區相比，澳門地區近些年的就業情況呈現出較好的趨勢，根據統計暨普查局就業調查結果顯示，2018 年第二季度（即4 月至 6 月）澳門社會的失業率大約是 1.8%，與第一季度保持一致，遠低於其他國家。澳門地區就業率如此之高的主要原因是博彩業提供的大量就業機會，遠高居其他行業之首。儘管澳門失業率較低，但是由於地區特徵，仍然存在部分如下就業問題。

## 第一、澳門地區就業受多種條件限制

對於從事技術性工作的需要有相應的知識以及技能，且希望求職者具有工作經驗，年紀較大的勞動力在工廠等地方的受聘機率較低，部分行業還會對應聘者的外在條件，例如：身高、長相等方面進行限制。

## 第二、製造業收入較低缺乏吸引力

大部分勞動者尋找就業機會的目的是獲得薪酬，從而用於生活等支出，因此薪酬的高低將成為求職者首先考慮的條件之一。與酒店業、餐飲業、金融業等其他行業相比，當前澳門地區的製造業薪資待遇較低，因此對求職者來說缺乏吸引力，而具有大學及以上文

憑的大多數不願意到工廠工作。

## 第三、勞資關係

勞資關係也是企業文化的一個方面，有些企業會注重員工的工作及居住環境、工資逐年上漲的幅度、員工的身心健康等方面，也有些企業會完全忽視勞資關係，對雇員缺乏關心，工資一成不變，使得員工缺乏對公司的歸屬感。

## 第四、創立新產業擴大就業

全澳門每年約有一千名左右的大學畢業生從世界各地回到澳門，以及澳門本地各大院校培養的畢業生，使得澳門地區每年新增的專業人才較多，但是這些專業人才並非都適合進入博彩業尋求就業機會，因此，適當的拓寬新型產業，包含訊息技術產業、金融產業、保險服務等可以為澳門地區提供更多更加專業的就業機會。

## 第五、澳門本地專業院校的教育應當與澳門地區發展特徵相結合

每個地區都會由於其地理、政治等方面的原因而具有與其他地區有差異性的發展特徵，而當地的教育應當配合該地區發展的綜合需要培養適合的專業型人才，進而更有效地達到學以致用、為專業人才謀求出路的目的。當然，與地區的發展相結合進行專業性的培養方向需要高校與企業、社會的發展計畫向集合，也需要企業、政府將當前需要的專業及計畫與高校進行溝通合作，以幫助教育機構更加出色的完成教育事業所賦予的使命。

## 第六、外地勞工的輸入

澳門地區由於政治特徵，其就業及收入會高於周邊城市及地區，加之澳門與周邊地區便捷的交通，使得較多其他地區勞工輸入澳門，這是澳門地區當前存在不穩定的就業情況的主要原因之一。為了保障本地居民的就業機會，澳門地區政府對外來勞工的就

業進行了一定程度的限制，但是目前情況仍然不容小覷。

　　結合澳門地區的就業情況，本節將澳門地區的居民根據工作情況分為三類，即當前工作者、曾經工作者（可能當前已經退休或者失業），以及從未工作者（具體見表 3-3-1）。根據表中提供的訊息，當前澳門受訪居民中有 61.87% 當前正處於工作狀態，如本書前文所述，當前表中數據均為加權後所得；目前有 19.61%（約 684 人）的澳門居民曾經工作過，但是當前不在工作狀態；以及 18.51% 的居民從未工作過，包含由於年齡、身份、當前正處於學生狀態，以及尚未進入工作崗位中的群體和年齡已經達到工作許可，但是從未工作過的居民。

表 3-3-1　當前澳門居民工作狀態

| 工作狀態 | 數量（加權後） | 比例 |
|---|---|---|
| 當前工作者 | 2,156 | 0.62 |
| 曾經工作者 | 684 | 0.20 |
| 從未工作者 | 645 | 0.18 |
| 總和 | 3,485 | 1.00 |

## 二、澳門居民當前職業與初職比較分析

### （一）澳門居民當前職業與初職職業分類比較

　　在對澳門居民就業整體情況的介紹後，本節將對表 3-3-2 中的當前工作者的職業和其第一份職業進行介紹及分析（具體見表 3-3-2 和表 3-3-3）。澳門居民當前職業屬雇員的比例高達 93.63%（加權後數量約 1,980 人），遠高於比例第二的雇主，約 3.9%（加權後約 82.52 人），屬小販的自雇人士、外發工，以及無業家庭從

業員均比例不足 1%。這一分布與初職的情況保持了一致，具體表現在：第一份工作屬雇員的比例約 94.08%（加權後數量約 2,607人），比例位於第二的也是雇主，約占全部居民的 2.54%（加權後數量約 70.32 人），初職從事於其他方面的自雇人士（1.33%）也與當前職業保持一致（約 1.3%），表明澳門居民在就業方面以雇員為主要就業管道，此與澳門的社會結構特徵保持一致，博彩業帶來的大量就業均屬雇員。

表 3-3-2　澳門居民當前職業介紹

| 當前職業 | 數量（加權後） | 比例 |
|---|---|---|
| 雇員 | 1,979 | 0.94 |
| 外發工 | 4 | 0.00 |
| 雇主 | 83 | 0.04 |
| 自雇人士（小販） | 18 | 0.01 |
| 自雇人士（其他） | 28 | 0.01 |
| 無業家庭從業員 | 3 | 0.00 |
| 總和 | 2,115 | 1.00 |

表 3-3-3　澳門居民初職職業介紹

| 當前職業 | 數量（加權後） | 比例 |
|---|---|---|
| 雇員 | 2,607 | 0.94 |
| 外發工 | 5 | 0.00 |
| 雇主 | 70 | 0.03 |
| 自雇人士（小販） | 34 | 0.01 |
| 自雇人士（其他） | 37 | 0.01 |
| 無業家庭從業員 | 18 | 0.01 |
| 總和 | 2,771 | 1.00 |

## （二）澳門居民當前職業與初職工作性質比較

表 3-3-4 將澳門居民當前工作以及第一份工作的工作性質進行了對比分析，透過數據可以發現，無論是在當前職業中，還是在初職職業中，全職比例均在 90% 以上，遠高於非全職比例；此外，初職工作的非全職工作比例（8.55%）稍高於當前職業中的非全職工作比例（7.32%），這一差異與澳門現狀一致，較多年輕人在大學期間可能有兼職的現象，導致初職工作中非全職工作比例稍高。

表 3-3-4　澳門居民工作性質對比分析

| 工作性質 | 當前職業 | | 初職 | |
|---|---|---|---|---|
| | 數量（加權後） | 比例 | 數量（加權後） | 比例 |
| 全職工作 | 1,953 | 0.93 | 2,459 | 0.91 |
| 非全職工作 | 154.2 | 0.07 | 230 | 0.09 |
| 合計 | 2,108 | 1.00 | 2,689 | 1.00 |

## （三）澳門居民當前職業與初職職業名稱比較

根據澳門社會特徵，本研究對當前職業和初職的職業名稱分為 9 大類（見表 3-3-5），分別是公務員、行政人員、經理、專業人員、文員、服務工作及商店銷售人員、工藝及有關人員、技術人員，以及其他。調查數據顯示，服務工作及商店銷售人員在當前職業和初職中的比例均為最高，分別是 40.13% 和 41.58%（加權後數量分別是 861.3 和 1,158）。不考慮其他這一選項，當前職業中比例位於第二的是文員，約 10.69%；初職中比例居於第二的是工藝及有關人員，約 17.01%，文員比例也相對較高，約 11.2%。

表 3-3-5 澳門居民當前與初職職業名稱比較

| 職稱 | 當前職業 | | 初職 | |
|---|---|---|---|---|
| | 數量（加權後） | 比例 | 數量（加權後） | 比例 |
| 公務員 | 139.4 | 0.06 | 81 | 0.03 |
| 行政人員 | 56.68 | 0.03 | 49 | 0.02 |
| 經理 | 39.94 | 0.02 | 20 | 0.01 |
| 專業人員 | 218.2 | 0.10 | 240 | 0.09 |
| 文員 | 229.4 | 0.11 | 312 | 0.11 |
| 服務工作及商店銷售人員 | 861.3 | 0.40 | 1,158 | 0.42 |
| 工藝及有關人員 | 167.3 | 0.08 | 474 | 0.17 |
| 技術人員 | 166.7 | 0.08 | 217 | 0.08 |
| 其他 | 267.4 | 0.12 | 234 | 0.08 |
| 總和 | 2,146 | 1.00 | 2,784 | 1.00 |

## （四）澳門居民當前職業與初職僱傭形式比較

工作僱傭形式是保障勞動者權益的重要指標之一，也是衡量社會經濟地位的標準之一。在本次調查研究中，長工的比例在當前職業和初職中的比例均超過 60%，分別是 60.77% 和 61.59%；當前職業中合約工的比例（31.48%）高於初職中合約的比例（21.26%），反之，初職中短工或者散工的比例（15.46%）高於當前職業中的短工比例（6.57%）。

表 3-3-6 澳門居民當前與初職僱傭形式比較

| 僱傭形式 | 當前職業 | | 初職 | |
|---|---|---|---|---|
| | 數量（加權後） | 比例 | 數量（加權後） | 比例 |
| 短工／散工 | 134.9 | 0.07 | 420 | 0.15 |
| 長工 | 1,247 | 0.61 | 1,675 | 0.62 |

（續表 3-3-6）

| 僱傭形式 | 當前職業 | | 初職 | |
|---|---|---|---|---|
| | 數量（加權後） | 比例 | 數量（加權後） | 比例 |
| 合約 | 646.1 | 0.31 | 578 | 0.21 |
| 其他 | 24.32 | 0.01 | 46 | 0.02 |
| 合計 | 2,053 | 1.00 | 2,720 | 1.00 |

## （五）澳門居民當前職業與初職所在公司性質比較

　　根據澳門企業的特徵，將澳門居民可以就業的公司分為四種大的類型，分別是政府機構、公營機構、非政府機構或者是非牟利機構，以及私人機構。在項目受訪者當前就業和初職所在的公司中，私人機構的比例最高，分別達到 69.95% 和 74.08%（加權後數量分別是 1,437 和 2,015），說明絕大多數的澳門居民就業單位屬私人企業。非政府機構或者是非牟利機構的比例位居第二且比例接近，分別是 16.14% 和 15.18%。比例最低的是政府機構，均不足 10%。

表 3-3-7　澳門居民當前與初職公司性質比較

| 公司性質 | 當前職業 | | 初職 | |
|---|---|---|---|---|
| | 數量（加權後） | 比例 | 數量（加權後） | 比例 |
| 政府機構 | 186.8 | 0.09 | 139 | 0.05 |
| 公營機構 | 57.96 | 0.028 | 65 | 0.02 |
| 非政府機構／非牟利機構 | 331.4 | 0.16 | 413 | 0.15 |
| 私人機構 | 1,437 | 0.70 | 2,015 | 0.74 |
| 其他／不適用 | 40.93 | 0.11 | 88 | 0.03 |
| 總和 | 2,054 | 1.00 | 2,720 | 1.00 |

### 三、工作變更難易程度分析

如前文中提到，澳門地區由於政治及經濟的特殊性，與其他地區相比，其就業率相對較高，且更換工作的難度相對較低。本次調查也詳細詢問了澳門居民對工作變更可能性及難易程度的自我感知，主要包含如下三個主要問題：

第一，你覺得在接下來的 12 個月中，你自願（也就是放棄或者退休）離開你現在的工作的可能性有多大？

第二，你覺得在接下來的 12 個月中，你失去工作的可能性有多大？（即被解雇或者不再續約）

第三，如果在接下來的 12 個月中，你失去了工作，那麼你最終找到並且接受的工作，其待遇、福利均不低於當前工作的可能性有多大？

針對以上三個問題，其結果分析表明，當前澳門居民中有 13.14% 的人在未來 12 個月內可能會自願離開當前的工作；有 11.34% 的居民認為自己在接下來的 12 個月內有被解雇或者失去工作的風險；有超過 35% 的居民認為自己即使失去了工作，在未來 12 個月內可以找到一份滿意的工作（詳細可見表 3-3-8）。這一數據說明當前澳門居民對於自己失業的擔心較少，且對於自己失業後重新找到滿意工作的自信較高。

表 3-3-8 澳門居民工作變更難易程度分析

| 工作變更類型 | 百分比（%） | 標準差 |
|---|---|---|
| 離開工作可能性 | 13.1389 | 1.0608 |
| 失去工作可能性 | 11.3415 | 1.0424 |
| 找到滿意工作可能性 | 35.0648 | 1.5821 |

## 四、當前工作與其他因素的交互作用

　　根據前文中對於澳門居民就業情況的分析，本節將進一步分別分析當前就業情況和性別、年齡、出生地，以及教育等因素之間的交互關係，從而更加詳細地瞭解澳門居民工作情況在不同群體之間的詳細分布。

### （一）當前就業與性別交互分析

　　表 3-3-9 是在表 3-3-2 的基礎上對性別進行分類而成，澳門居民中比例最高的雇員中，男性和女性的比例較均衡，分別占全部男性和女性的比例的 92.22% 和 94.64%；占澳門就業第二比例的雇主一職中，男性的比例（4.22%）比女性（2.86%）稍高，小販自雇人士中則是女性（1.28%）稍高於男性（0.69%）。

表 3-3-9　澳門居民當前工作與性別的交互作用

| 性別<br>當前<br>工作 | 男性 | | 女性 | | 總和 | |
|---|---|---|---|---|---|---|
| | 數量<br>（加權後） | 比例 | 數量<br>（加權後） | 比例 | 數量<br>（加權後） | 比例 |
| 雇員 | 1,288 | 0.9222 | 1,292 | 0.9464 | 2,579 | 0.9342 |
| 外發工 | 2.371 | 0.0017 | 1.364 | 0 | 3.735 | 0.0014 |
| 雇主 | 58.79 | 0.0422 | 39.05 | 0.0286 | 98.02 | 0.0355 |
| 自雇人士（小販） | 9.658 | 0.0069 | 17.41 | 0.0128 | 27.06 | 0.0098 |
| 自雇人士（其他） | 29.2 | 0.0209 | 6.125 | 0.0045 | 35.32 | 0.0128 |
| 無業家庭從業員 | 8.371 | 0.006 | 9.282 | 0.0068 | 17.65 | 0.0064 |
| 總和 | 1,396 | 1.0000 | 1,365 | 1.0000 | 2,761 | 1.0000 |

$X^2 = 20.7319$, $F(4.41, 11,841.62) = 3.2541$, $p = 0.0088$

## （二）當前就業與年齡的交互分析

對於不同年齡階層的居民來說，其從事職業可能會呈現一定的差異。從表 3-3-10 中可以看出，從事外發工的主要是 70 後和 90 後人群，90 後群體中從事小販的比例低於其他年齡較長的人群，雇員群體中，90 後的比例最高。從社會發展歷程來看，年輕人步入社會後可能會先透過在其他公司工作的方式獲得社會經驗，在財富和經驗累積到一定程度後才會考慮創業，因此年輕人中雇員比例相對較高。

## （三）當前就業與教育的交互分析

透過以往文獻可以知道，教育對就業的影響非常顯著，因此本書中將職業在不同教育水準下的分配進行分析（具體可見表 3-3-11）。雇員在初中及以下、高中，以及大學及以上中的比例較為均衡，分別是 94.49%、92.42%，以及 92.45%。高中（5.21%）、大學及以上（4.76%）群體中雇主的比例要高於初中及以下的群體中雇主的比例（1.55%）。

## （四）當前就業與出生地的交互分析

澳門地區由於地理位置的特殊性和政治的差異性，很多居民來自於其他地區，也有部分澳門居民選擇去香港或者其他地方生孩子，因此，出生地的差異在一定程度上代表著社會經濟地位以及社會觀念的不同。從表 3-3-12 中可以看出，雇員的比例仍舊非常高，且在不同出生地的群體中保持一致；出生在香港地區的居民在雇主職業中的比例最高（6.49%），出生於澳門和大陸地區的雇主職業比例分別是 2.77% 和 3.72%。

表 3-3-10　澳門居民當前工作與年齡的交互作用

| 當前工作＼年齡 | 50後及更年長者 數量(加權後) | 比例 | 60後 數量(加權後) | 比例 | 70後 數量(加權後) | 比例 | 80後 數量(加權後) | 比例 | 90後及更年輕者 數量(加權後) | 比例 | 總和 數量(加權後) | 比例 |
|---|---|---|---|---|---|---|---|---|---|---|---|---|
| 雇員 | 488.6 | 0.9284 | 453 | 0.9287 | 669.6 | 0.9151 | 617.4 | 0.9151 | 245.2 | 0.9632 | 2,474 | 0.9323 |
| 外發工 | 0 | 0 | 0 | 0 | 3.323 | 0.0047 | 0 | 0 | 0.4115 | 0.0016 | 3.735 | 0.0014 |
| 雇主 | 19.05 | 0.0362 | 24.95 | 0.0512 | 16.32 | 0.023 | 34.33 | 0.0509 | 1.828 | 0.0072 | 96.48 | 0.0364 |
| 自雇人士（小販） | 4.635 | 0.0088 | 0 | 0 | 9.306 | 0.0131 | 10.72 | 0.0159 | 1.65 | 0.0065 | 26.31 | 0.0099 |
| 自雇人士（其他） | 9.967 | 0.0189 | 8.733 | 0.0179 | 10.32 | 0.0145 | 5.077 | 0.0075 | 1.226 | 0.0048 | 35.32 | 0.0133 |
| 無業家庭從業員 | 4.016 | 0.0076 | 1.088 | 0.0022 | 1.145 | 0.0016 | 7.156 | 0.0106 | 4.246 | 0.0167 | 17.65 | 0.0067 |
| 總和 | 526.3 | 1.0000 | 487.8 | 1.0000 | 710 | 1.0000 | 674.7 | 1.0000 | 254.6 | 1.0000 | 2,653 | 1.0000 |

$X^2 = 46.3648$, $F(4.41, 11,841.62) = 1.8677$, $p = 0.0237$

表 3-3-11　澳門居民當前工作與教育的交互作用

| 當前工作＼教育水準 | 初中及以下 數量(加權後) | 比例 | 高中 數量(加權後) | 比例 | 大學及以上 數量(加權後) | 比例 | 總和 數量(加權後) | 比例 |
|---|---|---|---|---|---|---|---|---|
| 雇員 | 345.7 | 0.9449 | 198.3 | 0.9242 | 1,166 | 0.9245 | 1,710 | 0.9285 |
| 外發工 | 0 | 0 | 0.4115 | 0.0019 | 1.145 | 0 | 1.556 | 0 |
| 雇主 | 5.653 | 0.0155 | 11.18 | 0.0521 | 60.02 | 0.0476 | 76.85 | 0.0417 |
| 自雇人士（小販） | 4.28 | 0.0117 | 1.543 | 0.0072 | 9.035 | 0.0072 | 14.86 | 0.0081 |
| 自雇人士（其他） | 4.325 | 0.0118 | 3.136 | 0.0146 | 17.89 | 0.0142 | 25.35 | 0.0138 |
| 無業家庭從業員 | 5.91 | 0.0162 | 0 | 0 | 7.152 | 0.0057 | 13.06 | 0.0071 |
| 總和 | 365.9 | 1.0000 | 214.6 | 1.0000 | 1,261 | 1.0000 | 1,841 | 1.0000 |

$X^2 = 15.0128$, $F(4.41, 11,841.62) = 1.4544$, $p = 0.1552$

表 3-3-12　澳門居民當前工作與出生地的交互作用

| 出生地<br>當前<br>工作 | 香港 | | 澳門 | | 大陸 | | 其他 | | 總和 | |
|---|---|---|---|---|---|---|---|---|---|---|
| | 數量<br>(加權後) | 比例 | 數量<br>(加權後) | 比例 | 數量<br>(加權後) | 比例 | 數量<br>(加權後) | 比例 | 數量<br>(加權後) | 比例 |
| 雇員 | 93.23 | 0.9351 | 1,004 | 0.9434 | 1,140 | 0.9298 | 341.7 | 0.9218 | 2,579 | 0.9342 |
| 外發工 | 0 | 0 | 0.4115 | 0 | 2.371 | 0.0019 | 0.9523 | 0.0026 | 3.735 | 0.0014 |
| 雇主 | 6.469 | 0.0649 | 29.53 | 0.0277 | 45.62 | 0.0372 | 16.41 | 0.0443 | 98.02 | 0.0355 |
| 自雇人士<br>(小販) | 0 | 0 | 11.68 | 0.011 | 6.96 | 0.0057 | 8.43 | 0.0227 | 27.06 | 0.0098 |
| 自雇人士<br>(其他) | 0 | 0 | 12.02 | 0.0113 | 21.06 | 0.0172 | 2.246 | 0.0061 | 35.32 | 0.0128 |
| 無業家庭<br>從業員 | 0 | 0 | 6.678 | 0.0063 | 10.02 | 0.0082 | 0.9523 | 0.0026 | 17.65 | 0.0064 |
| 總和 | 99.7 | 1.0000 | 1,065 | 1.0000 | 1,226 | 1.0000 | 370.7 | 1.0000 | 2,761 | 1.0000 |

$X^2 = 22.5649$, $F(4.41, 11,841.62) = 1.0239$, $p = 0.4185$

## 第四節　結論

　　本章主要透過對澳門地區居民的教育情況、家庭收入,以及就業情況三個方面的分析來深入瞭解澳門的社會分層狀況。

　　從居民受教育狀況角度來看,總體上,澳門的教育制度具有基礎教育普及性高、高等教育體系完善、國際化等特點,居民的受教育水準較高,大部分是透過在校全日制教育的形式獲得,選擇在澳門之外的地區,包括大陸、港台及海外接受教育的居民不在少數。同時,政府注重對居民就業後進行持續進修教育,有相當比例的居民表示在工作後曾繼續接受教育,進一步提升就業技能。為了進一步分析教育狀況對社會分層的影響,本章從性別、出生年代、出生地三個人口學指標出發,比較居民受教育水準在社會不同並不存在顯著差異;且隨著教育事業的不斷發展完善,年輕一代的

居民受教育比例和水準均較年長的居民有所提高。此外，除了出生於澳門本地的居民外，澳門居民中還有很大比例的居民出生自內地、香港或者其他地區，不同出生地的居民其受教育狀況有所差異，在澳門和中國內地出所的居民，其受教育率顯著低於香港和其他地區；在受教育水準方面，出生在澳門、香港的居民其受教育水準明顯高於出生在內地的居民。

從居民收入的角度來看，澳門地區居民的平均月收入較為可觀，大多數人的月平均收入介於 1-2.5 萬澳門幣之間。但是，不同群體的月收入也有較為明顯的差距。就性別分布而言，澳門男性居民的平均收入水準明顯高於女性居民，其不僅低收入比例更低，而且高收入比例更高。就年齡層而言，澳門居民收入的主力軍是 70 後，但 80 後作為後起之秀，其在澳門高收入群體（即月收入 2.5 萬澳門幣以上的群體）中所占比例逼近 70 後，已成為澳門經濟發展的主力軍。相比之下，90 後群體受學歷、經驗等限制，暫時未能獲得較好的經濟回報，有待進一步提升。因澳門人口背景複雜，從居民們的出生地來看，香港出生的澳門居民經濟收入水準較高，其次是澳門本地居民，最後是大陸及世界其他國家或地區出生的澳門居民，這也基本符合港澳大陸地區的經濟發展現狀和人口發展現狀。最後，本次研究還發現，澳門居民的經濟收入高低與其受教育水準密切相關，即學歷水準愈高的澳門居民，其獲得高收入的可能性也愈大。

從居民的就業角度來看，澳門地區的就業率位居世界前列，本章在對澳門居民整體就業的基礎上，在職業分類、工作性質、職業名稱、僱傭形式，以及公司性質五個維度來比較其初職及當前職業之間存在的差異。透過對澳門居民工作變更難易程度的分析可知，澳門居民對當前失業的擔心較低，且對於自己失業後重新找到

滿意工作的自信較高。此外，本章在分析收入及教育的前提下，將澳門地區的就業與性別、年齡、教育，以及出生地進行交互分析發現，在雇主和雇員中，男女性別之間存在一定的差異性；雇員中工作經驗較少的年輕人比例較高；學歷較高的群體中自我創業的多於低學歷群體；家庭的社會經濟地位以及觀念也會在一定程度上影響其就業的選擇。

## 參考文獻

1. 馮增俊、江健、郭華邦、周紅莉、鄒一戈（2010）。澳門回歸十週年教育發展戰略與未來走向。*教育研究*（1），68-74.

2. 黃發來（2016）。澳門高等教育國際化的歷史與現狀探析。*世界教育信息*（13），62-68。

3. 晁秋紅（2013）。澳門持續進修發展計畫述評。*世界教育信息*（8），66-69。

4. 張智敏、唐昌海（2003）。教育水準對人口職業分層影響的實證分析——以湖北省為例。*中國人口科學*（3），67-73。

5. 柯麗香、陳建新、伍芷蕾（2013）。澳門特別行政區人口教育不均等研究。*中國人口科學*（3），112-118。

6. 李祥立（1999）。回歸前的澳門教育現狀與展望。*基礎教育研究*（6），4-5。

7. 宋錫祥（1999）。澳門居民構成及其國籍問題。*上海大學學報：社會科學版*（5），9-14。

8. 李強。社會分層與貧富差距。鷺江出版社 2009 年 9 月版。

9. 張小虎。轉型期中國社會犯罪原因探析。北京師範大學出版社 2002 年 6 月版。中央政府駐澳門聯絡辦公室：2017 年澳門經濟形勢回顧和 2018 年經濟展望，2018 年 5 月 16 日，下載地址 http://www.zlb.gov.cn/2017 05/16/c_129873891.htm。

10. 丘志喬、胡丹纓（2016）。澳門養老福利制度特色及其啟示。政法學刊，33（03），27-34。林玉鳳、張榮顯等。澳門婦女現狀報告 2010。澳門特別行政區政府婦女事物諮詢委員會出版 2011 年 12 月版。

11. 統計暨普查局：2016 年中期人口統計主題性報告，2018 年 3 月 9 日，下載地址 https://www.bycensus2016.gov.hk/tc/bc-articles.html.

12. 王婷、李科宏（2018）。家庭背景對城鎮居民收入差距的影響與貢獻——基於代際流動模型的 Shapley 值分解。雲南財經大學學報，34（08），40-53。

# 第四章　移民與移工

王殿璽

MACAO.

「我們生活在一個移民的時代」，Castles 和 Miller 曾經這樣說過。確然，隨著世界工業化和全球化的進程，世界範圍內的人口遷移流動不斷增強，全球人口分布格局不斷改變，「流動」已經成為最鮮明的世界圖景[1]。根據國際移民組織發布的 2018 年國際人口遷移報告，從 1970 年到 2015 年，國際移民數量從 8,446 萬人，增加到 24,370 萬人，在全球人口中所占比例從 2.3% 提高到 3.3%。[2] 回到中國情境，改革開放以來，隨著人口流動性的增強，中國流動人口的規模不斷增長，流動人口數量由 1982 年的 657 萬人增加到 2017 年末的 2.44 億人，四十年來流動人口規模增長了近 36 倍。[3] 隨著國際、國內人口遷移規模的不斷增長，人口遷移與移民問題得到了各界的廣泛關注，成為一個重要的事實領域。

作為跨學科的研究主題，移民研究一直是學術界關注的重要側面。對於移民的界定，本書將其定義為出生地不是澳門且未來 6 個月仍會在澳門居住的人。本章以澳門的移民與勞工為研究對象，分析在澳移民的總體情況、移民路徑、工作收入、居住安排以及主觀態度與認知等。同時，由於澳門投資移民政策於 2008 年發生重大變化，一般投資移民（主要為房地產投資移民）被取消，而只允許重大投資移民。這一政策的變化顯著影響了來澳門移民的數量與來源分布，故本章單獨列示了 2008 年後澳門移民的狀況，用於比較 2008 年前後澳門移民的總體變化。具體而言，第一節主要分析在

---

1　S. Castles, and M. J. Miller, The Age of Migration: Population movements in the modern world, New York: Guilford Press, 2003.

2　International Organization for Migration. World Migration Report 2018. Avaliable on: https://www.iom.int/wmr/world-migration-report-2018.

3　段成榮，楊舸，張斐等。改革開放以來我國流動人口變動的九大趨勢 [J]。人口研究，2008，32（6）：30-43。

澳門移民的來源、移民前特徵與遷移路徑，從流出地的角度分析在
澳移民的基本構成與特徵；第二節和第三節主要從社會融入的角度
分析在澳門移民的教育水準、職業狀況和收入分布；第四節分析在
澳移民的居住情況，從整體上把握移民來澳門後的居住形態；第五
節分析來澳門移民的生活條件、社會福利與保障享有狀況；第六節
主要考察來澳門移民的身份認同與社團參與情況；第七節主要從不
同的側面分析在澳移民的宗教信仰以及社會態度、認知；最後一節
為結論與政策建議。

　　總體而言，本章以澳門移民為分析對象，試圖全面瞭解來澳門
移民的遷移路徑、職業狀況、收入分布、居住安排、社會保障以及
社會態度等，理解來澳門移民的生活現狀、心理動態以及行為特
徵，以促進社會各界對在澳移民的關注和關懷，從而為政府制定相
關政策提供參考，並為促進澳門社會的和諧發展提供支持。

## ◣ 第一節　移民的來源地、移民前特徵與遷移方式

### 一、移民的來源地分析

　　在人口遷移研究中，移民的來源地分析是一個重要的維度。
本節以澳門作為移民的遷入地，分析來澳門移民的來源地分布情
況，從而形成對在澳移民來源地分布的總體認知。根據表 4-1-1，
約有 75.27% 的移民是從中國內地移民到澳門的，約有 10.66%
的移民是從日本移民到澳門的，約有 6.08% 的移民是從北美地
區移民到澳門的，同樣約有 5.12% 的移民是從南美移民到澳門
的。如果以 2008 年作為時間結點，十年間（2008-2018 年），在
澳移民的主要來源地依然是中國內地（占 59.48%）和日本（占
18.15%），而來自其他國家或地區的移民所占比例則較少。綜合

以上發現，在澳移民的首要來源地為中國內地，其次來源於日本。

表 4-1-1　來澳門移民的來源地分布

| 國家／地區 | 全部移民（人／%） | 2008 年後移民（人／%） |
|---|---|---|
| 香港 | 52（5.12） | 22（5.52） |
| 中國內地 | 1,351（75.27） | 411（59.48） |
| 台灣 | 18（1.41） | 12（2.74） |
| 日本 | 182（10.66） | 124（18.15） |
| 其他亞洲國家 | 14（1.05） | 8（1.63） |
| 歐洲 | 2（0.33） | 1（0.73） |
| 北美 | 41（6.08） | 26（11.55） |
| 南美 | 52（5.12） | 22（5.52） |
| 其他 | 1（0.08） | 1（0.22） |
| 有效樣本 | 1,713 | 627 |

注：表中括號內的比例爲加權百分比，且本章表格中有效樣本的差異源於遺漏值。下同。

## 二、移民的出生地分析

　　移民的出生地分析同樣是人口遷移研究的重要維度，故本部分主要分析來澳門移民的出生地分布情況。根據表 4-1-2，約有 73.73% 的移民的出生地是中國內地，約有 9.62% 的移民的出生地是南美，約有 9.03% 的移民出生在除中國、日本以外的其他亞洲國家。對於 2008 年後移民來澳門的人來說，約有 58.2% 的移民的出生地是中國內地。整體而言，在澳移民主要出生於中國內地，這與移民的來源地分析的發現相一致，即無論從移民的來源地分析，還是從移民的出生地分析，澳門移民主要來源於中國內地。

表 4-1-2　來澳門移民的出生地分布

| 國家／地區 | 全部移民（人／%） | 2008 年後移民（人／%） |
|---|---|---|
| 澳門 | 0（0.00） | 0（0.00） |
| 香港 | 57（5.59） | 21（5.27） |
| 中國內地 | 1,333（73.73） | 409（58.20） |
| 台灣 | 11（0.80） | 8（1.57） |
| 日本 | 1（0.05） | 1（0.12） |
| 其他亞洲國家 | 182（9.03） | 128（16.15） |
| 歐洲 | 14（1.06） | 9（1.81） |
| 北美 | 1（0.03） | 0（0.00） |
| 澳洲或紐西蘭 | 1（0.09） | 1（0.23） |
| 南美 | 63（9.62） | 0（0.00） |
| 其他地區 | 57（5.59） | 32（16.65） |
| 有效樣本 | 1,720 | 609 |

## 三、遷移前的基本特徵

　　遷移前的相關特徵對於分析移民在遷入地的融入與發展狀況具有一定的參考價值，本部分主要分析移民在遷移前的城鄉屬性、工作經歷、職業分布等。關於移民前的城鄉屬性特徵，表 4-1-3 顯示，來自城市的有 756 人，占 46.6%；來自城鎮的有 501 人，占 30.3%；來自農村的有 402 人，占 23.1%。而對 2008 年後移民的人來說，約有 54.51% 的移民來自於城市，約有 29.38% 的移民來自於城鎮，約有 16.11% 的移民來自於農村。上述說明，來澳門移民在遷移前主要以城市居民為主。

表 4-1-3　移民遷移前的城鄉分布

| 遷移來源地 | 全部移民（人／%） | 2008 年後移民（人／%） |
|---|---|---|
| 城市 | 756（46.60） | 325（54.51） |
| 城鎮 | 501（30.30） | 178（29.38） |
| 農村 | 402（23.10） | 103（16.11） |
| 有效樣本 | 1,659 | 606 |

　　關於移民前的工作經歷，本次調查發現，大部分的移民在遷移到澳門之前並沒有過工作經歷，占到 61.5%，而有 625 人在移民前有過工作經歷，占到 38.5%。表 4-1-4 所示，對於有過工作經歷的移民來說，約有 74.3% 的人在移民澳門前的職業身份是雇員，約有 16.21% 的人在移民澳門前在農村務農，約有 3.16% 的人在移民澳門前的職業身份是雇主，約有 5.31% 的人在移民澳門前是自營作業者或自雇人士，約有 1.01% 的人在移民澳門前的職業身份是無酬家庭從業人員。對於 2008 年後的移民來說，約有 85.12%的人在移民澳門前的職業身份是雇員，約有 4.85% 的人在移民澳門前在農村務農，約有 3.27% 的人在移民澳門前的職業身份是雇主，這與對全部移民的分析發現基本相同。

表 4-1-4　來澳門前最後一份工作的僱傭身份

| 僱傭身份 | 全部移民（人／%） | 2008 年後移民（人／%） |
|---|---|---|
| 農村務農 | 114（16.21） | 16（4.85） |
| 雇員 | 459（74.30） | 222（85.12） |
| 雇主 | 21（3.16） | 9（3.27） |
| 自營作業者／自雇人士（小販） | 8（2.49） | 5（4.62） |
| 自營作業者／自雇人士（其他） | 19（2.82） | 4（1.35） |
| 無酬家庭從業人員 | 6（1.01） | 2（0.79） |
| 有效樣本 | 627 | 258 |

根據從事的具體職位來看，根據表 4-1-5，來澳移民主要是以服務工作及商店銷售人員、漁農業熟練工人、工藝及有關人員為主，約有 25.16% 的移民在遷移前主要以服務工作及商店銷售人員，約有 16.78% 的移民在遷移前是漁農業熟練工人，約有 15.97% 的移民在遷移前是工藝及有關人員。這表明，對於移民到澳門的人來說，以密集型勞動或服務型為主，智力型的專業人員並不占主流。對於 2008 年後的移民來說，來澳門前所從事的最後一份工作的職業類別占比最高的是服務工作及商店銷售人員，漁農業熟練工人所占的比例顯著下降（5.04%）。

表 4-1-5 來澳門前最後一份工作的職位名稱

| 職位名稱 | 全部移民（人／%） | 2008 年後移民（人／%） |
|---|---|---|
| 經理及行政人員 | 18（4.28） | 13（7.93） |
| 專業人員 | 59（11.54） | 31（14.17） |
| 輔助專業人員 | 10（2.18） | 6（3.38） |
| 文員 | 57（9.40） | 28（9.23） |
| 服務工作及商店銷售人員 | 159（25.16） | 92（34.50） |
| 漁農業熟練工人 | 115（16.78） | 16（5.04） |
| 工藝及有關人員 | 106（15.97） | 33（11.96） |
| 機台及器械操作員及裝配員 | 24（3.63） | 8（2.64） |
| 非技術工人 | 22（3.22） | 4（1.38） |
| 軍人 | 3（0.43） | 1（0.31） |
| 不能分類的職業 | 41（7.40） | 19（9.46） |
| 有效樣本 | 614 | 251 |

## 四、移民方式

移民的遷移方式或途徑也是本節關注的內容。本次調查中，對移民的遷澳方式進行了詢問。根據表 4-1-6，從調查樣本中的全部移民來看，有 1,015 人透過單向許可／家庭團聚方式移民到澳門，占到 57.56%；有 266 人透過工作簽證的方式移民到澳門，占到 18.96%；有 112 人透過投資移民方式遷移到澳門。在 2008-2018 年這十年間，排在前兩位的移民方式分別為單向許可／家庭團聚和工作簽證，其中有 285 人透過單向許可／家庭團聚方式移民到澳門，占到 41.52%；有 216 人透過工作簽證的方式移民到澳門，占到 39.67%。上述數據表明，一方面，在澳移民的遷移途徑主要以家庭團聚和來澳門工作為主，家庭因素和經濟因素成為遷移的主要動因。這與現有文獻的研究發現相一致，關係網絡[4]與經濟因素（如收入）[5]成為移民的內在動因。另一方面，由於 2008 年澳門移民政策的變化，只允許重大投資移民，所以投資移民的比例顯著降低，反映了澳門移民政策對來澳門移民結構的變化具有顯著的影響。

表 4-1-6　在澳移民的遷移方式

| 遷移方式 | 全部移民（人／%） | 2008 年後移民（人／%） |
| --- | --- | --- |
| 單向許可／家庭團聚 | 1,015（57.56） | 285（41.52） |
| 工作簽證 | 266（18.96） | 216（39.67） |
| 技術移民 | 19（1.12） | 3（0.43） |

---

4　梁玉成。在廣州的非洲裔移民行為的因果機制——累積因果視野下的移民行為研究 [J]。社會學研究，2013（1）：134-159。

5　劉晏伶，馮健。中國人口遷移特徵及其影響因素——基於第六次人口普查數據的分析 [J]。人文地理，2014（2）：129-137。

（續表 4-1-6）

| 遷移方式 | 全部移民（人／%） | 2008 年後移民（人／%） |
|---|---|---|
| 投資移民 | 112（6.65） | 39（6.05） |
| 來澳就讀 | 28（1.99） | 24（4.31） |
| 難民 | 5（0.28） | 23（3.30） |
| 其他 | 218（13.43） | 285（46.25） |
| 有效樣本 | 1,663 | 875 |

## 五、居住時長

從來澳門移民的居住時間來看，根據表 4-1-7，過去 12 個月以來，居住時間在三個月以下的移民占 1.39%，居住時間在三個月到半年的移民占 1.01%，居住時間在半年到九個月的移民占 2%，居住時間在九個月及上的移民占 95.6%。對於 2008 年後的移民來說，過去 12 個月，同樣以居住時間在九個月及以上為主，占 90%。因此，從移民澳門的時間長度來看，過去 12 個月，大部分移民在澳門的居住時間在九個月及以上，而居住時間在半年以下的移民則比較少。

表 4-1-7　過去 12 個月，在澳門居住的時間分布

| 居住時長 | 全部移民（人／%） | 2008 年後移民（人／%） |
|---|---|---|
| 三個月以下（不包括三個月） | 17（1.39） | 15（3.30） |
| 三個月到半年（不包括半年） | 17（1.01） | 13（2.01） |
| 半年到九個月（不包括九個月） | 30（2.00） | 27（4.69） |
| 九個月及以上 | 1,598（95.60） | 553（90.00） |
| 有效樣本 | 1,662 | 608 |

## 第二節　教育與語言

　　受教育程度是測量個體社會經濟地位的重要指標，也是衡量移民對遷入地融合能力的重要維度。[6] 同時，語言作為一種文化符號，是移民順利融入遷入地生活的工具，對遷入地語言與文化的熟知，能夠增進移民在遷入地的社會融入。本節主要分析來澳門移民的受教育狀況以及語言熟練程度，從而在整體上把握移民的教育稟賦和語言能力。

### 一、移民的受教育程度

　　就移民的學歷來看（見表 4-2-1），有 29.81% 的移民的最高學歷為初中，約有 22% 的移民的最高學歷為高中，有 21.45% 的移民的最高學歷為大學，有 16.75% 的移民的最高學歷為小學，有 6.02% 的移民的最高學歷為專科，有 3.02% 的移民的最高學歷為碩士，有 0.44% 的移民的最高學歷為博士，有 0.39% 的移民沒有接受過任何教育。對於 2008 年後的移民來說，有 30.96% 的移民的最高學歷為大學，約有 24.47% 的移民的最高學歷為高中，約有 21.39% 的移民的最高學歷為初中。總體來看，來澳移民的受教育水準並不高，主要以高中及以下的學歷層次為主，但是 2008 年後移民的最高學歷以本科為主，學歷層次有所上升，這說明了澳門 2008 年實施的新移民法在移民結構的調整方面發揮了顯著作用。

---

6　楊菊華，張嬌嬌。人力資本與流動人口的社會融入 [J]。人口研究，2016，40（4）：3-20。

表 4-2-1　來澳門移民的最高學歷分布情況（含目前在讀）

| 最高學歷 | 全部移民（人／%） | 2008 年後移民（人／%） |
|---|---|---|
| 沒有受過教育 | 2（0.39） | 2（0.98） |
| 小學 | 286（16.75） | 46（6.50） |
| 初中 | 483（29.81） | 137（21.39） |
| 高中 | 352（22.00） | 146（24.47） |
| 專科 | 96（6.02） | 63（9.78） |
| 大學 | 274（21.45） | 154（30.96） |
| 碩士 | 39（3.02） | 26（5.33） |
| 博士 | 5（0.44） | 3（0.59） |
| 有效樣本 | 1,537 | 577 |

　　如果分析不同移民途徑人群的受教育水準的話（見表 4-2-2），可以進一步發現，對於單身許可與家庭團聚的移民來說，主要以初中和高中學歷水準為主，分別占 37.35% 和 21.4%；對於工作簽證的移民來說，主要以高中和大學學歷為主，分別占 28.76% 和 35.07%；對於投資移民來說，同樣主要以高中和大學學歷為主，分別占 27.05% 和 28.34%。由此可見，對於不同途徑的在澳移民來說，其受教育水準存在明顯差異，單身許可與家庭團聚移民的學歷層次較低，工作簽證移民和投資移民的學歷層次相對較高。

表 4-2-2　不同途徑在澳門移民的受教育水準分布

| 最高學歷 | 單向許可／家庭團聚（人／%） | 工作簽證（人／%） | 技術移民（人／%） | 投資移民（人／%） | 來澳就讀（人／%） | 難民（人／%） |
|---|---|---|---|---|---|---|
| 沒有受過教育 | 1（0.12） | 1（1.66） | 0（0.00） | 0（0.00） | 0（0.00） | 0（0.00） |
| 小學 | 189（19.25） | 15（4.42） | 5（25.77） | 11（9.92） | 0（0.00） | 2（41.28） |

（續表 4-2-2）

| 最高學歷 | 單向許可／家庭團聚（人／%） | 工作簽證（人／%） | 技術移民（人／%） | 投資移民（人／%） | 來澳就讀（人／%） | 難民（人／%） |
|---|---|---|---|---|---|---|
| 初中 | 341 (37.35) | 39 (12.35) | 9 (53.65) | 27 (22.93) | 0 (0.00) | 2 (38.58) |
| 高中 | 206 (21.40) | 75 (28.76) | 1 (5.20) | 32 (27.05) | 3 (9.64) | 0 (0.00) |
| 專科 | 44 (4.88) | 40 (12.98) | 0 (0.00) | 10 (8.44) | 0 (0.00) | 0 (0.00) |
| 大學 | 128 (14.42) | 75 (35.07) | 1 (5.20) | 28 (28.34) | 18 (62.21) | 1 (20.14) |
| 碩士 | 17 (2.20) | 10 (4.76) | 1 (5.30) | 3 (3.32) | 5 (17.72) | 0 (0.00) |
| 博士 | 2 (0.29) | 0 (0.00) | 1 (4.88) | 0 (0.00) | 2 (10.42) | 0 (0.00) |
| 其他 | 1 (0.10) | 0 (0.00) | 0 (0.00) | 0 (0.00) | 0 (0.00) | 0 (0.00) |
| 有效樣本 | 929 | 255 | 18 | 111 | 28 | 5 |

## 二、移民的語言熟練程度

　　語言對於移民在遷入地的社會融入至關重要，對當地語言的熟練掌握能夠有利於移民的社會融入過程。對於移民在家中主要使用的語言來說（見表 4-2-3），約有 72.53% 的移民在家中使用粵語，約有 7.61% 的移民在家中使用漢語（普通語），約有 8.96% 的移民在家中使用英語，僅有 1.05% 的移民在家中使用葡語。2008 年後，約有 51.49% 的移民在家中使用粵語，約有 13.97% 的移民在家中使用漢語，有 16.71% 的移民在家中使用英語。比較而言，2008 年新移民法的實施對移民群體的來源產生了深刻影響，移民

在家中主要使用的語言類型也有所變化，漢語和英語的使用程度有所上升，而主要使用粵語的比例相對有所下降。

表 4-2-3　在家中主要使用的語言

| 家中語言 | 全部移民（人／%） | 2008 年後移民（人／%） |
|---|---|---|
| 漢語（普通話） | 133（7.61） | 95（13.97） |
| 粵語 | 1,273（72.53） | 347（51.49） |
| 葡語 | 16（1.05） | 8（1.35） |
| 英語 | 100（8.96） | 76（16.71） |
| 其他 | 142（9.85） | 84（16.48） |
| 有效樣本 | 1,664 | 610 |

　　由於在澳門地區，粵語是主要的使用語言。因此，在移民到澳門的前 6 個月，對粵語的熟練程度對於其適應遷入地的工作和生活具有重要的作用。根據表 4-2-4，有 45.43% 的移民非常熟練粵語，有 17.11% 的移民熟練粵語，有 11.69% 的移民對粵語的熟練程度一般，有 9.82% 的移民不熟練粵語，而有 15.95% 的移民非常不熟練粵語。與 2008 年後的移民比較，對粵語非常不熟練的比例有所上升，而非常熟練的比例有所下降。

表 4-2-4　到澳門的前 6 個月，對粵語的熟練程度

| 熟練程度 | 全部移民（人／%） | 2008 年後移民（人／%） |
|---|---|---|
| 非常不熟練 | 221（15.95） | 119（24.27） |
| 不熟練 | 168（9.82） | 85（13.66） |
| 一般 | 204（11.69） | 84（12.99） |
| 熟練 | 302（17.11） | 91（13.65） |
| 非常熟練 | 761（45.43） | 227（35.43） |
| 有效樣本 | 1,656 | 606 |

從移民對粵語與葡語的綜合熟練程度來看（見表 4-2-5），有 75.21% 的移民熟練使用粵語，15.61% 的移民對粵語不熟練，有 2.68% 的移民熟練使用葡語，有 95.05% 的移民不熟練使用葡語。而從 2008 年後的移民對粵語與葡語的綜合熟練程度來看，有 57.35% 的移民熟練使用粵語，31.44% 的移民對粵語不熟練，有 4.71% 的移民熟練使用葡語，有 93.87% 的移民不熟練使用葡語。綜合以上分析，大部分移民的主要使用語言為粵語，移民對粵語熟練程度要高於葡語，但在 2008 年後，對粵語不熟練的移民比例有所上升，顯示了新移民政策的顯著影響。

表 4-2-5　對粵語與葡語的綜合熟練程度

| 熟練程度 | 粵語 | | 葡語 | |
| --- | --- | --- | --- | --- |
| | 全部移民（人／%） | 2008 年後移民（人／%） | 全部移民（人／%） | 2008 年後移民（人／%） |
| 一點不懂 | 80（7.50） | 65（16.49） | 146（87.00） | 539（87.47） |
| 不熟練 | 60（3.96） | 40（6.87） | 55（3.89） | 22（4.23） |
| 一般 | 146（9.18） | 72（11.20） | 36（2.27） | 11（1.43） |
| 熟練 | 247（14.04） | 79（12.00） | 7（0.62） | 6（1.47） |
| 非常熟練 | 1,062（61.17） | 297（45.35） | 28（2.06） | 15（3.24） |
| 非常不熟練 | 63（4.15） | 52（8.08） | 73（4.16） | 14（2.17） |
| 有效樣本 | 1,658 | 605 | 1,660 | 607 |

## 第三節　職業與收入

職業與收入亦是測量個體社會經濟地位和移民在遷入地融合能力的重要指標。職業的分布與收入的高低決定了移民在遷入地的社會地位和融入程度。本節主要從整體上把握來澳門移民的職業狀況

和收入分布，從而分析來澳門移民的社會經濟地位狀況。

## 一、職業結構

對於移民來說，進入勞動力市場工作、獲得穩定收入是保障生活的重要途徑。本次調查發現，在來到澳門之後，曾經正式工作過的移民有 1,018 人，占 68.8%，而移民到澳門之後的前 6 個月嘗試找過工作的有 841 人，占 70.13%。

移民在遷入目的地後，找到第一份工作所用的時長是衡量移民在遷入地生活能力的重要觀測指標。根據表 4-3-1，在半年內找到工作的有 670 人，占 57.13%；在半年到一年時間內找到工作的有 173 人，占 13.65%；在一年及以上找到工作的有 262 人，占 21.34%。對於來澳門的移民來說，70% 的人在一年內找到了工作，但是也有部分移民需要更長的時間來尋找工作機會。對於 2008 年後的移民來說，在半年內找到工作的比例有所上升，占 64.08%。

表 4-3-1　來澳門後找到第一份工作所花費的時間

| 所費時間 | 全部移民（人／%） | 2008 年後移民（人／%） |
|---|---|---|
| 半年內 | 670（57.13） | 234（64.08） |
| 半年到一年 | 173（13.65） | 64（14.29） |
| 一年及以上 | 262（21.34） | 49（12.90） |
| 其他 | 86（7.88） | 28（8.73） |
| 有效樣本 | 1,191 | 375 |

本次調查還關注來澳門移民找到第一份工作的途徑，借此判斷移民的工作關係網絡。根據表 4-3-2，借助政府和民間機構援

助計畫而找到工作的移民有 30 人，占 2.84%；依靠親友介紹找到工作的有 413 人，占 36.1%；憑藉自己尋找工作的有 703 人，占 57.31%。對於 2008 年後的移民來說，憑藉自己尋找工作的占 54.85%，靠親友介紹找到工作的占 35.35%，與全部移民相比，獲得工作主要途徑的變化不大。總體來看，來澳移民第一份工作的獲得主要依賴個人的能力和關係網絡，包括自身的技能、親戚和朋友的介紹，這些構成了移民尋找工作機會的主要途徑。換言之，個人的人力資本和社會資本存量是影響移民職業獲得的重要因素。

表 4-3-2　來澳門後找到第一份工作的途徑

| 求職途徑 | 全部移民（人／％） | 2008 年後移民（人／％） |
|---|---|---|
| 政府援助計畫 | 13（1.33） | 5（2.01） |
| 民間機構援助計畫 | 17（1.51） | 6（2.31） |
| 自己尋找工作 | 703（57.31） | 222（54.85） |
| 親友介紹 | 413（36.10） | 122（35.35） |
| 其他 | 44（3.75） | 20（5.48） |
| 有效樣本 | 1,190 | 375 |

接下來，本節繼續考察移民來澳門之後第一份工作的僱傭身份情況。根據表 4-3-3，可以發現，移民第一份工作為雇員身份的占比最多，占 91.39%，說明移民來到澳門後，多以受雇者身份從事第一份工作。同時，就移民第一份工作的職位而言，從事服務工作及商店銷售工作的移民最多，有 449 人，占 39.47%；其次為從事工藝及有關工作的有 269 人，占到了 22.38%；再次為軍人，有 109 人，占 9.82%。對於 2008 年後的移民來說，同樣是從事服務工作及商店銷售工作的移民占比最多，占 48.06%，這表明，移民來到澳門的第一份工作主要從事體力型的工作，而從事智力型工作的移民較少。

表 4-3-3　來澳門後第一份工作的職位名稱

| 職位名稱 | 全部移民（人／%） | 2008 年後移民（人／%） |
|---|---|---|
| 經理及行政人員 | 20（1.85） | 8（2.25） |
| 專業人員 | 67（6.51） | 28（7.95） |
| 輔助專業人員 | 17（1.72） | 5（1.81） |
| 文員 | 68（5.68） | 28（7.43） |
| 服務工作及商店銷售人員 | 449（39.47） | 178（48.06） |
| 漁農業熟練工人 | 10（0.69） | 1（0.23） |
| 工藝及有關人員 | 269（22.38） | 45（12.93） |
| 機台及器械操作員及裝配員 | 59（4.83） | 12（3.19） |
| 非技術工人 | 89（7.05） | 15（3.56） |
| 軍人 | 109（9.82） | 39（12.58） |
| 不能分類的職業 | 20（1.85） | 8（2.25） |
| 有效樣本 | 1,177 | 367 |

　　同時，本次調查還關注移民到澳門前 6 個月的主要經濟來源情況，根據表 4-3-4 可以發現，以工資作為主要收入的移民有 731 人，占 43.31%；其次為以家人（直系親屬）為主要經濟來源的移民有 606 人，占 36.49%；以親友援助和自己積蓄為主要經濟來源的有 279 人，占 17.83%。就 2008 年後的移民而言，所占比例較多的經濟來源方式同樣為工資收入（44.24%）和家人資助（32.33%）。上述說明在移民到澳門的前 6 個月，移民的主要經濟來源為工資收入和家人幫助，主要依靠自食其力和家人的幫助來完成移民的過渡期。

表 4-3-4　來澳門後前 6 個月的主要經濟來源

| 主要經濟來源 | 全部移民（人／%） | 2008 年後移民（人／%） |
|---|---|---|
| 工資收入 | 731 (43.31) | 278 (44.24) |
| 政府援助 | 35 (2.10) | 15 (2.19) |
| 親友援助 | 108 (6.25) | 20 (3.41) |
| 家人（直系親屬） | 606 (36.49) | 191 (32.33) |
| 自己積蓄 | 171 (11.58) | 95 (17.27) |
| 其他 | 4 (0.27) | 3 (0.56) |
| 有效樣本 | 1,655 | 602 |

　　此外，我們還調查了移民目前的職業或最近一份工作的情況，根據表 4-3-5 可以發現，有 40.58% 的移民是從事服務工作及商店銷售工作，有 13.25% 的移民是工藝及有關人員，有 9.54% 的移民是技術人員，有 7.44% 的移民是專業人員，有 7.25% 的移民是文員，有 3.34% 的移民是公務員。就 2008 年後的移民而言，當前職業或最近一份職位類型占比最多的同樣是服務工作及商店銷售人員。由此，移民的當前職業或最近從事的職業多以服務工作及商店銷售工作為主。

表 4-3-5　目前的職業／最近一份工作的職位

| 職位名稱 | 全部移民（人／%） | 2008 年後移民（人／%） |
|---|---|---|
| 公務員 | 47 (3.34) | 9 (1.68) |
| 行政人員 | 16 (1.15) | 10 (1.92) |
| 經理 | 16 (1.51) | 7 (2.17) |
| 專業人員（醫務工作者、律師、工程師、教師、社會工作者等） | 89 (7.44) | 33 (7.23) |

（續表 4-3-5）

| 職位名稱 | 全部移民（人／%） | 2008年後移民（人／%） |
|---|---|---|
| 文員（祕書、現金出納等） | 100（7.25） | 41（7.83） |
| 服務工作及商店銷售人員（零售商、接待員等） | 567（40.58） | 219（43.14） |
| 工藝及有關人員（工人、司機等） | 189（13.25） | 50（9.63） |
| 技術人員（電工、室內裝潢師、建築工人等） | 136（9.54） | 38（7.89） |
| 其他 | 208（15.92） | 74（18.49） |
| 有效樣本 | 1,368 | 481 |

　　根據移民途徑與移民的當前職業身份或最近從事的職業身份進行交叉分類（見表 4-3-6），可以進一步發現，對於單身許可與家庭團聚的移民來說，主要以服務工作及商店銷售人員為主，占 41.38%；對於工作簽證的移民來說，主要以文員為主，占 48.29%；對於技術移民與投資移民來說，同樣以服務工作及商店銷售人員為主，分別占 37.19% 和 36.45%。由此可見，對於不同遷移途徑的在澳移民來說，其職業身份存在差異，單身許可與家庭團聚移民、技術移民與投資移民以服務工作及商店銷售人員為主，工作簽證移民則以文員為主。

表 4-3-6　移民途徑與移民的當前職業身份或最近從事的職業的交叉分類表

| 職位 | 單向許可／家庭團聚（人／%） | 工作簽證（人／%） | 技術移民（人／%） | 投資移民（人／%） | 來澳就讀（人／%） | 難民（人／%） |
|---|---|---|---|---|---|---|
| 公務員 | 31（3.89） | 3（1.03） | 2（12.47） | 4（4.90） | 1（12.92） | 1（25.1） |
| 行政人員 | 10（1.25） | 2（0.71） | 0（0.00） | 3（3.53） | 0（0.00） | 0（0.00） |

（續表 4-3-6）

| 職位 | 單向許可／家庭團聚（人／%） | 工作簽證（人／%） | 技術移民（人／%） | 投資移民（人／%） | 來澳就讀（人／%） | 難民（人／%） |
|---|---|---|---|---|---|---|
| 經理 | 10 (1.32) | 21 (8.42) | 0 (0.00) | 3 (3.83) | 0 (0.00) | 0 (0.00) |
| 專業人員 | 44 (5.92) | 14 (4.89) | 2 (11.96) | 12 (15.40) | 2 (25.46) | 0 (0.00) |
| 文員 | 69 (9.11) | 126 (48.29) | 0 (0.00) | 10 (10.23) | 1 (7.86) | 0 (0.00) |
| 服務工作及商店銷售人員 | 332 (41.38) | 34 (11.70) | 6 (37.19) | 36 (36.45) | 2 (28.34) | 0 (0.00) |
| 工藝及有關人員 | 110 (13.33) | 19 (8.09) | 2 (12.79) | 8 (7.76) | 0 (0.00) | 1 (26.8) |
| 技術人員 | 82 (9.77) | 35 (16.85) | 2 (12.35) | 5 (5.11) | 1 (12.28) | 1 (24.65) |
| 其他 | 114 (14.03) | 3 (1.03) | 2 (13.23) | 13 (12.79) | 1 (13.15) | 1 (23.44) |
| 有效樣本 | 802 | 257 | 16 | 94 | 8 | 4 |

## 二、收入分布

從移民個人的月收入（包括所有工作收入、佣金、房屋或者其他現金津貼，但不包括年終分紅）來看（見表 4-3-7），有 14.81% 的移民的月收入少於 2,000 澳門幣，有 16.28% 的移民的月收入在 2,000-3,999 澳門幣，有 7.37% 的移民的月收入為 4,000-5,999 澳門幣，有 7.71% 的移民的月收入為 6,000-7,999 澳門幣，有 7.49% 的移民的月收入為 8,000-9,999 澳門幣，有 16.39% 的移民的月收入為 10,000-14,999 澳門幣，有 11.85% 的移民的月收入為 15,000-19,999 澳門幣，有 8.39% 的移民的月收入為 20,000-24,999 澳門

幣，有 2.47% 的移民的月收入為 25,000-29,999 澳門幣，有 3.57% 的移民的月收入為 30,000-39,999 澳門幣，有 2.13% 的移民的月收入為 40,000-59,999 澳門幣，有 1.56% 的移民的月收入為 60,000 澳門幣或以上。對於 2008 年後的移民而言，個人月收入區間主要分布於 10,000-14,999 澳門幣。總體而言，對於移民的個人月收入來說，主要以 10,000-14,999 澳門幣和 2,000-3,999 澳門幣區間為主，處於收入等級的中下層。

表 4-3-7　來澳移民的個人月收入情況

| 澳門幣 | 全部移民（人／%） | 2008 年後移民（人／%） |
|---|---|---|
| 少於 2,000 | 230（14.81） | 83（14.38） |
| 2,000-3,999 | 246（16.28） | 60（11.08） |
| 4,000-5,999 | 120（7.37） | 54（8.98） |
| 6,000-7,999 | 95（7.71） | 43（11.87） |
| 8,000-9,999 | 113（7.49） | 57（10.62） |
| 10,000-14,999 | 237（16.39） | 85（17.04） |
| 15,000-19,999 | 184（11.85） | 70（12.14） |
| 20,000-24,999 | 119（8.39） | 34（6.60） |
| 25,000-29,999 | 35（2.47） | 9（1.84） |
| 30,000-39,999 | 52（3.57） | 9（1.65） |
| 40,000-59,999 | 25（2.13） | 9（2.14） |
| 60,000 及以上 | 21（1.56） | 9（1.66） |
| 有效樣本 | 1,477 | 522 |

　　透過對個人月收入與移民途徑的交叉分類分析（見表 4-3-8），可以發現，對於單身許可與家庭團聚的移民來說，移民的月收入主要在 0-3,999 澳門幣以及 10,000-19,999 澳門幣兩個區間，

分別占 34.66% 和 29.66%；對於工作簽證的移民來說，在 4,000-5,999 澳門幣收入區間的占 16.33%，在 6,000-7,999 澳門幣收入區間的占 16.28%，在 8,000-9,999 澳門幣收入區間的占 14.03%，在 10,000-14,999 澳門幣收入區間的占 21.67%；對於投資移民來說，15,000-19,999 澳門幣收入區間占 15.44%，20,000-24,999 澳門幣收入區間占 12.15%。總體來看，對於不同途徑的在澳移民來說，具有明顯的收入差別，單身許可與家庭團聚移民、來澳就讀的月收入較低，工作簽證移民的收入處於中間位置，而技術移民與投資移民的收入相對較高。

表 4-3-8　個人月收入與移民途徑的交叉分類表

| 澳門幣 | 單向許可／<br>家庭團聚<br>（人／%） | 工作簽證<br>（人／%） | 技術移民<br>（人／%） | 投資移民<br>（人／%） | 來澳就讀<br>（人／%） | 難民<br>（人／%） |
|---|---|---|---|---|---|---|
| 少於 2,000 | 165<br>(17.60) | 8<br>(2.77) | 3<br>(16.35) | 10<br>(11.26) | 15<br>(59.76) | 0<br>(0.00) |
| 2,000-3,999 | 156<br>(17.06) | 22<br>(7.54) | 1<br>(10.54) | 10<br>(11.45) | 4<br>(20.73) | 2<br>(38.58) |
| 4,000-5,999 | 52<br>(5.11) | 47<br>(16.33) | 0<br>(0.00) | 3<br>(4.37) | 1<br>(4.58) | 0<br>(0.00) |
| 6,000-7,999 | 49<br>(5.02) | 26<br>(16.28) | 3<br>(15.61) | 4<br>(4.32) | 0<br>(0.00) | 0<br>(0.00) |
| 8,000-9,999 | 65<br>(7.26) | 37<br>(14.03) | 2<br>(10.52) | 5<br>(4.79) | 0<br>(0.00) | 0<br>(0.00) |
| 10,000-14,999 | 142<br>(15.72) | 45<br>(21.67) | 4<br>(20.82) | 12<br>(12.90) | 2<br>(9.17) | 1<br>(19.78) |
| 15,000-19,999 | 128<br>(13.94) | 21<br>(7.39) | 1<br>(5.20) | 14<br>(15.44) | 0<br>(0.00) | 0<br>(0.00) |
| 20,000-24,999 | 83<br>(9.14) | 9<br>(4.87) | 1<br>(5.57) | 10<br>(12.15) | 0<br>(0.00) | 1<br>(21.50) |

| 澳門幣 | 單向許可／家庭團聚（人／%） | 工作簽證（人／%） | 技術移民（人／%） | 投資移民（人／%） | 來澳就讀（人／%） | 難民（人／%） |
|---|---|---|---|---|---|---|
| 25,000-29,999 | 24 (2.87) | 3 (1.12) | 0 (0.00) | 4 (4.53) | 0 (0.00) | 1 (20.14) |
| 30,000-39,999 | 32 (3.75) | 7 (2.93) | 1 (4.88) | 6 (6.80) | 0 (0.00) | 0 (0.00) |
| 40,000-59,999 | 14 (1.92) | 3 (1.90) | 1 (5.20) | 4 (5.82) | 0 (0.00) | 0 (0.00) |
| 60,000及以上 | 5 (0.59) | 8 (3.18) | 1 (5.30) | 4 (6.16) | 1 (5.76) | 0 (0.00) |
| 有效樣本 | 915 | 236 | 18 | 86 | 23 | 5 |

## 第四節　居住安排與居住條件

居住情況是移民在遷入地生活質量的衡量標準。本節主要討論來澳移民的居住安排與條件，從來澳門的前 6 個月的居住區域分布來看（見表 4-4-1），有 44.7% 的移民居住在花地瑪堂區，有 18.66% 的移民選擇居住在風順堂區，有 16.49% 的移民居住在花王堂區，有 8.81% 的移民選擇居住在大堂區，有 6.6% 的移民選擇居住在望德堂區，而僅有 3.92% 的移民選擇居住在氹仔和路環。對於 2008 年後的移民來說，移民同樣主要居住在花地瑪堂區（39.11%）和風順堂區（19.86%）。因此，整體來看，移民主要居住在位於澳門半島的花地瑪堂區和風順堂區，上述兩個地區是澳門傳統的居住區，人口密度較高。

表 4-4-1　來澳門前 6 個月的居住區域

| 居住區域 | 全部移民（人／%） | 2008 年後移民（人／%） |
|---|---|---|
| 花地瑪堂區（青洲、關閘、筷子基、台山、黑沙環、祐漢、望廈、水塘、馬交石） | 760（44.70） | 243（39.11） |
| 大堂區（板樟堂、水坑尾、新口岸、南灣、皇朝區） | 155（8.81） | 74（11.01） |
| 風順堂區（新馬路、西灣、媽閣、下環、燒灰爐、三巴仔、崗頂、司打口、爐石塘） | 295（18.66） | 118（19.86） |
| 花王堂區（白鴿巢、三巴門、新橋、沙梨頭、紅街市、賈伯樂提督、柏蕙、雅廉訪） | 265（16.49） | 88（16.30） |
| 望德堂區（東望洋、雀仔園、荷蘭園、二龍喉、塔石、三盞燈、高士德） | 110（6.60） | 34（5.05） |
| 氹仔 | 55（3.80） | 38（6.95） |
| 路環 | 3（0.12） | 3（0.32） |
| 其他 | 10（0.82） | 5（1.40） |
| 有效樣本 | 1,653 | 603 |

　　但是，來澳門的移民選擇居住在什麼樣的房屋類型呢？根據表 4-4-2，來澳門前 6 個月，有 79.4% 的移民居住在私人住宅單位，有 7.8% 的移民居住在房屋居委會資助出售單位，有 4.37% 的移民居住在房屋居委會公營租住房屋，有 4.28% 的移民居住在臨時房屋，有 3.11% 的移民居住在員工宿舍，而居住在新型村屋、別墅的移民僅占 1.04%。就 2008 年後的移民而言，占比最多的房屋類型仍然是私人住宅單位（77.45%）。總體而言，大多數移民居住的房屋類型為私人住宅單位。

表 4-4-2　來澳門前 6 個月居住的房屋類型

| 房屋類型 | 全部移民（人／%） | 2008 年後移民（人／%） |
|---|---|---|
| 房屋居委會公營租住房屋 | 63（4.37） | 23（5.31） |
| 房屋居委會資助出售單位 | 115（7.80） | 38（7.39） |
| 私人住宅單位 | 1,343（79.40） | 489（77.45） |
| 新型村屋、別墅 | 14（1.04） | 6（1.44） |
| 員工宿舍 | 51（3.11） | 30（5.14） |
| 臨時房屋 | 61（4.28） | 13（3.27） |
| 有效樣本 | 1,647 | 599 |

　　大多數移民選擇居住在私人住宅單位，這些居所的所有權形式是什麼呢？這也是本節所重點關注的問題。根據表 4-4-3，來澳門前 6 個月，有 60.96% 的移民所居住的房屋是自己或與家庭成員租住的，有 15.97% 的移民所居住的房屋是自己或與家庭成員購買的，有 10.28% 的移民所居住的房屋是由雇主提供的，有 10.03% 的移民所居住的房屋是由親友提供的。對於 2008 年後的移民而言，來澳門前 6 個月，主要選擇自己或與家庭成員共同租住房屋（59.36%）。由上所述，對於大多數移民來說，主要以租房為主，且大部分移民選擇自己或與家庭員共同租住房屋，而由雇主提供住房和自購住房的則較少。

表 4-4-3　來澳門前 6 個月居住房屋的提供者

| 提供者 | 全部移民（人／%） | 2008 年後移民（人／%） |
|---|---|---|
| 自己或家庭成員購買 | 279（15.97） | 108（15.73） |
| 自己或家庭成員租住 | 993（60.96） | 344（59.36） |
| 由雇主提供的 | 176（10.28） | 95（14.95） |
| 由親友提供的 | 165（10.03） | 32（5.17） |

（續表 4-4-3）

| 提供者 | 全部移民（人／%） | 2008 年後移民（人／%） |
|---|---|---|
| 其他 | 39（2.77） | 23（4.79） |
| 有效樣本 | 1,652 | 602 |

　　關於來澳移民的居住安排，本節從移民到澳門後 6 個月的居住情況以及當前的居住情況來分析。根據移民到澳門後 6 個月的居住情況來看（見表 4-4-4），有 67.43% 的移民與家庭成員同住，有 12.17% 的移民是獨居形式，有 9.7% 的移民住在親戚朋友家中，有 2.79% 的移民與其家庭成員共同居住在親戚朋友家中。而 2008 年後的移民同樣主要選擇與家庭成員同住（59.01%），但獨居的比例有所上升，占 22.04%。總體來看，在來到澳門的前 6 個月時間中，移民的居住安排形式以與家庭成員同住為主。但 2008 年後移民選擇獨居的比例有所上升。

表 4-4-4　來澳門前 6 個月的居住情況

| 居住情況 | 全部移民（人／%） | 2008 年後移民（人／%） |
|---|---|---|
| 獨居 | 200（12.17） | 135（22.04） |
| 與家庭成員同住 | 1,112（67.43） | 356（59.01） |
| 自己住在其他親友家中 | 162（9.70） | 42（7.95） |
| 自己與家庭成員居住在親友家中 | 48（2.79） | 10（1.63） |
| 其他 | 128（7.91） | 55（9.37） |
| 有效樣本 | 1,650 | 598 |

　　根據移民當前的居住安排情況來看（見表 4-4-5），有 56.75% 的移民是自置物業（包括父母、子女或其他同住及非同住的家庭成員），有 20.69% 的移民是全租戶，有 14.41% 的移民是合租戶，

有 2.9% 的移民是免交租金居住，有 2.7% 的移民是由公司與雇主提供居所。對於 2008 年後的移民，自置物業（32.78%）的比例顯著下降，全租戶（26.66%）、合租戶（30.58%）的比例有所上升。總體來看，有一半以上的在澳移民主要以自置物業為主，而有三分之一的移民是租房居住。但是，2008 年後的移民選擇全租戶、合租戶占比有所上升，而自置物業的比例顯著下降。

表 4-4-5　來澳門移民的當前居住安排

| 居住安排 | 全部移民（人／%） | 2008 年後移民（人／%） |
|---|---|---|
| 自置物業（包括父母、子女或其他同住及非同住的家庭成員） | 802（56.75） | 179（32.78） |
| 全租戶 | 280（20.69） | 133（26.66） |
| 合租戶 | 166（14.41） | 141（30.58） |
| 二房東 | 7（1.42） | 3（1.23） |
| 三房客 | 2（0.12） | 2（0.31） |
| 免交租金 | 46（2.90） | 13（2.03） |
| 由公司／雇主提供 | 31（2.70） | 26（5.07） |
| 其他 | 10（1.00） | 3（1.36） |
| 有效樣本 | 1,344 | 500 |

注：二房東指從房屋所有者處租取房屋，並轉租給其他房客的人。三房客指從二房東處租取房屋（或房間），並將房租交於二房東的人。

# 第五節　社會福利、保障與生活幸福感

社會福利制度是移民在遷入地的重要保障，對於保障移民的生活具有重要的作用。本節主要分析來澳門移民的社會福利與保障享有狀況，並考察來澳門移民的生活滿意度與主觀生活幸福感。

## 一、社會福利與保障

首先考察移民到澳門前 6 個月參加政府或社會福利機構的支持服務情況。根據表 4-5-1 可以發現，有 94.72% 的移民沒有參加任何支援服務，有 1.58% 的移民參加過粵語學習班，有 1.03% 的移民參加過職業技能培訓班，有 0.65% 的移民參加過英語學習班，有 0.25% 的移民申請公共租賃住房，有 0.04% 的移民申請政府財政資助。對於 2008 年後的移民來說，沒有參加任何支持服務的比例略有減少。總體來看，大多數來澳居民在到澳門的 6 個月中沒有參加過任何澳門政府或社會福利機構提供的服務，來澳移民並未獲得政府或社會福利機構的社會支持。

表 4-5-1　來澳門前 6 個月參加政府／社會福利機制提供的支援服務情況

| 支援服務類型 | 全部移民（人／%） | 2008 年後移民（人／%） |
|---|---|---|
| 職業技能培訓 | 19（1.03） | 12（1.62） |
| 粵語學習班 | 28（1.58） | 16（2.25） |
| 英語學習班 | 12（0.65） | 6（0.75） |
| 申請公共租賃住房 | 5（0.25） | 2（0.27） |
| 申請政府財政資助 | 7（0.04） | 4（0.55） |
| 沒有參加任何支援服務 | 1,583（94.72） | 562（91.26） |
| 有效樣本 | 1,654 | 602 |

失業津貼和社會保障基金是移民來澳後的基礎性保障，是保障移民基本生活權利的重要措施，能夠起到了社會安全網的作用。根據表 4-5-2，有 89% 的家庭未領取過失業津貼或社會保障基金，而僅有 11% 的家庭領取過失業津貼或社會保障基金。對於在 2008 年後移民到澳門的人來說，有 95.72% 的家庭未領取過失業津貼或社會保障基金，領取過失業津貼或社會保障基金的家庭僅占 4.28%。

由此，在澳移民家庭大多未得到充足的社會保障與福利支持，基本游離在社會保障網的覆蓋範圍之外。

表 4-5-2　移民家庭領取失業津貼或社會保障基金情況

| 領取情況 | 全部移民（人／%） | 2008 年後移民（人／%） |
|---|---|---|
| 是 | 156（11.00） | 23（4.28） |
| 否 | 1,188（89.00） | 476（95.72） |
| 有效樣本 | 1,344 | 499 |

　　對於移民來說，在遷入地平等享有公共醫療服務，可以保障移民的基本健康水準。根據表 4-5-3，約有 54.34% 的來澳移民在政府診所就醫，有 30.38% 的來澳移民在私家西醫診所就醫，有 4.1% 的來澳移民在私家中醫診所就醫，有 6.55% 的來澳移民在中國內地或者香港的診所就醫。對於在 2008 年後移民到澳門的人來說，有 48.65% 的來澳移民在政府診所就醫，有 30.13% 的來澳移民在私家西醫診所就醫，有 2.89% 的來澳移民在私家中醫診所就醫，有 12.3% 的來澳移民在中國內地或者香港的診所就醫。整體來看，在澳移民的就醫途徑主要是公立的政府診所，2008 年後，在中國內地或者香港診所就醫的比例有所上升。

表 4-5-3　公共醫療服務享有狀況

| 就醫場所 | 全部移民（人／%） | 2008 年後移民（人／%） |
|---|---|---|
| 政府診所 | 904（54.34） | 294（48.65） |
| 私家西醫診所 | 491（30.38） | 177（30.13） |
| 私家中醫診所 | 75（4.10） | 21（2.89） |
| 中國內地或者香港的診所 | 107（6.55） | 75（12.30） |
| 其他 | 77（4.63） | 37（6.03） |
| 有效樣本 | 1,654 | 604 |

## 二、生活滿意度

就移民後的生活滿意度來看，有 18.1% 的來澳移民對移民後的生活感到很滿意，有 58.62% 的來澳移民對移民後的生活感到比較滿意，有 16.99% 的來澳移民感到自己移民後的生活一般，有 5.56% 的來澳移民對移民後的生活感到比較不滿意，有 0.72% 的來澳移民對移民後的生活感到很不滿意。換言之，有 76.72% 的來澳移民對移民後的生活感到滿意，有 6.28% 的來澳移民對移民後的生活感到不滿意。對於 2008 年後的移民來說，有 72.26% 的來澳移民對移民後的生活感到滿意，有 7.28% 的來澳移民對移民後的生活感到不滿意（見表 4-5-4）。總體來看，在澳移民對移民後的生活滿意度較高。

表 4-5-4　移民到澳門後的生活滿意度

| 生活滿意度 | 全部移民（人／%） | 2008 年後移民（人／%） |
|---|---|---|
| 很滿意 | 275（18.10） | 104（20.09） |
| 比較滿意 | 978（58.62） | 317（52.17） |
| 一般 | 277（16.99） | 125（20.46） |
| 比較不滿意 | 93（5.56） | 42（6.74） |
| 很不滿意 | 13（0.72） | 4（0.54） |
| 有效樣本 | 1,636 | 592 |

## 三、生活幸福感

本次調查關注來澳移民的主觀生活幸福感，透過 5 個問題對生活幸福感進行測量，每個問題分為七級，分別為非常不同意（=1）、不同意（=2）、有一點不同意（=3）、中立（=4）、有一點同意（=5）、同意（=6）、非常同意（=7），分別計算了

5 個問題的均值，得分愈高表示對這個問題的同意程度愈高。如表 4-5-5 所示，「我滿意自己的生活」這一子項目的平均得分為 5.14，「直到現在為止，我都能夠得到我在生活上希望擁有的重要東西」這一子項目的平均得分為 4.82，「我的生活大致符合我的理想」這一子項目的平均得分為 4.92，「我的生活狀況非常圓滿」這一子項目的平均得分為 4.8，「如果我能重新活過，差不多沒有什麼東西我想改變」這一子項目的平均得分為 4.5。對於 2008 年後的移民來說，上述 5 個子項目的平均得分均有所上升。總體而言，移民對自己的主觀生活滿意處於中等靠上的水準，生活滿意度相對較高，且 2008 年後移民群體的生活滿意度有所上升。

表 4-5-5　移民的生活幸福感量表

| 生活評價 | 全部移民（均值） | 2008 年後移民（均值） |
|---|---|---|
| 我滿意自己的生活 | 5.14 | 5.31 |
| 直到現在為止，我都能夠得到我在生活上希望擁有的重要東西 | 4.82 | 5.14 |
| 我的生活大致符合我的理想 | 4.92 | 5.02 |
| 我的生活狀況非常圓滿 | 4.80 | 5.05 |
| 如果我能重新活過，差不多沒有什麼東西我想改變 | 4.50 | 4.67 |

## 四、主觀社會經濟地位

移民的主觀社會經濟地位，不僅是其對自身在社會分層結構中的位置的主觀感知，而且與個體的生活幸福感、滿意度顯著相關。[7] 本次調查詢問了移民的主觀社會經濟地位的變化情況，即

---

7　黃婷婷，劉莉倩，王大華等。經濟地位和計量地位：社會地位比較對主觀幸福

與三年前相比，其主觀感知的社會經濟地位的變化方向。根據表4-5-6，有 53.26% 的移民感到與三年前的社會經濟地位差不多，有 25.19% 的移民感到自己的社會經濟地位比三年前下降了，有 19.06% 的移民感到自己的社會經濟地位比三年前上升了，有 2.49% 的移民選擇了不好說。換言之，與三年前相比，有一半以上的移民感到自身的社會經濟地位未發生顯著變化，有接近一半的移民感受到了自身社會經濟地位的變化，而感覺到社會經濟地位下降的要高於感覺到社會經濟地位上升的，兩者相差約 6 個百分點。而對於 2008 年後的移民來說，有 51.83% 的移民感到與三年前的社會經濟地位差不多，有 15.29% 的移民感到自己的社會經濟地位比三年前下降了，有 29.37% 的移民感到自己的社會經濟地位比三年前上升了，有 3.51% 的移民選擇了不好說。也就是說，對於 2008 年後移民，感到社會經濟地位上升了的比例有所提高，而感到社會經濟地位下降了的比例有所降低。上述結果在一定程度上表明三年來，全部移民主觀感知的社會經濟地位有輕微下降趨勢，但 2008 年後移民群體主觀感知的社會經濟地位有上升趨勢。

表 4-5-6　與三年前相比，社會經濟地位的變化情況

| 變化情況 | 全部移民（人／%） | 2008 年後移民（人／%） |
|---|---|---|
| 上升了 | 138（19.06） | 62（29.37） |
| 差不多 | 424（53.26） | 140（51.83） |
| 下降了 | 221（25.19） | 47（15.29） |
| 不好說 | 22（2.49） | 11（3.51） |
| 有效樣本 | 805 | 260 |

感的影響及其年齡差異 [J]。心理學報，2016，48（9）：1,163-1,174。

## 第六節　身份認同與社團參與

　　本節關注來澳門移民的身份認同、政治態度以及社團參與情況，以瞭解移民對自我身份的主觀認知和對政治生活的參與行為模式。

### 一、身份認同與政治態度

　　本次調查測量了移民的身份認同，採用七級量表來測量，詢問了移民對澳門人、中國人身份的認同態度。在政治態度的測量上，設置了十分保守、溫和中間派以及十分開放三個類別以及七個強度等級。根據表 4-6-1，就移民的身份認同來看，認同自己是一個澳門人的平均得分為 6.08，認同自己是一個中國人的平均得分也為 6.08，移民的政治認同度較高；在政治態度方面，移民政治態度的平均值為 4.35，屬溫和中間派。

表 4-6-1　身份認同與政治態度

| 身份認同與政治態度 | 全部移民（均值） |
| --- | --- |
| 我是一個澳門人 | 6.08 |
| 我是一個中國人 | 6.08 |
| 政治態度 | 4.35 |

### 二、澳門與內地關係認知

　　本次調查採用表 4-6-2 的量表來測量移民對澳門與內地關係的看法，該量表共包括 6 個問題，每個問題有非常不同意（=1）、不同意（=2）、同意（=3）、非常同意（=4）四個選項。透過分別計算 6 個問題的均值，可以發現「澳門過去的發展與內地有關

係」這一子問題的平均得分為 3.13，「澳門未來的發展應該和內地發展結合」這一子問題的平均得分為 3.06，「回歸中國後，澳門變得更好了」這一子問題的平均得分為 3.04，「我對中國近年來的發展感到自豪」這一子問題的平均得分為 3.02，「身為中國人我感到自豪」這一子問題的平均得分為 3.00，「我或我的家人同意在內地投資（包括投資房產）」這一子問題的平均得分為 2.99。對於 2008 年後的移民來說，除「澳門未來的發展應該和內地發展結合」這一子問題的平均得分沒有變化外，其他 5 個子項目的平均得分均略有下降。總體而言，移民對澳門與內地關係的發展持正面肯定態度，對澳門與內地關係的認同度較高。

表 4-6-2　移民對澳門與內地關係的看法

| 對內地的看法 | 全部移民（均值） | 2008 年後移民（均值） |
| --- | --- | --- |
| 澳門過去的發展與內地有關係 | 3.13 | 3.10 |
| 澳門未來的發展應該和內地發展結合 | 3.06 | 3.06 |
| 回歸中國後，澳門變得更好了 | 3.04 | 3.02 |
| 我對中國近年來的發展感到自豪 | 3.02 | 2.94 |
| 身為中國人我感到自豪 | 3.00 | 2.83 |
| 我或我的家人同意在內地投資（包括投資房產） | 2.99 | 2.95 |

## 三、社團參與

根據表 4-6-3，在來澳門移民中，有 83.92% 的沒有加入任何團體。對於加入社團的來澳移民而言，加入最多的社團為其他社會團隊（如同鄉會、校友會等），其次為經濟業務團體（如商會、工

會、教協等），再次為社會服務與慈善團體。對於 2008 年後的移民而言，亦是沒有加入任何團體的移民占比最多。總體來看，在遷移到澳門之後，移民的社團參與程度不高，大多數移民沒有參加任何社團。

表 4-6-3　過去三年社團參與情況

| | 全部移民（人／%） | 2008年後移民（人／%） |
|---|---|---|
| 業主委員會／互助委員會 | 29（1.74） | 6（0.91） |
| 興趣團體（包括學術文化、運動團體） | 37（2.45） | 16（2.86） |
| 宗教組織 | 34（2.71） | 16（4.33） |
| 社會服務及慈善團體 | 52（3.41） | 21（3.29） |
| 經濟業務團體（如商會、工會、教協等） | 60（3.80） | 6（1.03） |
| 其他社會團體（如同鄉會、校友會等） | 104（5.86） | 16（2.43） |
| 沒有加入任何團體 | 1,412（83.92） | 537（86.32） |
| 有效樣本 | 1,728 | 618 |

## 第七節　信仰與觀念

本節從整體上分析來澳門移民的宗教信仰以及觀念，以瞭解移民世俗生活之外的精神世界和社會觀念。

### 一、宗教信仰

從來澳門移民的宗教信仰來看，大多數來澳移民沒有宗教信仰（見表 4-7-1）。具體而言，有 60.74% 的移民沒有宗教信仰，有

17.49% 的移民信仰佛教，有 9.55% 的移民信仰天主教，有 5.35%
的移民信仰基督教，有 3.67% 的移民信仰伊斯蘭教，而選擇信仰
其他宗教的則占比較少。而從 2008 年後移民的宗教信仰情況來
看，同樣是沒有宗教信仰的占比最多。

表 4-7-1　目前信仰宗教情況

| 信仰情況 | 全部移民（人／%） | 2008 年後移民（人／%） |
|---|---|---|
| 沒有宗教信仰 | 1,052（60.74） | 363（55.13） |
| 天主教 | 110（9.55） | 72（15.86） |
| 基督教 | 75（5.35） | 37（7.72） |
| 佛教 | 314（17.49） | 93（13.33） |
| 道教 | 7（0.50） | 4（0.73） |
| 媽祖 | 6（0.31） | 4（0.50） |
| 伊斯蘭教 | 66（3.67） | 12（1.67） |
| 祭神等傳統民間信仰 | 41（2.65） | 22（4.13） |
| 其他 | 3（0.20） | 1（0.19） |
| 有效樣本 | 1,674 | 608 |

## 二、鄰里關係偏好

　　對鄰里關係的態度是測量個體社會態度的重要方面。根據表
4-7-2 可以發現，有 64.77% 的來澳移民選擇了不願意和吸毒者成
為鄰居，有 48.81% 的來澳移民選擇了不願意和酗酒者成為鄰居，
有 43.56% 的來澳移民選擇了不願意和愛滋病患者成為鄰居，有
13.58% 的來澳移民選擇了不願意和同性戀者成為鄰居，有 11.13%
的來澳移民選擇了不願意和不同種族的人成為鄰居。從 2008 年後
的移民來看，有 54.99% 的來澳移民選擇了不願意和吸毒者成為

鄰居，有 41.44% 的來澳移民選擇了不願意和酗酒者成為鄰居，有 37.79% 的來澳移民選擇了不願意和愛滋病患者成為鄰居，有 9.33% 的來澳移民選擇了不願意和同性戀者成為鄰居，有 6.98% 的來澳移民選擇了不願意和不同種族的人成為鄰居。因此，從調查結果來看，來澳移民不願意與吸毒者、酗酒者、愛滋病患者、同性戀者等成為鄰居。

表 4-7-2　移民對鄰里關係的態度

| 鄰居類型 | 全部移民（人／%） | 2008 年後移民（人／%） |
|---|---|---|
| 有毒癮的人 | 1,088（64.77） | 347（54.99） |
| 不同種族的人 | 191（11.13） | 46（6.98） |
| 受滋病患者 | 730（43.56） | 244（37.79） |
| 移民 | 88（5.22） | 25（4.37） |
| 外籍勞工 | 192（10.95） | 47（7.12） |
| 同性戀 | 236（13.58） | 65（9.33） |
| 不同宗教信仰的人 | 55（3.42） | 19（3.35） |
| 酗酒的人 | 833（48.81） | 274（41.44） |
| 沒結婚而同居的人 | 36（2.33） | 10（2.15） |
| 說不同語言的人 | 52（3.20） | 14（2.65） |
| 沒有 | 496（30.33） | 223（38.09） |
| 有效樣本 | 1,663 | 609 |

注：本題為複選題，有效樣本代表回答了此問題的受訪者人數。

## 三、性別平等態度

移民對性別關係的態度，我們透過五個問題來測量移民的性別平等態度，每個問題有非常不同意（=1）、不同意（=2）、同意

（=3）、非常同意（=4）四個選項，分別計算了 4 個問題的均值，得分愈高表示對這個問題的同意程度愈高。從表 4-7-3 可以發現，認為「夫妻應該均等分攤家務」的平均得分為 3.06，認為「大學教育對男性比對女性更重要」的平均得分為 2.19，認為「在經濟不景氣時，應該先解雇女性員工」的平均得分為 2.02，認為「整體來說，男人做企業管理者比女人做得更好」的平均得分為 2.19，認為「整體來說，男人做政治領袖比女人做得更好」的平均得分為 2.25。從 2008 年後的移民的態度來看，除「夫妻應該均等分攤家務」項目的平均得分有所上升，其他項目的平均得分都有所降低。總體來看，移民對涉及男女平等的問題所持的贊同度較高，而對涉及男女不平等的問題的贊同度較低，比如，來澳移民對「夫妻共同分擔家務」的贊同度最高，而對「經濟不景氣時先解雇女性員工」的贊同度最低，這表明移民在性別分工上傾向於男女平等的態度。

表 4-7-3　對性別平等的態度

| 問題 | 全部移民（均值） | 2008 年後移民（均值） |
| --- | --- | --- |
| 夫妻應該均等分攤家務 | 3.06 | 3.11 |
| 大學教育對男性比對女性更重要 | 2.19 | 2.12 |
| 在經濟不景氣時，應該先解雇女性員工 | 2.02 | 1.99 |
| 整體來說，男人做企業管理者比女人做得更好 | 2.19 | 2.10 |
| 整體來說，男人做政治領袖比女人做得更好 | 2.25 | 2.17 |

## 四、排斥與偏見

　　本次調查還關注來澳門移民對外籍勞工的態度，以分析其對外來人員的接納或排斥傾向。根據表 4-7-4，有 91.35% 的移民家庭沒有聘用外傭，有 8.65% 的移民家庭聘用了外傭。在 2008 年以來，有 92.24% 的移民家庭沒有聘用外傭，僅有 7.76% 的移民家庭聘用了外傭。

表 4-7-4　有無聘用住家外傭

| 有無聘用住家外傭 | 全部移民（人／%） | 2008 年後移民（人／%） |
| --- | --- | --- |
| 有 | 110（8.65） | 38（7.76） |
| 沒有 | 1,233（91.35） | 461（92.24） |
| 有效樣本 | 1,343 | 499 |

　　而在對待外籍勞工的態度上，透過 5 個問題來測量對外籍勞工的態度，每個問題有非常不願意（=1）、不願意（=2）、願意（=3）、非常願意（=4）四個選項。根據表 4-7-5，可以發現，「願意和外籍勞工一起工作」的平均得分為 3.01，「願意外籍勞工居住在自己社區」的平均得分為 2.95，「願意與外籍勞工成為鄰居」的平均得分為 2.9，「願意邀請外籍勞工來家中做客」的平均得分為 2.79，「願意子女或親屬與外籍勞工談戀愛」的平均得分為 2.17。如果分是否聘用外傭來看，在每個問題上，聘用外傭的平均得分都要高於未聘用外傭的。由此，從與外籍勞工一起工作、成為鄰居到邀請外籍勞工來家中做客、子女或親屬與外籍勞工談戀愛，平均得分在不斷降低，即容忍度也在不斷下降。同時，聘用外傭的人在對待外籍勞工的態度上比未聘用外傭的人要更加支持和寬容。

表 4-7-5　對外籍勞工的態度

| 對外籍勞工的態度 | 全部樣本<br>(均值) | 聘用外傭<br>(均值) | 未聘用外傭<br>(均值) |
|---|---|---|---|
| 您是否願意和外籍勞工一起工作 | 3.01 | 3.13 | 3.01 |
| 您是否願意外籍勞工居住在您的社區 | 2.95 | 3.04 | 2.94 |
| 您是否願意外籍勞工居住在您家隔壁 | 2.90 | 3.04 | 2.90 |
| 您是否願意邀請外籍勞工來您家做客 | 2.79 | 2.94 | 2.79 |
| 您是否願意您的子女／親屬與外籍勞工談戀愛 | 2.71 | 2.81 | 2.71 |

## 五、對澳門當前與未來發展的看法

本次調查詢問了來澳移民對澳門當前與未來發展問題的看法和認知。對於當前澳門亟待解決的問題，選擇交通擁堵、住房問題、醫療資源不足、貧富差異懸殊以及環境汙染等選項的較多，分別占 72.90%、71.43%、45.63%、38.43% 和 31.94%。而對於 2008 年後的來澳移民來說，所占比例較多的選項同樣為交通擁堵、住房問題、醫療資源不足、貧富差異懸殊以及環境汙染等，見表 4-7-6。上述說明，來澳移民比較關注涉及公共利益的社會基本保障和服務等相關問題。

表 4-7-6　對澳門亟待解決的問題的看法

| 問題類型 | 全部移民（人／%） | 2008 年後移民（人／%） |
|---|---|---|
| 交通擁堵 | 1,223（72.90） | 438（27.09） |
| 政治話語權缺乏 | 392（24.71） | 132（8.32） |

（續表 4-7-6）

| 問題類型 | 全部移民（人／%） | 2008 年後移民（人／%） |
|---|---|---|
| 住房問題 | 1,191（71.43） | 388（24.30） |
| 醫療資源不足 | 767（45.63） | 261（15.36） |
| 環境汙染 | 522（31.94） | 177（10.91） |
| 教育資源缺乏 | 454（27.99） | 160（9.84） |
| 貧富差距懸殊 | 631（38.43） | 206（12.68） |
| 其他 | 109（7.09） | 31（2.53） |
| 有效樣本 | 1,663 | 609 |

注：本題為複選題，有效樣本代表回答了此問題的受訪者人數。

　　此外，本研究還調查了移民對澳門未來十年發展的預期，分別詢問了移民對澳門未來十年發展目標中的第一選擇和第二選擇。從表 4-7-7 可以發現，從第一選擇項來看，有 55.05% 的移民認為「改善交通、住房、醫療等公共資源不足的問題」是澳門未來十年目標中的第一選擇；有 17.37% 的移民認為「維護社會安全穩定」是澳門未來十年發展目標中的第一選擇；有 12.13% 的移民認為「高水準的經濟增長」是澳門未來十年發展目標中的第一選擇；有 7.43% 的移民認為「步向注重思想多於金錢的社會」是澳門未來十年發展目標中的第一選擇；有 4.09% 的移民認為「加強環境保護」是澳門未來十年發展目標中的第一選擇；有 3.94% 的移民認為「給予人們在重要的政府決策上更多發言權」是澳門未來十年發展目標中的第一選擇。對於 2008 年後的移民來說，有 54.67% 的移民認為「改善交通、住房、醫療等公共資源不足的問題」是澳門未來十年目標中的第一選擇；有 13.16% 的移民認為「維護社會安全穩定」是澳門未來十年發展目標中的第一選擇；有 14.14% 的移民認為「高水準的經濟增長」是澳門未來十年發展目標中的第一選擇；有

7.51% 的移民認為「步向注重思想多於金錢的社會」是澳門未來十年發展目標中的第一選擇；有 5.5% 的移民認為「加強環境保護」是澳門未來十年發展目標中的第一選擇；有 5.02% 的移民認為「給予人們在重要的政府決策上更多發言權」是澳門未來十年發展目標中的第一選擇。

　　比較而言，無論是全部移民，還是 2008 年後的移民，均認為改善交通、住房、醫療等公共資源不足的問題是澳門未來十年目標中的第一選擇。

表 4-7-7　對澳門未來十年發展目標的第一選擇

| 目標類型 | 全部移民（人／%） | 2008 年後移民（人／%） |
|---|---|---|
| 高水準的經濟增長 | 176（12.13%） | 80（14.14%） |
| 維護社會安全穩定 | 297（17.37%） | 82（13.16%） |
| 給予人們在重要的政府決策上更多發言權 | 61（3.94%） | 27（5.02%） |
| 步向注重思想多於金錢的社會 | 120（7.43%） | 41（7.51%） |
| 改善交通、住房、醫療等公共資源不足的問題 | 921（55.05%） | 335（54.67%） |
| 加強環境保護 | 66（4.09%） | 32（5.50%） |
| 有效樣本 | 1,641 | 597 |

　　從第二選擇項來看（見表 4-7-8），有 27.26% 的移民認為「維護社會安全穩定」是澳門未來十年發展目標中的第二選擇；有 23.44% 的移民認為「改善交通、住房、醫療等公共資源不足的問題」是澳門未來十年目標中的第二選擇；有 18.87% 的移民認為「加強環境保護」是澳門未來十年發展目標中的第二選擇；有 14.53% 的移民認為「高水準的經濟增長」是澳門未來十年發展目標中的第

二選擇；有 8.68% 的移民認為「給予人們在重要的政府決策上更多發言權」是澳門未來十年發展目標中的第二選擇；有 7.23% 的移民認為「步向注重思想多於金錢的社會」是澳門未來十年發展目標中的第二選擇。對於 2008 年後的移民而言，有 27.65% 的移民認為「維護社會安全穩定」是澳門未來十年發展目標中的第二選擇；有 22.04% 的移民認為「改善交通、住房、醫療等公共資源不足的問題」是澳門未來十年目標中的第二選擇；有 17.13% 的移民認為「加強環境保護」是澳門未來十年發展目標中的第二選擇；有 18.16% 的移民認為「高水準的經濟增長」是澳門未來十年發展目標中的第二選擇；有 8.15% 的移民認為「給予人們在重要的政府決策上更多發言權」是澳門未來十年發展目標中的第二選擇；有 6.88% 的移民認為「步向注重思想多於金錢的社會」是澳門未來十年發展目標中的第二選擇。

總體而言，全部移民與 2008 年後移民在澳門未來十年發展第二選擇上意見較為一致。

表 4-7-8　對澳門未來十年發展目標的第二選擇

| 目標類型 | 全部移民（人／%） | 2008 年後移民（人／%） |
|---|---|---|
| 高水準的經濟增長 | 249（14.53%） | 112（18.16%） |
| 維護社會安全穩定 | 450（27.26%） | 166（27.65%） |
| 給予人們在重要的政府決策上更多發言權 | 139（8.68%） | 43（8.15%） |
| 步向注重思想多於金錢的社會 | 116（7.23%） | 42（6.88%） |
| 改善交通、住房、醫療等公共資源不足的問題 | 385（23.44%） | 130（22.04%） |
| 加強環境保護 | 295（18.87%） | 98（17.13%） |
| 有效樣本 | 1,634 | 591 |

綜合來看，在澳門當前和未來十年的發展目標中，移民特別關注改善交通、住房、醫療等公共資源不足的問題，以及維護社會的安全穩定，由於公共資源與社會安全問題關係到公眾的人身安全和基本公共權益，得到了公眾特別是移民群體的關注。同時，這一結果與移民對澳門當前發展問題的關切點相一致，無論是在當前還是在未來的發展目標中，移民關注的焦點主要停留在醫療、住房、環境等基本公共利益領域。

## 第八節　結論與政策建議

本章基於澳門綜合社會調查（MSS）數據，以移民與勞工為主題，分析了在澳門移民的來源與遷移路徑、社會經濟地位（教育、職業與收入）、居住安排、社會保障、身份認同以及信仰觀念等不同側面。研究發現，在澳門的移民主要來源於中國內地，其遷移途徑主要以家庭團聚和來澳門工作為主，家庭因素和經濟因素是遷移的主要動因；來澳移民的受教育水準並不高，主要以高中及以下的學歷層次為主，但是 2008 年後移民的最高學歷層次有所上升，而移民所從事的職業以服務工作及商店銷售人員為主，月收入主要以10,000-14,999 澳門幣和 2,000-3,999 澳門幣區間為主，處於收入等級的中下層；移民多選擇租房和自主置業，居住安排形式以與家庭成員同住為主；移民家庭未獲得有效的社會保障與福利支持，基本游離在社會保障網的覆蓋範圍之外；移民的身份認同度較高，在政治態度上屬溫和中間派，且基本沒有參加任何社團。多數移民未信仰任何宗教，在性別分工上傾向於男女平等的態度；對於澳門當前和未來十年的發展目標，移民特別關注交通、住房、醫療等公共資源不足以及社會公共安全穩定問題。

2000 年，澳門特別行政區政府調低了投資置業移民政策的門

檻（投資 100 萬澳門幣），移民申請大量擁入，到 2007 年共為澳門疲弱的樓市注入了超過 100 億澳門幣的資金，讓近 3 萬人移民澳門。由於對地產的需求猛增，使得澳門樓價一路哄抬飆升。此後，澳門政府開始提高門檻，2007 年 4 月 4 日正式中止了投資置業移民低門檻政策。[8] 由於澳門投資移民政策於 2008 年發生了重大變化，這一政策的變化顯著影響了澳門移民的數量與來源分布。透過本章對全部移民和 2008 年後移民比較的分析，可以發現，無論是從全部移民來看，還是就 2008 年的移民而言，在澳移民的主要來源地均是中國內地，且主要使用語言為粵語，大部分移民沒有宗教信仰，鄰里關係偏好相似。全部移民與 2008 年後移民的生活滿意度相對較高，處於中等靠上水準，且對澳門當前的現實問題和未來發展選擇上的意見較為一致。但是，2008 年後，來澳移民的遷移方式也有所變化，投資移民的比例有所降低，且 2008 後移民的教育水準顯著提高，獨居的比例和在半年內找到工作的比例有所上升。2008 年後移民群體主觀感知的社會經濟地位和生活滿意度均有上升趨勢，且獲得社會保障比例也有所上升，沒有參加任何支持服務的比例略有減少，上述均表明 2008 年新移民法在改變澳門移民態勢方面有顯著影響。

基於以上結論，有如下政策建議。第一，提供移民就業培訓服務，強化移民人力資本。由於移民到澳門需要重新進入勞動力市場，特別在遷移到澳門的前 6 個月，更是移民在勞動力市場尋找工作機會的關鍵時期，對於移民在澳門的立足具有重要的作用。因而，需要政府加強對移民的就業服務和指導，透過技能培訓、訊息諮詢等手段提升移民的人力資本，從而提高移民在勞動力市場的

---

8　參見：http://news.163.com/special/00012Q9L/macaoissue4.html.

競爭力。第二，注重移民的社會保障與支持。本次調查發現，來澳門移民基本未被納入到社會保障的範圍，而對於移民來說，由於其弱勢的資源稟賦以及本地關係網絡[9]，社會保障體系對來澳門移民的生存發展至關重要。因而，需要將移民納入到社會福利與保障體系中，切實為移民提供醫療、住房、教育等方面的保障與支持。第三，政府應加強基本公共服務的供給力度。對於當前澳門亟待解決的問題，移民比較關注交通擁堵、住房問題、醫療資源不足、貧富差異懸殊以及環境汙染等涉及公共利益的領域，而關於澳門未來十年的發展選擇中，移民尤其關心交通、住房、醫療等公共資源不足以及社會公共安全穩定問題。因而，政府作為公共產品的提供者，需要更加關注民生領域，加強基本公共服務的供給，滿足人們對美好生活的嚮往。第四，強化社會包容與認同，促進澳門社會的和諧發展。政府和相關部門透過社會宣傳、教育、救助等措施，透過強調鄰里和睦、促進「土客關係」互動，[10]引導移民的社會融入，加強社會的包容與認同，不斷促進澳門社會的協調可持續發展。

---

9　湯兆云，張憬玄。新生代家民工的社會網絡和社會融合——基於 2014 年流動人口動態監測調查江蘇省數據的分析 [J]。江蘇社會科學，2017（5）：8-15.

10　任遠，陳丹，徐楊。重構「土客」關係：流動人口的社會融合與發展性社會政策 [J]。復旦學報（社會科學版），2016，58（2）：117-125。

# 第五章　身份認同

蔡天驥、王紅宇

MACAO.

## 第一節　身份認同的理論、背景與澳門身份認同的構建

### 一、身份認同的理論、背景

　　身份認同作為社會學與心理學的一個重要概念，其側重於個體自我對某一群體共有的價值，或者行為和思維模式的認定。一般說來，身份認同是指人們有意識地將自己劃分到某一共同體。儘管這一共同體常常與國家的概念緊密相連，然而，身份認同的共同體更側重於文化而非政治意義。例如：人們可能會將不在同一政體下的另一個群體納入身份認同共同體中來，或者認為自己並不包含於現有政體所認定的群體。身份認同的建構過程可以理解為尋找、定義同質性，區分「我們」與「他們」，以及定義與他們關係的過程。儘管身份認同是一個揉合了歷史、價值、文化和公民身份等的雜合，研究發現社會經濟因素、政治參與，以及文化背景是影響身份認同的幾個重要因素類別。Shulamn（2002）認為，身份認同可以被分解為基於公民、文化以及族群的三個模組。每一個模組所對應的因素都可以大致排成一個從開放到封閉的連續。比如說，公民身份作為公民模組的一個因素，可以被放在「開放」一端（即後天可選擇獲得的），然而種族作為族群模組的因素可以被放在「封閉」的一端（即先天與生俱來的）。剩下的因素，例如：政治理念、宗教、語言、傳統則位列在中間。對個體而言，如果「開放」與「封閉」的兩端指向不同的認同的時候，雙重認同可能同時存在，例如：在台灣的研究發現，「中國人」與「台灣人」兩種認同互補，儘管「中國人」的認同更貼近於血統，而「台灣人」認同與政治祈願更為緊密（Chen, 2012；Chu & Lin, 2001）。

1949 年以來，港澳居民的身份認同的發展與變化，與兩岸四地的政治角逐密不可分。新中國建立之前，港澳居民的身份認同與大陸並無多大區別。新中國的建立，特別是政治制度與意識型態上與港澳的差異，強化了「你我有別、彼此不同」的身份。伴隨著七十年代港澳地區的經濟騰飛，本土身份的認同漸漸興起，對「中國人」的認同被一定程度的沖淡。大陸改革開放之後，隨著經濟實力的增強、與港澳交流的增加，港澳居民在「中國人」與本土認同上糾結感也隨之加深。

　　隨著一國兩制政策的實行，上世紀末香港與澳門先後回到祖國懷抱。儘管在法理上同屬中國公民，但在《基本法》的框架下，港澳的地位特殊，法律制度、生活模式與觀念仍有差異，如何在後殖民地建立身份認同變成特區政府的一項重要工作。

## 二、澳門身份認同的構建

　　儘管直到 1849 年葡萄牙才正式將澳門作為其領土一部分，澳門作為葡萄牙殖民者定居地的歷史始於 1557 年。在這期間內，澳門緩慢地從一個少有人居住的海岸變為亞洲與世界其他各地連接的港口。葡萄牙殖民者似乎並沒有強烈的興趣與本地居民交流，長時間以來，殖民地政府對以推進同化為目的的活動也投入甚少。二戰後五十年代起，部分中學開始自發地推行愛國主義教育，而殖民地政府並沒有干預。一個地區的身份認同常常受到教育與媒體的影響。然而，到回歸前的一段時間，澳門的中學教育的特徵之一就是政治傾向弱化 —— 不同的學校允許發展自己的歷史課程，政治、意識型態議題可以自由討論。由於中學畢業後的學生常常選擇去大陸、台灣、葡萄牙，或者實行英國教育系統的地區（例如：香港、英國、澳洲）完成高等教育，因此各種類型的中學課程設置

廣泛存在。而不同課程設置對身份認同的作用在一定程度上相互抵消。在文化上，長期以來，澳門人以香港作為國際大都市的榜樣，與香港相比以博彩為主並不發達的經濟並沒有帶來很強的本土意識。實際上，澳門媒體也鮮有挖掘本土問題、推動本土文化的議題。因此，外界普遍認為，由於缺乏鮮明的本土身份，與香港人相比，澳門人更容易接受「中國人」的身份。澳門回歸祖國以及「一國兩制、澳人治澳」的實施，為本土意識提供了一定程度的肯定。2005 年聖保祿大教堂遺址（大三巴）入選聯合國世界文化遺產，回歸後經濟的迅猛發展以及政府大力推動經濟多元化、打造多元文化旅遊城市的努力，促進了本土意識的進一步覺醒。儘管與香港的本土意識相比，澳門的本土意識強調文化的多元與共存。

## 第二節　影響澳門身份認同的因素

立足於以往研究，本次「澳門社會調查」設計了三個問題來蒐集身份認同的訊息。每一個被訪問者都被要求用數字 1-7 來表示對「我是一個澳門人」和「我是一個中國人」的說法的意見。其中「1」表示「非常不認同」，「4」表示「一般」，「7」表示「非常認同」。除此之外，如果「1」代表「我是澳門人」，「4」代表「我是澳門人也是中國人」，而「7」代表「我是中國人」，被訪問者也被要求用數字來表示與他們想法最接近的那個。表 5-2-1 給出了這三個問題的描述性結果。

表 5-2-1　「澳門人」、「中國人」，「澳門人」與「中國人」認同分布狀況

| | 澳門人 | 中國人 | 澳門人 vs. 中國人 |
|---|---|---|---|
| 分值 | 數量（百分比） | 數量（百分比） | 數量（百分比） |
| 1 | 80（2.40%） | 59（1.77%） | 77（2.32%） |

（續表 5-2-1）

| 分值 | 澳門人 | 中國人 | 澳門人 vs. 中國人 |
|---|---|---|---|
| | 數量（百分比） | 數量（百分比） | 數量（百分比） |
| 2 | 42（1.26%） | 45（1.35%） | 100（3.01%） |
| 3 | 77（2.31%） | 102（3.07%） | 170（5.13%） |
| 4 | 409（12.26%） | 576（17.32%） | 1,901（57.31%） |
| 5 | 385（11.54%） | 400（12.03%） | 498（15.01%） |
| 6 | 660（19.78%） | 452（13.59%） | 300（9.04%） |
| 7 | 1,683（50.45%） | 1,692（50.87%） | 271（8.17%） |
| 總體 | 3,336 | 3,326 | 3,317 |

　　總體上看來，在「我是一個澳門人」和「我是一個中國人」的陳述中，超過 50% 的受訪者選擇了最高分值「7」。與之相對應的是，在澳門人和中國人的比較中，也有接近 60% 的受訪者選擇了「我是澳門人也是中國人」。在澳門人陳述中，選擇低於「4」的只占到總體的 5% 左右，與中國人陳述中對應的分值比例相當。由此可見，MSS 數據顯示，受訪者有明顯的雙重認定的趨勢，即「是澳門人又是中國人」占相當大比例。

　　過往研究表明，人們的認同與年齡、性別、出生地等有著顯著關係。表 5-2-2 根據年齡、性別，以及出生地分別計算了三個問題的均值。我們可以看出，女性在「澳門人」（5.96）、「中國人」（5.87）以及「澳門人 vs. 中國人」（4.42）上都有較高的均值，顯示出更為強烈偏向於「中國人」的雙重認定。出生在澳門的受訪者（6.04）有著高於其他出生地的「澳門人」認同，出生在內地的受訪者（5.92）緊隨其後。相對應的，在「中國人」認同上，出生在內地的受訪者（6.25）有著高於出生於澳門以及港台的

認同。而對「澳門人 vs 中國人」問題，出生在澳門的受訪者更接近於兩者都是「4」（4.29），大陸與港台略偏向於「中國人」認同。年齡組來看，二十歲以下的受訪者有著強烈的「澳門人」認同（5.94），相對較低的「中國人」認同（5.50），在面對「澳門人」與「中國人」選擇的時候，更貼近於兩者皆是（4.18）。

表 5-2-2　年齡、性別、出生地與身份認同的關係

| 類別 | 身份認同 | 澳門人 | | 中國人 | | 澳門人 vs. 中國人 | |
|---|---|---|---|---|---|---|---|
| | | 均值（標準差） | 樣本量 | 均值（標準差） | 樣本量 | 均值（標準差） | 樣本量 |
| 性別 | 女 | 5.96 (1.38) | 1,588 | 5.87 (1.45) | 1,586 | 4.42 (1.22) | 1,579 |
| | 男 | 5.85 (1.51) | 1,748 | 5.75 (1.53) | 1,740 | 4.37 (1.21) | 1,738 |
| 出生地 | 澳門 | 6.04 (1.21) | 1,813 | 5.62 (1.44) | 1,791 | 4.29 (1.14) | 1,800 |
| | 港台 | 5.62 (1.99) | 63 | 5.56 (1.86) | 63 | 4.74 (1.40) | 61 |
| | 內地 | 5.92 (1.51) | 1,283 | 6.25 (1.20) | 1,321 | 4.60 (1.2) | 1,320 |
| | 其他 | 4.52 (2.2) | 177 | 4.20 (2.35) | 151 | 3.63 (1.69) | 136 |
| 年齡組 | 20 以下 | 5.94 (1.46) | 142 | 5.50 (1.56) | 147 | 4.09 (1.25) | 149 |
| | 21-30 | 5.88 (1.47) | 606 | 5.54 (1.58) | 606 | 4.18 (1.24) | 605 |
| | 31-40 | 5.49 (1.66) | 444 | 5.54 (1.75) | 447 | 4.32 (1.30) | 440 |
| | 41-50 | 5.66 (1.6) | 410 | 5.73 (1.59) | 412 | 4.26 (1.15) | 410 |
| | 51-60 | 5.99 (1.37) | 533 | 5.96 (1.36) | 525 | 4.24 (0.96) | 525 |
| | 60 以上 | 5.87 (1.41) | 581 | 5.77 (1.44) | 572 | 4.22 (0.95) | 572 |

分成教育、職業與社會經濟地位來看（見表 5-2-3），初中教育程度的受訪者有著最強烈的「中國人」（6.12）和「澳門人」（6.05）認同，也有著最偏向於「中國人」的趨勢（4.48）。以職業來看，只有銷售人員有著低於其他類型職業的「澳門人」（5.88）和「中國人」（5.80）認同。社會經濟地位也對認同有著

影響，上層與中層有著高於其他階層的「中國人」和「澳門人」認同，在「澳門人 vs. 中國人」的選擇中，也更貼近「中國人」。

表 5-2-3　教育、職業與社會經濟地位的影響

| 類別 | 身份認同 | 澳門人 | | 中國人 | | 澳門人 vs. 中國人 | |
|---|---|---|---|---|---|---|---|
| | | 均值 (標準差) | 樣本量 | 均值 (標準差) | 樣本量 | 均值 (標準差) | 樣本量 |
| 受教育程度 | 小學及以下 | 5.83 (1.40) | 746 | 5.69 (1.44) | 737 | 4.30 (1.08) | 737 |
| | 初中 | 6.05 (1.36) | 770 | 6.12 (1.28) | 767 | 4.48 (1.08) | 774 |
| | 高中及專科 | 5.75 (1.55) | 830 | 5.74 (1.54) | 833 | 4.40 (1.30) | 829 |
| | 大學及以上 | 5.98 (1.46) | 979 | 5.71 (1.60) | 978 | 4.39 (1.31) | 966 |
| 職業 | 公務員、經理 | 6.27 (1.13) | 259 | 5.98 (1.48) | 256 | 4.49 (1.20) | 249 |
| | 專業人員、文員 | 6.24 (1.20) | 509 | 6.13 (1.28) | 507 | 4.53 (1.26) | 502 |
| | 銷售人員 | 5.88 (1.47) | 1,049 | 5.80 (1.52) | 1,045 | 4.45 (1.24) | 1,044 |
| | 工人 | 6.06 (1.42) | 481 | 6.10 (1.40) | 480 | 4.38 (1.14) | 480 |
| | 其他 | 6.11 (1.57) | 279 | 6.19 (1.40) | 273 | 4.06 (1.08) | 272 |
| 社會經濟地位 | 上層 | 5.95 (1.45) | 171 | 5.87 (1.53) | 166 | 4.68 (1.28) | 162 |
| | 中層 | 5.93 (1.46) | 1,144 | 5.84 (1.48) | 1,143 | 4.41 (1.18) | 1,134 |
| | 中下層 | 5.86 (1.42) | 728 | 5.81 (1.49) | 731 | 4.40 (1.19) | 731 |
| | 下層 | 5.58 (1.62) | 490 | 5.57 (1.57) | 486 | 4.39 (1.33) | 492 |

　　為了衡量各個因素對身份認同的影響，我們使用了定序回歸來進一步考察認同的變化。顧名思義，定序回歸將因變量視為有序的類別，假設自變量對任何一個定序的類別加上比它更低的類別與其他高於的類別的比的作用是一樣的。例如：在我們的研究中，對於

選擇「1」比上其他，或者低於「2」（「1」+「2」）比上與其他，自變量的作用不變。這種假設稱之為等比值假設（proportional odds assumption）。除了以上考察的年齡、性別等社會人口學變量，我們根據 Shulamn 模型納入了宗教信仰（1=「無」，0=「有」）、普通話熟練程度（1=「一點不懂」，6=「非常熟練」）、是否為澳門非永久居民（1=「是」，0=「否」）、是否有葡萄牙護照（1=「是」，0=「否」）、是否有香港身份證（1=「是」，0=「否」）、是否有大陸身份證（1=「是」，0=「否」）、是否有在澳門接受教育（1=「是」，0=「否」）、是否有不願做鄰居的人，例如：有毒癮的人、不同種族的人、愛滋病患者、移民、外籍勞工、同性戀、不同宗教信仰的人、酗酒的人、未婚同居的人、說不同語言的人（1=「沒有」，0=「有」）、對香港占中普選訴求的意見（1=「非常不贊同」，10=「非常贊同」）、對占中方式的意見（1=「非常不贊同」，10=「非常贊同」）、個人政治傾向（1=「十分保守」，7=「十分開放」）、為中國發展自豪（1=「非常不同意」，4=「非常同意」）、身為中國人感到驕傲（1=「非常不同意」，4=「非常同意」）、是否知曉身邊有政治抗議活動（1=「是」，0=「否」）、是否在上一屆立法委員選舉投票（1=「是」，0=「否」）、信任澳門政府機構，如警察、法院、政府、立法會（1=「根本沒有信心」，5=「非常有信心」），來測量公民、文化模組。

從回歸結果來看，人口社會經濟變量——性別、年齡、受教育程度、社會經濟地位對「我是澳門人」的認同並沒有顯著影響。而出生地有著顯著影響，例如：出生在澳門、港台、內地與其他地方相比有著很強的作用。對職業來說，同其他類型的職業相比，公務員、專業人員、經理和銷售人員有著稍低的認同。普通話水準、擁有葡萄牙護照、在澳門接受教育對「我是澳門人」認同有著顯著正

向作用，而擁有香港身份證、大陸身份證則有反向影響。開放的政治傾向、身為中國人感到驕傲、對政治活動的參與，例如：參加上一屆立法委員投票、意識到身邊政治抗議活動，都與提升「我是澳門人」認同相關；而對政府的信任的分數與澳門人認同有著微弱的負相關。

對「我是中國人」的認同，與高年齡組相比，20 歲以下有著顯著低的認同感。相似的，出生在澳門與內地的受訪者有著相對於出生在其他地區更高的中國人認同，而銷售人員的認同感偏低。受教育程度、社會經濟地位並沒有顯著影響中國人認同。與澳門人認同相呼應，澳門非永久居民有著更高的中國人認同。有趣的是，普通話熟練程度、在澳門接受教育、對香港普選訴求的支持、政治傾向、身為中國人感到驕傲、是否在立法委員選舉中投票在對澳門人和中國人認同中的作用方向是相同的，從側面反映出受訪者雙重認同的趨勢。

在面對澳門人與中國人的選擇時，從回歸係數來看，相比較於大學及其以上的受訪者，其他教育程度都更偏向於中國人相關；出生在內地和澳門與其他地方相比，中下層與下層相比較，也都更傾向於中國人。擁有大陸身份證、開放的政治傾向以及身為中國人感到驕傲都會顯著提升認同感，使其更貼近中國人認同。

表 5-2-4　對澳門認同、中國認同以及澳門 vs. 中國認同的定序回歸

| 變量 | 認同類別 | 澳門人 | 中國人 | 澳門人 vs. 中國人 |
|---|---|---|---|---|
| | | 係數（標準誤） | 係數（標準誤） | 係數（標準誤） |
| 截距 1 | | −3.123（0.621）*** | −6.961（0.690）*** | −9.879（0.738）*** |
| 截距 2 | | −2.207（0.618）*** | −6.332（0.686）*** | −8.843（0.724）*** |
| 截距 3 | | −1.363（0.617）* | −5.549（0.682）*** | −7.700（0.714）*** |

（續表 5-2-4）

| 變量 | 認同類別 | 澳門人 係數（標準誤） | 中國人 係數（標準誤） | 澳門人 vs. 中國人 係數（標準誤） |
|---|---|---|---|---|
| 截距 4 | | 0.418（0.615） | −3.445（0.669）*** | −4.038（0.678）*** |
| 截距 5 | | 0.841（0.617） | −2.681（0.664）*** | −3.375（0.673）*** |
| 截距 6 | | 1.381（0.623）* | −2.104（0.663）** | −2.359（0.673）*** |
| 性別 | 女 | −0.082（0.129） | −0.190（0.133） | −0.173（0.142） |
| 年齡組 | 20 歲以下 | 0.464（0.637） | −1.315（0.598）* | −0.610（0.656） |
| | 21–30 歲 | 0.274（0.284） | −0.446（0.296） | −0.220（0.304） |
| | 31–40 歲 | −0.128（0.259） | −0.614（0.274）* | −0.225（0.279） |
| | 41–50 歲 | −0.265（0.249） | −0.438（0.264）+ | −0.428（0.265） |
| | 51–60 歲 | −0.224（0.228） | −0.295（0.241） | −0.055（0.242） |
| | 60 歲以上 | | | |
| 受教育程度 | 小學及以下 | 0.089（0.247） | 0.260（0.261） | 0.507（0.275）+ |
| | 初中 | 0.083（0.229） | 0.255（0.237） | 0.494（0.251）* |
| | 高中及專科 | −0.276（0.189） | −0.239（0.195） | 0.602（0.209）** |
| | 大學及以上 | | | |
| 出生地 | 澳門 | 1.463（0.317）*** | 1.096（0.343）** | 1.096（0.364）** |
| | 港台 | 2.484（0.722）*** | 0.997（0.624） | 1.143（0.729） |
| | 內地 | 1.472（0.306）*** | 1.695（0.334）*** | 1.813（0.354）*** |
| | 其他 | | | |
| 職業 | 公務員、經理 | −0.546（0.300）+ | −0.282（0.307） | 0.403（0.325） |
| | 專業人員、文員 | −0.391（0.264） | −0.078（0.264） | 0.489（0.279）+ |

（續表 5-2-4）

| 變量 | 認同類別 | 澳門人 係數（標準誤） | 中國人 係數（標準誤） | 澳門人 vs. 中國人 係數（標準誤） |
|---|---|---|---|---|
| 職業 | 銷售人員 | -0.553（0.224）* | -0.619（0.228）** | 0.387（0.242） |
| | 工人 | -0.200（0.254） | -0.413（0.265） | -0.212（0.274） |
| | 其他 | | | |
| 社會經濟地位 | 上層 | 0.339（0.302） | 0.123（0.307） | 0.644（0.343）+ |
| | 中層 | 0.088（0.184） | 0.058（0.191） | 0.322（0.206） |
| | 中下層 | -0.071（0.193） | -0.094（0.203） | 0.487（0.216）* |
| | 下層 | | | |
| 宗教信仰 | 無 | -0.171（0.141） | -0.212（0.148） | -0.079（0.154） |
| 普通話熟練程度 | | 0.253（0.057）*** | 0.308（0.060）*** | -0.091（0.064） |
| 澳門非永久居民 | | -0.697（0.301）* | 0.774（0.322）* | 0.042（0.324） |
| 葡萄牙護照 | | 0.395（0.193）* | -0.087（0.196） | -0.283（0.208） |
| 香港身份證 | | -1.596（0.667）* | -0.504（0.585） | 0.903（0.702） |
| 大陸身份證 | | -1.598（0.370）*** | -0.080（0.388） | 2.182（0.385）*** |
| 在澳門受教育 | | 0.410（0.191）* | 0.646（0.202）** | 0.270（0.209） |
| 不願做鄰居 | 無 | 0.026（0.142） | -0.061（0.145） | 0.366（0.154）* |
| 普選訴求 | | -0.062（0.027）* | -0.071（0.029）* | -0.004（0.029） |
| 占中方式 | | -0.025（0.033） | -0.008（0.034） | 0.124（0.035）*** |

（續表 5-2-4）

| 變量 \ 認同類別 | | 澳門人 | 中國人 | 澳門人 vs. 中國人 |
|---|---|---|---|---|
| | | 係數（標準誤） | 係數（標準誤） | 係數（標準誤） |
| 政治傾向 | | 0.173（0.053）** | 0.153（0.055）** | 0.339（0.060）*** |
| 為中國發展自豪 | | −0.002（0.163） | 0.503（0.169）** | 0.028（0.172） |
| 身為中國人感到驕傲 | | 0.283（0.153）+ | 1.010（0.163）*** | 1.067（0.169）*** |
| 身邊有政治活動 | | 0.662（0.230）** | 0.170（0.219） | −0.399（0.231）+ |
| 立法委員投票 | | 0.636（0.139）*** | 0.560（0.143）*** | 0.134（0.149） |
| 信任政府 | | −0.055（0.024）* | −0.020（0.025） | −0.063（0.026）* |
| N | | 969 | 949 | 942 |
| AIC | | 2763.0 | 2609.5 | 2258.3 |
| BIC | | 2962.9 | 2808.5 | 2457.1 |

## 第三節　討論

　　與先前研究相比較，本次研究立足於 Shulman 的理論框架，考察了各因素對被訪問者在身份認同上的影響。著重討論了雙重認同的問題。歷史上澳門對大陸極為依賴，特別是「一二・三」事件之後到回歸之前，澳門的實際管理主要依賴於愛國商會與團體。官方與民間的交流沒有間斷，澳門居民日常進出珠海非常方便。再

加上沒有強烈的本土意識，居民對中國人的身份認同比較高。這
一點可以從不分性別、教育程度、社會經濟地位的中國人認同與
澳門人認同顯示出來。類似的，公民與文化模組中語言（普通話熟
練程度）、政治理念、政治參與等對中國人與澳門人認同作用的相
似，這些都充分反映出雙重認同的特徵。

然而，回歸後「一國兩制」與「澳人治澳」的施行在給本土意
識與認同促進的同時，也有可能降低了對中國人的認同。例如：從
年齡來看，青年一代特別是回歸後出生的年齡組對中國人的認同比
較低。這一方面反映出當下身份認同教育的長期性和重要性，同時
也給身份認同的研究特別是如何提高中國人認同提供了機會。我們
希望透過進一步的數據採集，例如，跟蹤身份認同的變化，可以為
政策的制定與評價提供事實依據。

## 參考文獻

1. Shulman, S.(2002). Challenging the Civic/Ethnic and West/East
   Dichotomies in the Study of Nationalism. *Comparative Political Studies,
   35*(5), 554-585. doi: 10.1177/0010414002035005003

2. Chen, R.(2012). Beyond National Identity in Taiwan: A Multidimensional
   and Evolutionary Conceptualization. *Asian Survey, 52*(5), 845-871. doi:
   10.1525/as.2012.52.5.845

3. Chu, Y., & Lin, J. (2001). Political Development in 20th-Century Taiwan:
   State-Building, Regime Transformation and the Construction of National
   Identity. *The China Quarterly, 165*. doi: 10.1017/s0009443901000067

# 第六章　信仰與觀念

李德、夏一巍

MACAO.

# 第一節　宗教

澳門雖然不大，但在宗教信仰上卻有許多選擇。與多元化的文化背景相一致，澳門既有傳統的宗教設施如媽祖廟和佛教寺院，也有葡萄牙人建造的天主教堂以及新教團體設立的基督教堂等。各種宗教機構在澳門社會中發揮了重要的作用，他們不僅為居民提供了宗教活動的場所，而且興建了多所學校，同時積極組織和推動社會需要的慈善和義務活動，為澳門的發展做出了許多重要的貢獻。

## 一、宗教信仰類別

澳門宗教設施的多元化也決定了宗教信仰的普及和多樣性。這次調查發現，大約 35% 的澳門居民擁有宗教信仰（見表 6-1-1）。在各種宗教中，信仰佛教的最多，占樣本的 15.3%，其次是天主教（8.5%），然後是基督教（5.5%）和祭神類傳統民間宗教。信仰其他類宗教如道教和媽祖的人數相對要少得多，每一類都不到總樣本的百分之一。在西方，天主教和基督教一般被看作同一種宗教，統稱基督教（Christianity）。從這個角度講，澳門最盛行的兩大宗教為佛教和基督教，各占總人口的 15.3% 和 14.0%。

表 6-1-1　宗教信仰類別

| 宗教信仰 | 人數 | 百分比 |
|---|---|---|
| 佛教 | 536 | 15.3 |
| 天主教 | 298 | 8.5 |
| 基督教 | 193 | 5.5 |
| 祭神等傳統民間信仰 | 100 | 2.9 |
| 其他 | 61 | 1.7 |
| 道教 | 23 | 0.7 |

（續表 6-1-1）

| 宗教信仰 | 人數 | 百分比 |
|---|---|---|
| 伊斯蘭教 | 7 | 0.2 |
| 媽祖 | 7 | 0.2 |
| 沒有宗教信仰 | 2,294 | 65.4 |

## 二、宗教信仰程度

　　宗教信仰的程度可以從幾個不同的方面去測量。最常見的是參加宗教活動的頻率。如表 6-1-2 所示，在自認擁有宗教信仰澳門人口中，10.3% 的居民一星期參加好幾次宗教活動，25.4% 的居民一星期參加一次，7.5% 的居民一個月參加兩三次宗教活動，這三個群體的總和占擁有宗教信仰人口的 43.2%。另外，4.6% 的居民一個月參加一次宗教活動，10.0% 的居民一年參加好幾次，5.4% 的居民一年參加過一次。在另一個極端，19.9% 的自稱擁有宗教信仰的居民從未參加過宗教互動。另外，17.1% 的自稱有宗教信仰的居民幾乎沒有參加過宗教活動。

表 6-1-2　擁有宗教信仰居民的宗教參與頻率

| 宗教參與頻率 | 人數 | 百分比 |
|---|---|---|
| 一星期好幾次 | 123 | 10.3 |
| 一星期一次 | 305 | 25.4 |
| 一個月兩三次 | 90 | 7.5 |
| 一個月一次 | 55 | 4.6 |
| 一年好幾次 | 119 | 10.0 |
| 一年一次 | 64 | 5.4 |
| 幾乎沒有 | 205 | 17.1 |
| 從未參加 | 239 | 19.9 |

以往的研究發現，宗教活動參與程度與年齡、性別和成長的環境相關（Smith, 2017），澳門在這些方面也不例外。表 6-1-3 的數據顯示了年齡對宗教活動參與的影響。年齡分為 6 個組，宗教參與則分為參與（每年參加一次或更多）和不參與（幾乎沒有或從未參與）兩個組。如表所示，17.1% 的 25 歲或以下的居民參加過宗教活動，26-35 歲組的宗教活動參與比例為 23.6%，36-45 歲組的比例為 25.6%，46-55 歲組的比例為 23.2%，56-65 歲組的比例為 20.3%，66 歲或以上的年齡組的比例為 18.0%。結果顯示，中青年組（26-55 歲）的宗教活動參與率最高，青年與老年組相對低一些。

表 6-1-3　不同年齡組宗教活動參與比例

| 年齡組 | 人數 | 百分比 |
| --- | --- | --- |
| 25 歲或以下 | 90 | 17.1 |
| 26-35 歲 | 187 | 23.6 |
| 36-45 歲 | 142 | 25.6 |
| 46-55 歲 | 144 | 23.2 |
| 56-65 歲 | 116 | 20.3 |
| 66 歲或以上 | 68 | 18.0 |

表 6-1-4 列舉了宗教活動參與率在性別方面的差異。男性居民參加宗教活動的比例為 18.9%，女性居民的比例為 24.0%，相比之下，女性居民比男性居民更傾向與參加宗教活動。

表 6-1-4　性別與宗教活動參與比例

| 性別 | 人數 | 百分比 |
| --- | --- | --- |
| 男性 | 320 | 18.9 |
| 女性 | 436 | 24.0 |

澳門是個移民比較多的社會，除土生土長的澳門人之外，很多居民出生在外地，來澳門前在別的地方生活過一段時間，這些不同的文化背景可能影響宗教活動的參與，表 6-1-5 中的數據證實了這一點。在亞洲、歐洲、美洲和澳洲之外地區出生的居民的宗教參與比例最高，達到 65.0%。其次是在中國大陸之外的其他亞洲國家和地區出生的居民（58.7%），然後依次為在歐洲、美洲或澳洲出生的居民（32.0%），在香港出生的居民（23.5%），在澳門出生的居民（19.6%）和在中國大陸出生的居民（12.4%）。

表 6-1-5　出生地與宗教活動參與比例

| 出生地 | 人數 | 百分比 |
|---|---|---|
| 亞洲、歐洲、美洲和澳洲之外地區 | 130 | 65.0 |
| 其他亞洲國家 | 121 | 58.7 |
| 歐洲、美洲或澳洲 | 8 | 32.0 |
| 香港 | 27 | 23.5 |
| 澳門 | 280 | 19.6 |
| 中國大陸 | 189 | 12.4 |

衡量宗教信仰程度的第二個標準是關於宗教信仰重要性的主觀評價。如表 6-1-6 所示，在接受調查的所有人群中，19.3% 的居民認為宗教信仰有點重要，9.2% 的居民認為比較重要，9.5% 的居民認為非常重要。這三項的總和為 38.0%，也就是說，澳門有近 40% 的居民在不同程度上同意宗教信仰的重要性。與此相比，43.0% 的居民認為宗教信仰不重要。

表 6-1-6　宗教信仰重要性的主觀評價

| 宗教重要性 | 人數 | 百分比 |
|---|---|---|
| 不重要 | 1,506 | 43.0 |
| 有點重要 | 673 | 19.3 |
| 不知道 | 655 | 18.7 |
| 比較重要 | 322 | 9.2 |
| 非常重要 | 330 | 9.5 |

　　另一個衡量宗教信仰的標準為是否相信神的存在。表 6-1-7 中的數據顯示，澳門有 26.3% 的居民堅信神的存在，18.2% 的居民不知道神是否存在而且相信世界上不存在能夠證明神是否存在的辦法，10.8% 的居民有時候相信神的存在。除此之外，6.5% 的居民當心存疑惑時會感到相信神的存在。只有大約三分之一（34.1%）的居民不相信神的存在。

表 6-1-7　關於神的信念

| 是否相信神的存在 | 人數 | 百分比 |
|---|---|---|
| 不相信神的存在 | 1,186 | 34.1 |
| 堅信神的存在 | 917 | 26.3 |
| 無法證明神的存在 | 634 | 18.2 |
| 有時相信神的存在 | 375 | 10.8 |
| 心存疑惑時相信神的存在 | 228 | 6.5 |
| 相信超越世俗的更高力量 | 143 | 4.1 |

## 三、宗教信仰與道德觀念

　　在宗教盛行的社會中，宗教信仰和道德觀念往往有直接的關

係，這一點在美國社會中表現的尤為明顯，美國很多信奉基督教的人道德上趨向保守（Morone, 2004）。在這次調查中，我們測量了澳門人在這方面的態度。訪談中，我們詢問受訪者是否同意以下四個觀點：「觸犯神的旨意的人必受處罰」，「對與錯並非是一個非黑即白的問題，現實中存在很多灰色地帶」，「一個人的不道德行為可能會腐化整個社會」，「道德只是個人問題，社會不應當強迫每個人遵循統一的標準」。如表 6-1-8 所示，68.3% 的居民同意對與錯之間存在很多灰色地帶，56.9% 的居民同意個人的不道德行為可能腐化整個社會，47.2% 的居民同意社會不應當強迫每個人遵循統一的道德標準，36.8% 的澳門居民同意觸犯神的旨意的人必須受到處罰。

表 6-1-8　宗教與道德觀念

| 道德觀念 | 人數 | 百分比 |
|---|---|---|
| 對與錯並非非黑即白的問題 | 2,371 | 68.3 |
| 一人的不道德行為可能腐化社會 | 1,978 | 56.9 |
| 道德只是個人問題 | 1,639 | 47.2 |
| 觸犯神的旨意者必受處罰 | 1,279 | 36.8 |

　　參加宗教活動的頻率可能會影響上面提到的關於宗教和道德的態度。為了探索這種可能性，我們根據宗教參與的頻率將受訪者分為兩類，一類是每星期參加過一次或多次宗教活動的居民，簡稱為宗教活動頻繁參與組；另一類是不參與宗教活動或參與的頻率少於每星期一次的居民，簡稱為宗教活動非頻繁參與組。

　　表 6-1-9 列舉了這兩個組在宗教和道德的態度方面的不同。如表所示，78.4% 的頻繁參與組同意觸犯神的旨意的人必須受到處

罰，相比之下，只有 31.0% 的非頻繁參與組持有同樣的態度。雖然幅度沒有這麼大，頻繁參與組和非頻繁參與組在其他三種態度上也存在相似的區別。

表 6-1-9　宗教活動參與和道德觀念的關係

| 道德觀念 | 頻繁參與組 | | 非頻繁參與組 | |
|---|---|---|---|---|
| | 人數 | 百分比 | 人數 | 百分比 |
| 對與錯並非非黑即白的問題 | 323 | 76.0 | 2,048 | 67.2 |
| 一人的不道德行為可能腐化社會 | 316 | 74.4 | 1,662 | 54.5 |
| 道德只是個人問題 | 279 | 65.5 | 1,359 | 44.6 |
| 觸犯神的旨意者必受處罰 | 334 | 78.4 | 945 | 31.0 |

具體而言，76.0% 的頻繁參與組和 67.2% 非頻繁參與組同意對與錯之間存在很多灰色地帶；74.4% 的頻繁參與組和 54.5% 非頻繁參與組同意個人的不道德行為可能腐化整個社會；65.5% 的頻繁參與組和 44.6% 非頻繁參與組同意社會不應當強迫每個人遵循統一的道德標準。

顯然，在宗教信仰和道德觀念方面，澳門和世界上很多國家存在差別。在一些宗教盛行的國家，如美國和中東的伊斯蘭國家，經常參加宗教活動的群體往往在道德觀念時比較保守，傾向與認為道德的核心觀念是有上帝制定的，不應因個人的見解而改變。相比之下，澳門社會中經常參加宗教活動的居民反而比不經常參加宗教活動的居民更傾向於認為道德觀念上有很多灰色地帶，個人的道德標準應該得到尊重。造成這一區別的主要原因可能是宗教信仰在澳門社會中並不占主流，信教的人時常感到自己的宗教觀念遭到邊緣化，所以，他們之中的更多人認為不能以非黑即白的標準評價道德

觀念。個人的道德觀念，即使是非主流的宗教價值觀念，也應該受
到保護。

## 第二節　價值觀

### 一、價值觀簡介

眾多社會科學家認為，價值觀是一種能夠指導、證明和解釋個
體態度、規範、意見和行為的抽象且根深蒂固的動機（e.g. Ester,
Halman & de Moor, 1994；Rokeach, 1973；Schwartz, 1992）。價
值觀作為個體差異的一種重要表現形式，在分析個體態度、意見與
行動時能提供極大的解釋力。不僅如此，價值觀的差異還可以反映
出不同民族、地區和年代的社會發展變化。因此，價值觀被視為本
次社會調查一項重要的指標加以考察。

雖然實證研究者們認同上述價值觀的定義，但在調查研究實
踐中，往往存在價值觀和態度測量上的混同（Ester et al., 1994, p.
22）。例如：先前研究多使用對宗教、道德、政治和工作問題的
態度來測量個體的價值觀。究其原因，一方面是由於研究者對於系
統的價值觀理論洞見不足，另一方面也是缺乏具有理論依據的成熟
量具的表現。由此，大多數針對價值觀的實證研究只能零散地反映
受訪者在若干社會問題上的態度，而非一種整合的觀念。

為避免這種情況，澳門社會調查使用了 Schwartz（1992，
1994）的價值觀理論作為本節的主要指導理論。具體而言，該
理論將人類的主要價值觀分為四類，具體十方面加以考察（具體
定義詳見表 6-2-1）。在調查問卷設計上，本次調查部分選取了
Schwartz 價值觀理論配套的測驗工具《肖像價值觀問卷》（The

Portrait Values Questionnaire, PVQ）中的 10 個問題，對該理論的十個維度進行了測驗。透過這十方面的測驗，我們可以大致瞭解澳門居民的價值觀情況。此外，由於 PVQ 被廣泛運用於歐洲等各個國家及地區的社會調查中，本次調查的結果還可以為國際和區域間價值觀比較提供依據。

表 6-2-1　澳門社會調查居民價值觀測量

| 主要分類 | 次要分類 | 定義 | 問卷測驗 |
|---|---|---|---|
| 自我超越 | 普遍主義 | 指為了所有人類和自然的福祉而理解、欣賞、忍耐、保護。例如：社會公正、心胸開闊、世界和平、智慧、美好的世界、與自然和諧一體、保護環境、公平。 | 這個人重視保護環境；關心大自然及節約生命資源。 |
| | 仁慈 | 指維護和提高那些自己熟識的人們的福利。例如：幫助、原諒、忠誠、誠實、真誠的友誼。 | 這個人重視幫助身邊的人；關心他們的幸福。 |
| 自我提高 | 權力 | 指社會地位與聲望、對他人以及資源的控制和統治。例如：社會權力、財富、權威等。 | 這個人重視財富；想擁有許多金錢及昂貴的東西。 |
| | 成就 | 指根據社會的標準，透過實際的競爭所獲得的個人成功。例如：成功的、有能力的、有抱負的、有影響力的等等。 | 這個人重視並追求成功；希望別人認可他的成績。 |
| 保守 | 傳統 | 指尊重、贊成和接受文化或宗教的習俗和理念。例如：接受生活的命運安排、奉獻、尊重傳統、謙卑、節制等。 | 這個人重視傳統；遵循自己宗教或家族傳下來的習俗。 |
| | 服從 | 指對行為、喜好和傷害他人或違背社會期望的傾向加以限制。例如：服從、自律、禮貌、給父母和他人帶來榮耀。 | 這個人重視舉止得當；避免做一些他人認為錯的事情。 |
| | 安全 | 指安全、和諧、社會的穩定、關係的穩定和自我穩定。例如：家庭安全、國家安全、社會秩序、清潔、互惠互利等。 | 這個人重視生活在安全的環境中；避免任何可能的危險。 |
| 對變化的開放性態度 | 自我導向 | 指思想和行為的獨立——選擇、創造、探索。例如：創造性、好奇、自由、獨立、選擇自己的目標。 | 這個人重視新點子和創造力；根據自己方式去做事。 |

（續表 6-2-1）

| 主要分類 | 次要分類 | 定義 | 問卷測驗 |
|---|---|---|---|
| 對變化的開放性態度 | 刺激 | 指生活中的激動人心、新奇的和挑戰性。例如：冒險、變化的和刺激的生活。 | 這個人重視冒險；過刺激的生活。 |
| | 享樂主義 | 指個人的快樂或感官上的滿足。例如：愉快、享受生活等。 | 這個人重視過得愉快；寵自己。 |

## 二、澳門居民價值觀描述性統計

本次調查使用 PVQ 中的 10 個問題測量了 Schwartz 價值觀理論的十個維度（詳見表 6-2-1）。具體而言，我們首先向受訪者詢問：「現在我會簡單地描述幾種人。請問就每個描述指出哪種人與你比較接近？」對這一系列問題的回答選項設置為 7 項：分別為 1= 非常像我，2= 像我，3= 有些像我，4= 只有一點像我，5= 不像我，6= 一點也不像我，7= 不知道。在實際分析中，為了保證概念的一致性，我們將「7= 不知道」設為缺失，並將整個選項反向編碼。透過反向編碼後，每個選項的取值與其測量的概念呈正相關，即得分愈高，表明該受訪者在該價值觀上得分愈高。

為了更好地呈現澳門居民價值觀的具體得分，本次研究使用了雷達圖將被訪澳門居民在各個價值觀上的得分予以展示。同時，根據該價值觀所屬於類別的不同，將不同的價值觀用不同的顏色加以標記。根據圖 6-2-1 可以發現：澳門居民平均而言在自我超越方面的得分較高，且其內部的兩個次要分類的得分大致持平；被訪澳門居民的自我提高方面的指標略低於自我超越方面的指標。而就其內部的兩個次要分類——權利和成就而言，被訪澳門居民的權力的認同略高於對成就的認同；對於保守這一類別的價值觀而言，被訪澳門居民對安全、服從和傳統方面的得分差異較大。具體而言，被訪

澳門居民對安全的價值偏好最高,對服從和傳統的偏好則稍遜一籌;最後,受訪者對變化的接受程度也存在較大的分歧。具體來說,澳門居民在享樂主義上得分非常高,但在尋求刺激的得分上卻很低,自我導向的得分也普遍低於其他各類價值觀的得分。

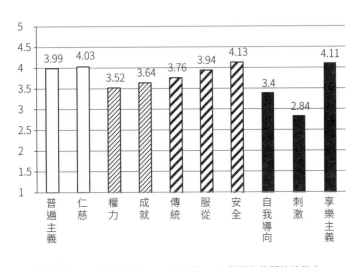

圖 6-2-1　澳門居民價值觀得分

## 三、澳門居民價值觀與其他國家和地區的比較

　　為了比較澳門居民與其他國家和地區的價值觀,本次研究將其他使用 PVQ 量表的研究進行了簡單的梳理。由於 PVQ 量表被直接用於歐洲社會調查(European Social Survey, ESS),因此我們直接申請獲取 2016 年 ESS 有關價值觀的原始數據,並將其和澳門社會調查的相關問題做相同的數據處理。由於 ESS 與本次的澳門社會調查類似,均是以居民作為研究對象,調查時間相近,且使用的問卷與本次澳門社會調查完全相同,因此結果極具可比性。

雖然 ESS 為比較了澳門與歐盟各國居民的價值觀提供了寶貴的依據，但其涵蓋範圍畢竟有限。為比較澳門居民與中國內地、香港，乃至其他國家居民的價值觀，我們還對使用了 PVQ 作為主要測量工具的文獻進行了系統性回顧。根據 Parks-Leduc, Feldman & Bardi（2015）對近 20 年來使用該量表（或其較早版本）的綜述，僅有少數幾項研究在中國內地、美國和香港地區開展（Dirilen–Gümüş, Cross & Dönmez, 2012；Yik & Tang, 1996；高、楊、Margraf, Zhang & 路, 2016），而且這些研究並非完全針對普通居民，而且其使用的問卷可能使用了較早的版本。但為了綜合比較澳門居民的價值觀，我們也將這些研究的結果加入比較之中，其結果僅供參考（見表 6-2-2）。

　　根據表 6-2-2，從自我超越的兩個方面來看，澳門居民的在普遍主義方面得分很低，其值與香港居民的得分接近，均低於中國內地和歐美各國。類似的，在仁慈方面的得分同樣與香港得分接近，且低於中國內地和歐美各國。而自我提高的兩個方面與其他國家和地區的比較則呈現出不同的特徵，澳門居民對在權力方面的得分高於絕大多數歐美國家，同時也高於內地和香港。但是，澳門居民在成就方面的得分卻處於歐美國家的下游，低於中國內地，但高於香港。

　　就保守方面而言，澳門居民在傳統、服從和安全三個價值觀方面的得分均處於歐美各國得分的下游。除安全外，傳統和服從的得分也低於中國內地。但值得一提的是，香港地區在保守方面的得分更低。最後，就對變化的開放性態度而言，澳門居民在自我導向方面的得分低於所有參與比較的國家和地區，在刺激方面的得分除香港外也低於其他國家和地區。但就享樂主義而言，澳門居民的平均得分則處於中游水準，這與香港區域極低的享樂主義得分形成對比。

澳門居民在 PVQ 十個方面的價值觀上的得分或與澳門地區獨特的產業和社會結構相關。旅遊業和博彩業是澳門兩大支柱性產業，而博彩業收入占澳門政府財政收入的絕大部分，這可能是澳門居民在自我超越方面得分較低，對權力（尤其是金錢）方面認同較高，但其他方面成就認同較低的可能原因。此外，澳門施行自由港政策的獨立經濟體，對進出口商品和貨物原則上不徵關稅，以保證貨物、資金的流動自由。因此澳門居民多暴露在多元文化之下，這可能是澳門居民思想並不保守的原因。然而澳門相對穩定的社團結構也讓其居民對變化的態度並不敏感。

表 6-2-2　澳門社會調查居民價值觀與其他國家和地區之比較

| 價值觀<br>國家/地區 | 自我超越 | | 自我提高 | | 保守 | | | 對變化開放態度 | | |
|---|---|---|---|---|---|---|---|---|---|---|
| | 普遍主義 | 仁慈 | 權力 | 成就 | 傳統 | 服從 | 安全 | 自我導向 | 刺激 | 享樂主義 |
| 澳門 | 3.99 | 4.03 | 3.52 | 3.64 | 3.76 | 3.94 | 4.13 | 3.40 | 2.84 | 4.11 |
| 香港 [1] | 3.76 | 4.10 | 2.15 | 3.43 | 2.73 | 3.57 | 3.69 | 3.90 | 2.36 | 3.21 |
| 中國內地 [2] | 5.12 | 4.93 | 3.26 | 4.81 | 3.95 | 4.46 | 3.63 | 3.98 | 4.03 | 4.55 |
| 美國 [3] | 4.41 | 4.70 | 3.32 | 4.32 | 3.60 | 4.00 | 4.21 | 4.70 | 4.11 | 4.39 |
| 奧地利 [4] | 4.83 | 4.85 | 3.10 | 4.09 | 4.39 | 4.53 | 4.91 | 4.43 | 3.24 | 4.40 |
| 比利時 | 4.88 | 5.01 | 2.83 | 3.93 | 4.29 | 4.43 | 4.46 | 4.44 | 3.28 | 4.38 |
| 瑞士 | 5.06 | 5.13 | 2.67 | 3.84 | 4.20 | 4.26 | 4.68 | 4.76 | 3.21 | 4.98 |
| 捷克 | 4.62 | 4.19 | 3.82 | 3.94 | 4.27 | 4.08 | 4.73 | 4.34 | 3.39 | 4.08 |
| 德國 | 4.89 | 5.02 | 2.58 | 3.88 | 4.06 | 3.94 | 4.41 | 4.64 | 2.83 | 4.57 |
| 愛沙尼亞 | 4.93 | 4.57 | 2.87 | 3.51 | 3.94 | 4.33 | 4.60 | 4.00 | 2.96 | 4.20 |
| 西班牙 | 5.12 | 5.32 | 2.48 | 3.45 | 4.26 | 4.62 | 4.98 | 4.66 | 3.05 | 3.96 |
| 芬蘭 | 4.99 | 4.91 | 2.39 | 3.35 | 3.91 | 4.05 | 4.43 | 4.42 | 3.13 | 4.01 |
| 法國 | 4.63 | 4.76 | 2.11 | 2.80 | 3.66 | 4.37 | 4.28 | 4.45 | 2.77 | 4.62 |

（續表 6-2-2）

| 價值觀\n\n國家\n/ 地區 | 自我超越 | | 自我提高 | | 保守 | | | 對變化開放態度 | | |
|---|---|---|---|---|---|---|---|---|---|---|
| | 普遍主義 | 仁慈 | 權力 | 成就 | 傳統 | 服從 | 安全 | 自我導向 | 刺激 | 享樂主義 |
| 英國 | 4.74 | 5.05 | 2.64 | 3.57 | 3.90 | 4.23 | 4.50 | 4.52 | 3.28 | 3.56 |
| 匈牙利 | 5.02 | 4.78 | 3.75 | 4.22 | 4.72 | 4.62 | 5.13 | 4.53 | 3.51 | 4.59 |
| 愛爾蘭 | 4.74 | 4.91 | 2.94 | 3.68 | 4.25 | 4.21 | 4.84 | 4.57 | 3.37 | 3.64 |
| 以色列 | 4.65 | 4.99 | 3.59 | 4.69 | 4.42 | 4.45 | 4.78 | 4.59 | 3.49 | 4.43 |
| 冰島 | 4.78 | 4.97 | 2.42 | 3.21 | 3.64 | 3.60 | 4.44 | 4.37 | 3.43 | 4.88 |
| 義大利 | 4.96 | 4.66 | 3.10 | 4.52 | 4.70 | 4.51 | 4.84 | 4.32 | 2.96 | 3.36 |
| 立陶宛 | 4.54 | 4.16 | 3.68 | 4.39 | 4.36 | 4.11 | 4.75 | 3.84 | 3.29 | 3.82 |
| 荷蘭 | 4.74 | 4.94 | 2.67 | 3.64 | 4.09 | 4.11 | 4.18 | 4.55 | 3.24 | 4.09 |
| 挪威 | 4.41 | 4.82 | 2.48 | 3.68 | 4.08 | 4.52 | 3.99 | 4.54 | 3.30 | 3.81 |
| 波蘭 | 4.97 | 4.74 | 3.06 | 4.03 | 4.79 | 4.59 | 5.02 | 4.19 | 3.03 | 3.32 |
| 葡萄牙 | 4.82 | 4.86 | 2.21 | 4.02 | 4.08 | 3.71 | 4.52 | 4.44 | 2.95 | 4.40 |
| 俄國 | 4.81 | 4.36 | 3.69 | 4.05 | 4.60 | 4.23 | 4.65 | 3.98 | 3.31 | 3.90 |
| 瑞典 | 4.78 | 4.94 | 2.52 | 2.97 | 3.76 | 3.87 | 3.83 | 4.66 | 3.17 | 4.03 |
| 斯洛維尼亞 | 5.20 | 5.10 | 2.63 | 4.47 | 4.57 | 4.77 | 4.97 | 4.79 | 3.29 | 4.39 |

注：
1. Yik & Tang（1996）使用 40 題版本的 PVQ 對 222 名大學生施測，其結果將作爲香港地區價值觀的代表。40 題版本的 PVQ 使用若干題目的均值作爲對應十個價值觀維度的測量。
2. 高志華等人（2016）使用了 21 題版本的 PVQ 對超過 3,500 名在校大學生施測。我們選取了和本次研究對應的 10 個題目加以編碼。其結果將作爲中國內地數據的代表。
3. Dirilen Gümüş 等人（2012）使用 40 題版本的 PVQ 對 278 名網民施測。其結果將作爲美國的代表，40 題版本的 PVQ 使用若干題目的均值作爲對應十個價值觀維度的測試。
4. 歐洲各國價值觀數據來自 2016 年 ESS 公布之數據。

## 四、澳門居民價值觀的影響因素

為了描述不同價值觀的影響因素，我們將探究性別、出生地、年齡和受教育程度對不同類型的價值觀的影響。

表 6-2-3 比較了男性和女性在 PVQ 十個維度得分的差異，從中我們可以發現：較之於女性，男性在自我提高和對變化的開放態度方面顯著高於女性。而女性在保守方面的得分絕大部分顯著高於男性。這一結果和國際主流的社會心理學調查結果相符（Schwartz & Rubel, 2005）。

表 6-2-3　不同性別澳門居民價值觀之比較

| 主要分類 | 次要分類 | 男 | 女 | 差異 |
|---|---|---|---|---|
| 自我超越 | 普遍主義 | 3.95 | 4.04 | −0.09 |
| | 仁慈 | 3.99 | 4.06 | −0.07 |
| 自我提高 | 權力 | 3.58 | 3.46 | 0.12* |
| | 成就 | 3.74 | 3.54 | 0.20*** |
| 保守 | 傳統 | 3.66 | 3.85 | −0.19*** |
| | 服從 | 3.89 | 3.98 | −0.09 |
| | 安全 | 4.07 | 4.18 | −0.11* |
| 對變化開放態度 | 自我導向 | 3.55 | 3.26 | 0.29*** |
| | 刺激 | 2.96 | 2.73 | 0.23*** |
| | 享樂主義 | 4.07 | 4.15 | −0.08 |

注：*P < 0.05；**p < 0.01；***p < 0.001

不同性別價值觀的差異可以從進化心理學和社會角色理論兩個方面加以闡釋。根據進化心理學，不同性別的價值觀差異反應了男性和女性先祖適應自然和社會環境的差異（Schwartz & Rubel,

2005）。例如：女性在養育後代的投入較之男性更大（Trivers, 1972），而且在孕期和養育孩子的早期對伴侶的依靠更多，因此女性在選擇伴侶的時候更加謹慎。這可能會導致女性在價值觀取向上對傳統、安全等方面的尋求更高。反之，男性為了尋求配偶，需要攫取更多的社會和經濟地位，因此對權力和成就的渴望更高。當然，由於資源的稀缺性，男性往往需要參與到與其他同性競爭之中，因此更傾向於尋求風險、接受變化。進化心理學嘗試從人類先祖在適應環境過程性別的差異來解釋不同性別價值觀的差異，而社會分工理論則嘗試著從近代性別分工的差異上尋求解釋（Wood & Eagly, 2002）。根據會分工理論，男性由於更多從事賺取收入和社會地位的工作，而女性則更多從事撫養後代和贍養老人的工作。這一分工的差異也很可能是導致不同性別在自我提高，保守和變化的包容性方面價值觀差異的原因。

表 6-2-4 比較了不同出生地的澳門居民在 PQV 得分之差異。結果發現不同出生地的澳門居民在價值觀的諸多方面存在差異。例如：在自我超越、自我提高和保守方面，出生地在澳門、香港和內地的居民得分較為一致，其得分普遍低於出生地位其他國家和地區的居民。除了享樂主義外，澳門和香港出生的居民對變化的開放態度較為一致，且均高於內地出生的居民，但低於其他地方出生的居民。

表 6-2-4　不同出生地澳門居民價值觀之比較

| 主要分類 | 次要分類 | 澳門 | 內地 | 香港 | 其他 | F 值 |
|---|---|---|---|---|---|---|
| 自我超越 | 普遍主義 | 3.94 | 3.98 | 3.78 | 4.31 | 3.28* |
| | 仁慈 | 3.99 | 3.95 | 3.99 | 4.43 | 8.82*** |
| 自我提高 | 權力 | 3.59 | 3.39 | 3.22 | 3.77 | 9.23*** |
| | 成就 | 3.75 | 3.42 | 3.43 | 4.10 | 22.54*** |

（續表 6-2-4）

| 主要分類 | 次要分類 | 澳門 | 內地 | 香港 | 其他 | F 值 |
|---|---|---|---|---|---|---|
| 保守 | 傳統 | 3.63 | 3.8 | 3.32 | 4.15 | 11.36*** |
| | 服從 | 3.97 | 3.86 | 3.39 | 4.26 | 9.60*** |
| | 安全 | 4.08 | 4.16 | 3.98 | 4.22 | 2.31 |
| 對變化開放態度 | 自我導向 | 3.62 | 2.98 | 3.58 | 4.07 | 74.80*** |
| | 刺激 | 3.13 | 2.30 | 2.62 | 3.81 | 125.26*** |
| | 享樂主義 | 3.99 | 3.95 | 3.99 | 4.43 | 0.58 |

注：*P＜0.05；**p＜0.01；***p＜0.001

最後表 6-2-5 計算了澳門居民價值觀與年齡和受教育程度的相關。根據表可以發現，年齡與普遍主義正相關，但與仁慈負相關。年齡與自我提高方面的兩個價值觀均呈顯著負相關。年齡與安全和服從均呈現在正相關，但與變化的接受程度呈負相關。年齡與自我提高和變化的接受程度的負相關關係以及對保守的正相關關係與其他地區的研究的結果較為一致（Hellevik, 2002）。但在普遍主義和仁慈兩個維度卻出現了相反的關係，其中可能的原因還需進一步研究。就受教育程度而言，受教育程度幾乎和所有的價值取向均存在正相關關係。由於接受教育本身與社會經濟地位的提高呈正相關，因此其與自我超越，自我提高和對變化的開放性態度的正相關關係並不難理解。有趣的是，受教育程度與服從和安全也呈正相關關係，各種緣由有待進一步探究。

表 6-2-5　澳門居民價值觀與年齡、受教育程度之相關

| 主要分類 | 次要分類 | 年齡 | 受教育程度 |
|---|---|---|---|
| 自我超越 | 普遍主義 | 0.17*** | 0.17*** |
| | 仁慈 | −0.08*** | 0.11*** |

（續表 6-2-5）

| 主要分類 | 次要分類 | 年齡 | 受教育程度 |
|---|---|---|---|
| 自我提高 | 權力 | −0.11*** | 0.04 |
| | 成就 | −0.20*** | 0.18*** |
| 保守 | 傳統 | 0.10*** | 0.01 |
| | 服從 | 0.21*** | 0.13*** |
| | 安全 | −0.03 | 0.08*** |
| 對變化開放態度 | 自我導向 | −0.25*** | 0.21*** |
| | 刺激 | −0.05*** | 0.18*** |
| | 享樂主義 | −0.06*** | 0.06** |

注：係數為 spearman 相關係數，*P < 0.05；**p < 0.01；***p < 0.001

## 五、小結

本節簡要介紹了 Schwartz 價值觀理論，並使用《肖像價值觀問卷》作為價值觀的主要測量工具對澳門居民的整體價值觀做了簡要分析。本節的主要發現主要有如下幾個方面：首先，澳門居民平均而言在自我超越方面的得分較高，自我提高方面的指標略低於自我超越，對安全、服從和傳統方面的得分差異較大，享樂主義上得分非常高，但在尋求刺激的得分上卻很低。

其次，對比澳門和其他國家和地區發現，澳門居民在普遍主義和仁慈方面的得分很低，其值與香港居民的得分接近，均低於中國內地和歐美各國。澳門居民對在權力方面的得分高於絕大多數歐美國家，同時也高於內地和香港。澳門居民在成就方面的得分卻處於歐美國家的下游，低於中國內地，但高於香港。就保守方面而言，澳門居民在傳統、服從和安全三個價值觀方面的得分均處於歐美各國得分的下游。就對變化的開放性態度而言，澳門居民在自我

導向方面的得分低於所有參與比較的國家和地區，在刺激方面的得分除香港外也低於其他國家和地區。但就享樂主義而言，澳門居民的平均得分與其他國家和地區相比處於中游水準，這與香港區域極低的享樂主義得分形成對比。

最後，本節還比較了不同性別、年齡、出生地和受教育程度對不同類型價值觀的影響。結果發現，男性在自我提高和對變化的開放態度方面顯著高於女性。而女性在保守方面的得分絕大部分顯著高於男性。年齡與普遍主義正相關，但與仁慈負相關。年齡與自我提高方面的兩個價值觀均呈顯著負相關。年齡與安全和服從均呈現在正相關，但與變化的接受程度呈負相關。就受教育程度而言，受教育程度幾乎和所有的價值取向均存在正相關關係。

## 第三節　偏見

每個社會都有自己的文化和道德偏見。社會成員習慣於把與自己背景、利益或價值相一致的群體看成內群體，而把在這些方面與自己有系統分歧的群體看作外群體。群體的認同以及相互間的衝突經常導致偏見和歧視。澳門人口雖小，但卻相當多樣化，擁有許多文化背景相異、社會特徵不同的群體。他們之間難免存在著一定程度的偏見。本節結合澳門社會調查的結果，從社會距離、外籍勞工態度和性別觀念等方面對澳門社會中存在的偏見進行一些系統分析。

### 一、社會距離

跨群體偏見雖然是社會中的常見現象，但測量的難度很大（Jackman，1994）。社會距離是社會偏見的體現之一，也是經常用來衡量跨群體偏見的主要標準。與過去的研究一致，本文透過

對社會距離的測量對澳門社會中的跨群體偏見予以評估（Weaver, 2008；Weaver, 2012）。

Bogardus（1959, p.7）把社會距離定義為「人與人之間、個人與群體之間，以及群體與群體之間產生作用的同情性理解的程度」。Marger（1994）則認為社會距離是社會中不同的群體相互接受或排斥的顯示。在測量社會距離時，我們採用了以往研究經常使用的方法，首先列出社會上不同的群體，包括吸毒成癮的人、不同種族的人、愛滋病患者、移民、外籍勞工以及同性戀者等，然後詢問受訪者是否不願意跟這些人成為鄰居。如表 6-3-1 所示，澳門居民與吸毒成癮的人保持的距離最遠，60.0% 的居民不願意和這類人做鄰居；其次是酗酒的人，45.5% 的居民不願意跟他們成為鄰居；再次為愛滋病患者，39.0% 的居民不願意與他們為鄰。結果顯示，這三類人是澳門社會中受歧視的主要群體。另外，有一定比例的居民對同性戀者、外籍勞工、不同種族的人以及移民也存有偏見，不願意跟他們成為鄰居，但是持有這些成見的居民不是很多，不超過調查人口的 11%。同時應該看到，35% 的澳門居民沒有列出不願意成為鄰居的任何群體，說明這些居民認為自己可以和任何群體生活在同一個社區裡。

表 6-3-1　不願意成為鄰居的群體

| 群體 | 人數 | 百分比 |
|---|---|---|
| 有毒癮的人 | 2,104 | 60.0 |
| 酗酒的人 | 1,596 | 45.5 |
| 愛滋病患者 | 1,369 | 39.0 |
| 同性戀 | 371 | 10.6 |
| 外籍勞工 | 347 | 9.9 |

(續表 6-3-1)

| 群體 | 人數 | 百分比 |
|---|---|---|
| 不同種族的人 | 320 | 9.1 |
| 移民 | 151 | 4.3 |
| 不同宗教信仰的人 | 87 | 2.5 |
| 說不同語言的人 | 82 | 2.3 |
| 沒結婚而同居的人 | 62 | 1.8 |
| 沒有 | 1,231 | 35.1 |

## 二、關於外籍勞工的態度

澳門有很多外地雇員，簡稱外勞。官方數據顯示，澳門 2017 年底的外勞總數為 179,456，幾乎占澳門總人口的 28%（Statistics and Census Service, 2018）。外地雇員在澳門城市建設起了舉足輕重的作用，為澳門的經濟和社會發展做出了重要貢獻。但因為他們的收入和社會地位普遍比較低，也容易遭到本地人的歧視。為了瞭解這方面的情況，我們在調查中專門列入了關於外籍勞工的五個問題，詢問澳門居民是否願意和外籍勞工一起工作、是否願意外籍勞工居住在自己的社區裡、是否願意讓外籍勞工居住在自家隔壁、是否願意邀請外籍勞工來家做客，以及是否願意自己的子女／親屬與外籍勞工談戀愛。答案為「1、非常不願意」，「2、不願意」，「3、願意」，「4、非常願意」。表 6-3-2 中的數據顯示，這五個問題的平均值都大於 2.5，說明澳門居民總體上對外籍勞工都抱著接受的態度。

表 6-3-2　關於外籍勞工的態度（平均值）

| 關於外勞的態度 | 最小值 | 最大值 | 平均值 |
|---|---|---|---|
| 願意和外籍勞工一起工作 | 1 | 4 | 3.0 |
| 願意外籍勞工居住在您的社區 | 1 | 4 | 2.9 |
| 願意外籍勞工居住在您家隔壁 | 1 | 4 | 2.9 |
| 願意邀請外籍勞工來您家做客 | 1 | 4 | 2.8 |
| 願意您的子女／親屬與外籍勞工談戀愛 | 1 | 4 | 2.7 |

　　然後，我們把答案 3 和答案 4 合併，用以代表對以上五個問題的願意的態度。表 6-3-3 中的結果顯示，91.7% 的居民願意和外籍勞工一起工作，85.0% 的居民願意外籍勞工居住在自己的社區裡，80.4% 的居民願意讓外籍勞工居住在自家隔壁，71.0% 的居民願意邀請外籍勞工來家做客。但是，只有 64.9% 的居民願意自己的子女／親屬與外籍勞工談戀愛，是各項中的最低。

表 6-3-3　關於外籍勞工的態度（百分比）

| 關於外勞的態度 | 人數 | 百分比 |
|---|---|---|
| 願意和外籍勞工一起工作 | 3,184 | 91.7 |
| 願意外籍勞工居住在您的社區 | 2,953 | 85.0 |
| 願意外籍勞工居住在您家隔壁 | 2,786 | 80.4 |
| 願意邀請外籍勞工來您家做客 | 2,463 | 71.0 |
| 願意您的子女／親屬與外籍勞工談戀愛 | 2,239 | 64.9 |

　　以往的研究顯示居民自己的移民背景會影響他們對本地區外籍勞工的態度（Card, Dustmann & Preston, 2015），這一點在澳門可能也不例外。為了測驗這一關係，我們以出生地作為移民背景的標誌，分析關於外籍勞工的態度如何因出生地的不同而發生變

化。如表 6-3-4 所示，在澳門出生的亞居群中，8.2% 的居民願意和外籍勞工一起工作；而在非澳門出生的亞居群中，12.6% 的居民願意和外籍勞工一起工作。這兩個亞居群之間的差距在其餘四個問題上也表現得非常明顯。具體地說，4.8% 的澳門出生的居民願意外籍勞工居住在自己的社區裡，而 11.5% 的非澳門出生的居民願意這麼做；同樣，4.6% 的澳門出生的居民願意讓外籍勞工居住在自家隔壁，而 11.9% 非澳門出生的居民願意讓外籍勞工居住在自家隔壁；4.4% 的澳門出生的居民願意邀請外籍勞工來家做客，而 10.4% 非澳門出生的居民願意邀請外籍勞工來家做客；3.3% 的澳門出生的居民願意自己的子女／親屬與外籍勞工談戀愛，而 9.6% 非澳門出生的居民願意自己的子女／親屬與外籍勞工談戀愛。這些結果顯示，非澳門出生的居民對外籍勞工抱有更寬容的態度。

表 6-3-4　出生地與關於外籍勞工的態度

| 關於外勞的態度 | 澳門出生 | | 非澳門出生 | |
|---|---|---|---|---|
| 願意和外籍勞工一起工作 | 115 | 8.2 | 259 | 12.6 |
| 願意外籍勞工居住在您的社區 | 67 | 4.8 | 237 | 11.5 |
| 願意外籍勞工居住在您家隔壁 | 65 | 4.6 | 245 | 11.9 |
| 願意邀請外籍勞工來您家做客 | 62 | 4.4 | 214 | 10.4 |
| 願意您的子女／親屬與外籍勞工談戀愛 | 46 | 3.3 | 197 | 9.6 |

## 三、男女平等觀念

　　除了社會距離和外勞態度，我們還有一組關於男女平等的問題。由於歷史原因，澳門受西方國家尤其是葡萄牙的影響很大，同時，澳門又保留了很多中國傳統的價值觀念和社會習俗，這種多元化的文化背景可能導致對男女地位的不同見解，表 6-3-5 的數據證

實了這一點。在接受調查的樣本中,93.9% 的澳門居民同意夫妻應該均等分攤家務事,29.2% 的居民同意大學教育對男生比對女生更重要,28.2% 的居民同意男人做政治領袖比女人做得更好,24.8%的居民同意男人做企業管理者比女人做得更好,18.9% 的居民同意經濟不景氣應該先解雇女性員工。總體上講,澳門居民擁有很強的男女平等的思想,但也有約 19% 至 29% 的居民在一定程度上保留了傳統的男尊女卑的觀念。

表 6-3-5　男女平等觀念

| 男女平等態度 | 人數 | 百分比 |
|---|---|---|
| 夫妻應該均等分攤家務事 | 3,260 | 93.9 |
| 大學教育對男生比對女生更重要 | 1,016 | 29.2 |
| 整體來說,男人做政治領袖比女人做得更好 | 981 | 28.2 |
| 整體來說,男人做企業管理者比女人做得更好 | 862 | 24.8 |
| 在經濟不景氣時,應該先解雇女性員工 | 657 | 18.9 |

　　另外,我們做了一系列的分析測驗男女平等的態度是否因受訪者性別的不同而產生變化。表 6-3-6 中的結果顯示,91.8% 的男性居民同意夫妻應該均等分攤家務,而 95.8% 的女性居民同意這一觀點;33.3% 男性居民同意大學教育對男生比對女生更重要,而只有 25.3% 的女性居民這麼認為;31.8% 的男性居民同意男人做政治領袖比女人做得更好,而 24.9% 的女性居民持有這種看法;28.2% 的男性居民同意男人做企業管理者比女人做得更好,而21.6% 女性居民同意這一觀點;21.0% 的男性居民同意經濟不景氣應該先解雇女性員工,只有 16.8% 的女性居民同意這一看法。

表 6-3-6　男女平等觀念的性別差異

| 男女平等態度 | 男性 | | 女性 | |
|---|---|---|---|---|
| | 人數 | 百分比 | 人數 | 百分比 |
| 夫妻應該均等分攤家務 | 1,536 | 91.8 | 1,723 | 95.8 |
| 大學教育對男生比對女生更重要 | 560 | 33.3 | 456 | 25.3 |
| 整體來說，男人做政治領袖比女人做得更好 | 534 | 31.8 | 447 | 24.9 |
| 整體來說，男人做企業管理者比女人做得更好 | 473 | 28.2 | 389 | 21.6 |
| 在經濟不景氣時，應該先解雇女性員工 | 354 | 21.0 | 303 | 16.8 |

　　澳門雖然是一個開放的社會，仍然有相當數量的男女性居民持有傳統的男尊女卑的價值觀念，但持有這些傳統觀念的男性居民遠遠多出女性居民。可見，女性居民比男性居民擁有更強的男女平等的觀念。

## 第四節　結論

　　澳門文化的多元性在宗教、價值觀念和社會態度等方面都有體現。佛教、天主教和基督教是澳門最流行的宗教，每一個教派都擁有很多信奉者。但是，澳門也有許多人不相信或懷疑神的存在，不參加宗教活動的人多於參加宗教活動的居民。宗教信仰對澳門居民的道德觀念有顯著的影響。和很多國家不同，經常參加宗教活動的澳門居民更傾向於認為道德觀念上有很多灰色地帶，個人的道德標準應該得到尊重。這些觀念很可能在一定程度上反映了澳門信教群體對宗教觀念邊緣化的主觀反應。

　　使用 Schwartz 的《肖像價值觀問卷》作為價值觀的主要測量工具，本次調查發現澳門居民平均而言在自我超越方面的得分較

高，自我提高方面的指標略低於自我超越；在安全、服從和傳統方面存在著較大的內部差異；在變化開放態度方面，享樂主義上得分非常高，但在尋求刺激的得分上卻很低。與其他國家和地區發現，澳門居民對普遍主義和仁慈的重視不夠，但對權力尊重卻高於絕大多數歐美國家，同時也高於內地和香港。澳門居民對成就的重視低於歐美大多數國家，也低於中國內地，但高於香港。澳門居民對享樂主義的喜好雖然在所有選項中得分不低，但與其他國家和地區相比處於中游水準。

澳門社會雖然很開發，但仍然存在著一些偏見，對吸毒成癮的人、酗酒的人和患愛滋病的人的偏見尤其高，許多居民不願向和這幾類人做鄰居。對外籍勞工基本上持著接受的態度，但也有相當一部分人懷有一定程度的歧視傾向，歧視態度的分布因居民的出生地而已。總體上講，澳門居民擁有很強的男女平等的思想，但也有少數居民保留了傳統的男尊女卑的價值觀念。男性和女性居民都可能有這種觀念，但男性的比例超過女性。

## 參考文獻

1. Bogardus, E. S.(1959). Social distance. Yellow Springs, OH: Antioch. Card, D., Gustmann, C., & Preston, I.(2015). Understanding attitudes to immigration: The migration and minority module of the first European Social Survey. London: Centre for Research and Analysis of Migration.

2. Dirilen-Gümüş, Ö., Cross, S. E., & Dönmez, A.(2012). Who Voted for Whom? Comparing Supporters of Obama and McCain on Value Types and Personality Traits. *Journal of Applied Social Psychology*, 42(12), 2879-2900. https: //doi.org/10.1111/j.1558-1816.2012.00965.x

3. Ester, P., Halman, L., & de Moor, R. A.(1994). The individualizing society:

Value change in Europe and North America(Vol. 1). Tilburg University Press.

4. Hellevik, O.(2002). Age differences in value orientation—Life cycle or cohort effects? *International Journal of Public Opinion Research*, 14(3), 286-302.

5. Jackman, M. R.(1994). *The velvet glove: Paternalism and conflict in gender, class, and race relations*. Berkeley, CA: University of California Press.

6. Marger, M. N.(1994). *Race and ethnic relations: American and global perspectives*(3rd ed.). Belmont, CA: Wadsworth.

7. Morone, J.(2004). *Hellfire nation: The Politics of sin in American history*. Yale University Press.

8. Parks-Leduc, L., Feldman, G., & Bardi, A.(2015). Personality Traits and Personal Values: A Meta-Analysis. *Personality and Social Psychology Review*, 19(1), 3-29. https: //doi.org/10.1177/1088868314538548

9. Rokeach, M.(1973). *The nature of human values*. Free press.

10. Smith, C.(2017). *Religion: What it is, how it works, and why it matters*. Princeton University Press.

11. Schwartz, S. H.(1992). *Universals in the content and structure of values: Theoretical advances and empirical tests in 20 countries*. In Advances in experimental social psychology(Vol. 25, pp. 1-65). Elsevier.

12. Schwartz, S. H.(1994). Are there universal aspects in the structure and contents of human values? *Journal of Social Issues*, 50(4), 19-45.

13. Schwartz, S. H., & Rubel, T.(2005). Sex differences in value priorities: Cross-cultural and multimethod studies. *Journal of Personality and Social Psychology*, 89(6), 1010.

14. Statistics and Census Service.(2018) *Yearbook of Statistics 2017*. Macao: Government of Macao Special Administration Region Statistics and Census Service（澳門特別行政區政府統計暨普查局，2018。《統計年鑑 2017》）。

15. Trivers, R.(1972). *Parental investment and sexual selection*(Vol. 136). Biological Laboratories, Harvard University Cambridge.

16. Wood, W., & Eagly, A. H.(2002). A cross-cultural analysis of the behavior of women and men: implications for the origins of sex differences. *Psychological Bulletin*, 128(5), 699-727.

17. Weaver, C. N.(2008). Social distance as a measure of prejudice among ethnic groups in the United States. *Journal of Applied Social Psychology*, 38, 779-795.

18. Weaver, C. N.(2012). Prejudice in the lives of Asian Americans. *Journal of Applied Social Psychology*, 42, 1847-1869.

19. Yik, M. S. M., & Tang, C. S.(1996). Linking personality and values: The importance of a culturally relevant personality scale. *Personality and Individual Differences*, 21(5), 767-774. https://doi.org/10.1016/0191-8869(96)00114-6

20. 高志華、楊紹清、Margraf, J., Zhang, X., & 平路。（2016）。施瓦茨價值觀問卷（PVQ-21）中文版在大學生中的修訂。中國健康心理學雜誌，24(11)，1684-1688。

# 第七章　健康

劉子瑄、熊若杉、李德

MACAO.

## 第一節　身體健康

### 一、前言

世界衛生組織於 2016 年主辦第九屆全球健康促進會議，呼籲遵循聯合國的 2030 年永續發展目標：「健康是所有人民的基本權利，讓人民享受最高可能規格的健康，應是各國共同的社會目標。」此外，世界衛生組織鼓勵各國政府讓整個社會參與健康發展與改善的過程，減少不同年齡的人群有健康不公平的現象，以實現全民健康的目標。

本節將探討澳門民眾的身體健康狀況。首先，本節將探討澳門民眾的身體質量指數（Body Mass Index，簡稱 BMI）。其次，本節將分析澳門民眾對自己身體健康狀況的看法、疾病罹患狀況，與就醫的情況。筆者將把澳門不同的社會、人口統計指標與健康情形進行比較分析，意即針對不同收入、職業、教育程度和性別的民眾，進行其自覺健康狀況與疾病罹患狀況的分析，以探討澳門人民身體健康的問題。

本節期能透過對澳門民眾身體健康的分析，提供各界對澳門民眾身體健康的瞭解與關注，並為相關健康政策提供實證基礎，為建立澳門健康社會挹注心力。

### 二、澳門民眾的身體質量指數（Body Mass Index，簡稱 BMI）

此部分呈現澳門民眾的身體質量指數（BMI）。身體質量指數（BMI）的計算方式為體重（kg）除以身高平方（m²）。根據世界衛生組織（2000）發布亞太地區人口身體質量指數（BMI）的計算標準，本研究將澳門民眾的身體質量指數（BMI）分為以下五組：

身體質量指數（BMI）小於 18.5 者，為體重過輕；身體質量指數（BMI）為 18.5 以上，小於 23 者為適中；身體質量指數（BMI）為 23 以上，小於 25 者為過重；身體質量指數（BMI）為 25 以上，小於 30 者為超重；身體質量指數（BMI）為 30 以上者，則為肥胖。

根據表 7-1-1 的結果顯示，總體來看，高於 15% 的澳門民眾有體重過輕的問題；高於 51% 的澳門民眾體重適中；大約 19% 的民眾體重約略高於一般標準；13% 以上的民眾有體重超重的問題；1.65% 的民眾有肥胖的問題。

表 7-1-1　澳門民眾身體質量指數（BMI）的總體情況

| 身體質量指數 | 人數 | 比例（%） |
|---|---|---|
| BM1<18.5（體重過輕） | 274 | 15.04% |
| 18.5 ≦ BMI < 23.0（體重適中） | 934 | 51.26% |
| 23.0 ≦ BMI < 25.0（體重過重） | 341 | 18.72% |
| 25.0 ≦ BMI < 30.0（體重超重） | 243 | 13.33% |
| 30.0 < BMI（肥胖） | 30 | 1.65% |

（有效樣本量：1,822）

表 7-1-2 顯示了不同性別的澳門民眾的身體質量指數。總體來看，在體重過輕的部分，大約有 20% 的澳門女性有體重過輕的問題，而男性則為 9.14%。在體重過重與超重的部分，約有 43% 的澳門男性有體重過重與超重的問題，而有該問題的女性則為 22.5%。在肥胖的部分，其女性有肥胖問題的比例與男性有肥胖問題的比例分別為 1.86% 與 1.41%。

表 7-1-2 不同性別的澳門民眾身體質量指數（BMI）總體情況

| 性別<br>身體<br>質量指數 | 男性 | | 女性 | |
|---|---|---|---|---|
| | 人數<br>(有效樣本量：853) | 比例<br>(%) | 人數<br>(有效樣本量：969) | 比例<br>(%) |
| BM1 < 18.5<br>（體重過輕） | 78 | 9.14% | 196 | 20.23% |
| 18.5 ≤ BMI< 23.0<br>（體重適中） | 397 | 46.54% | 537 | 55.42% |
| 23.0 ≤ BMI < 25.0<br>（體重過重） | 206 | 24.15% | 135 | 13.93% |
| 25.0 ≤ BMI < 30.0<br>（體重超重） | 160 | 18.76% | 83 | 8.56% |
| 30.0 < BMI<br>（肥胖） | 12 | 1.41% | 18 | 1.86% |

　　表 7-1-3 顯示了不同年齡層的澳門民眾身體質量指數。總體來看，各年齡層的身體質量指數（BMI）皆以體重適中者最多，比例大約在 40% 以上。從各年齡層的身體質量指數（BMI）分析發現，在 19 歲以下的澳門民眾中，超過 30% 有體重過輕的問題，在該年齡層中，體重超重與肥胖的比例並不多，分別占該年齡層的 5.55% 與 0.93%。在 20 至 29 歲的澳門民眾中，超過五分之一的民眾有體重過輕的問題。在該年齡層中，體重超重與肥胖的比例並不多，分別占該年齡層的 5.81%% 與 0.62%。在 30 至 39 歲的澳門民眾中，有 13% 左右的民眾有體重過輕的問題。在該年齡層中，體重超重與肥胖的，分別占該年齡層的 14.21% 與 2.19%。

　　在 40 至 49 歲的澳門民眾中，僅有 8% 左右的民眾有體重過輕的問題。在該年齡層中，體重超重與肥胖的，分別占該年齡層的 19.23% 與 3.08%。在 50 至 59 歲的澳門民眾中，僅有 8% 左右的民眾有體重過輕的問題。在該年齡層中，體重過重與超重的比例

較多，分別占該年齡層的 22.6% 與 21% 左右，而肥胖的比例則為 1.37%。

在 60 至 69 歲的澳門民眾中，約有 13% 左右的民眾有體重過輕的問題。在該年齡層中，過重與超重的比例較多，分別占該年齡層的 25.56% 與 17.78%，而肥胖的比例則為 1.67%。在 70 歲以上的澳門民眾中，13.43% 的民眾有體重過輕的問題。在該年齡層中，體重超重與肥胖的，分別占該年齡層的 10.45% 與 2.24%。

表 7-1-3　不同年齡的澳門民眾身體質量指數（BMI）總體情況

| 年齡　　身體質量指數 | 19 歲以下 (N=108) | | 20-29 歲 (N=482) | | 30-39 歲 (N=366) | | 40-49 歲 (N=260) | |
|---|---|---|---|---|---|---|---|---|
| | 人數 | 比例 (%) | 人數 | 比例 (%) | 人數 | 比例 (%) | 人數 | 比例 (%) |
| BM1 < 18.5（體重過輕） | 34 | 31.48% | 113 | 23.44% | 46 | 12.56% | 21 | 8.07% |
| 18.5 ≦ BMI < 23（體重適中） | 50 | 46.3% | 269 | 55.81% | 195 | 53.28% | 127 | 48.85% |
| 23 ≦ BMI < 25（體重過重） | 17 | 15.74% | 69 | 14.32% | 65 | 17.76% | 54 | 20.77% |
| 25 ≦ BMI < 30（體重超重） | 6 | 5.55% | 28 | 5.81% | 52 | 14.21% | 50 | 19.23% |
| 30<BMI（肥胖） | 1 | 0.93% | 3 | 0.62% | 8 | 2.19% | 8 | 3.08% |

| 年齡　　身體質量指數 | 50-59 歲 (N=292) | | 60-69 歲 (N=180) | | 70 歲以上 (N=134) | |
|---|---|---|---|---|---|---|
| | 人數 | 比例 (%) | 人數 | 比例 (%) | 人數 | 比例 (%) |
| BM1<18.5（體重過輕） | 19 | 6.51% | 23 | 12.77% | 18 | 13.43% |
| 18.5 ≦ BMI< 23（體重適中） | 142 | 48.63% | 76 | 42.22% | 75 | 55.97% |

（續表 7-1-3）

| 年齡<br>身體<br>質量指數 | 50-59 歲<br>(N=292) | | 60-69 歲<br>(N=180) | | 70 歲以上<br>(N=134) | |
|---|---|---|---|---|---|---|
| | 人數 | 比例<br>(%) | 人數 | 比例<br>(%) | 人數 | 比例<br>(%) |
| 23 ≤ BMI <25<br>（體重過重） | 66 | 22.6% | 46 | 25.56% | 24 | 17.91% |
| 25 ≤ BMI < 30<br>（體重超重） | 61 | 20.89% | 32 | 17.78% | 14 | 10.45% |
| 30 < BMI<br>（肥胖） | 4 | 1.37% | 3 | 1.67% | 3 | 2.24% |

注：N 爲有效樣本量

## 三、澳門民眾對自身身體健康的認知

此部分呈現澳門民眾對自身身體健康的認知。在第一部分呈現澳門民眾比較自己與同齡人身體健康情形、不同性別的澳門民眾比較自己與同齡人身體健康情形，以及不同年齡層的澳門民眾比較自己與同齡人身體健康情形。第二部分呈現澳門民眾比較自己今年與去年身體健康情形、不同性別的澳門民眾比較自己今年與去年身體健康情形，以及不同年齡層的澳門民眾比較自己今年與去年身體健康情形。第三部分呈現澳門民眾認知自己的整體身體健康情形、不同性別的澳門民眾認知自己的整體身體健康情形，以及不同年齡層的澳門民眾認知自己的整體身體健康情形。第四部分呈現澳門民眾身體不適的情形、不同性別的澳門民眾身體不適的情形，以及不同年齡層的澳門民眾身體不適的情形。

### （一）澳門民眾比較自己與同齡人身體健康情形

根據表 7-1-4 的結果顯示，總體來看，約有 47% 的澳門民眾認為自身健康情況和同齡人差不多；高於 33% 的澳門民眾認為自身健康情況比同齡人好；僅約 13.65% 的澳門民眾認為自身健康情況比同齡人差。

表 7-1-4　澳門民眾比較自己與同齡人身體健康情形

| 比較情形 | 人數 | 比例（%） |
|---|---|---|
| 比同齡人好很多 | 179 | 5.13% |
| 比同齡人好 | 1,155 | 33.11% |
| 跟同齡人差不多 | 1,636 | 46.90% |
| 比同齡人差 | 476 | 13.65% |
| 比同齡人差很多 | 42 | 1.21% |

（有效樣本量：3,488）

　　根據表 7-1-5 的結果顯示，總體來看，約有 3% 的澳門民眾認為自身的身體健康情況極好；約有 16% 的澳門民眾認為自身的身體健康情況很好；約有 36% 的澳門民眾認為自身的身體健康情況好；約有 35% 的澳門民眾認為自身的身體健康情況一般；約有 9% 的澳門民眾認為自身的身體健康情況差。

表 7-1-5　澳門民眾針對自己整體身體健康情形的認知

| 自我認知 | 人數 | 比例（%） |
|---|---|---|
| 認為自己身體健康狀況極好 | 116 | 3.33% |
| 認為自己身體健康狀況很好 | 566 | 16.26% |
| 認為自己身體健康狀況好 | 1,239 | 35.58% |
| 認為自己身體健康狀況一般 | 1,231 | 35.35% |
| 認為自己身體健康狀況差 | 330 | 9.48% |

（有效樣本量：3,482）

　　表 7-1-6 顯示了不同性別的澳門民眾認知自己整體的身體健康情形。在男性方面，約有 4% 的澳門民眾認為自身的身體健康情況極好；約有 16% 的澳門民眾認為自身的身體健康情況很好；約有 38% 的澳門民眾認為自身的身體健康情況好；約有 34% 的澳門民眾認為自身的身體健康情況一般；約有 8% 的澳門民眾認為自身的身體健康情況差。在女性方面，約有 3% 的澳門民眾認為自身的身體健康情況極好；約有 17% 的澳門民眾認為自身的身體健康情

況很好；約有 34% 的澳門民眾認為自身的身體健康情況好；約有
36% 的澳門民眾認為自身的身體健康情況一般；約有 11% 的澳門
民眾認為自身的身體健康情況差。

表 7-1-6　不同性別的澳門民眾認知自己的身體健康情形

| 年齡<br>自我認知 | 男性 | | 女性 | |
|---|---|---|---|---|
| | 人數<br>(N=1,657) | 比例<br>(%) | 人數<br>(N=1,829) | 比例<br>(%) |
| 認為自己身體健康狀況極好 | 66 | 3.98% | 50 | 2.74% |
| 認為自己身體健康狀況很好 | 263 | 15.87% | 303 | 16.60% |
| 認為自己身體健康狀況好 | 626 | 37.78% | 613 | 33.59% |
| 認為自己身體健康狀況一般 | 568 | 34.28% | 663 | 36.33% |
| 認為自己身體健康狀況差 | 134 | 8.09% | 196 | 10.74% |

注：N 為有效樣本

　　表 7-1-7 顯示了不同年齡層的澳門民眾認知自己的整體身體健
康情形。分析發現在 19 歲以下的澳門民眾中，約有 7% 認為自身
的身體健康情況極好；約有 24% 認為自身的身體健康情況很好；
約有 37% 認為自身的身體健康情況好，約有 29% 認為自身的身體
健康情況一般，約有 3% 認為自身的身體健康情況差。在 20 至 29
歲的澳門民眾中，約有 5% 認為自身的身體健康情況極好；約有
20% 認為自身的身體健康情況很好；約有 37% 認為自身的身體健
康情況好，約有 33% 認為自身的身體健康情況一般，約有 4% 認
為自身的身體健康情況差。在 30 至 39 歲的澳門民眾中，約有 4%
認為自身的身體健康情況極好；約有 16% 認為自身的身體健康情
況很好；約有 36% 認為自身的身體健康情況好，約有 36% 認為自
身的身體健康情況一般，約有 8% 認為自身的身體健康情況差。

在 40 至 49 歲的澳門民眾中，約有 4% 認為自身的身體健康情況極好；約有 18% 認為自身的身體健康情況很好；約有 33% 認為自身的身體健康情況好，約有 35% 認為自身的身體健康情況一般，約有 10% 認為自身的身體健康情況差。在 50 至 59 歲的澳門民眾中，約有 1% 認為自身的身體健康情況極好；約有 14% 認為自身的身體健康情況很好；約有 36% 認為自身的身體健康情況好，約有 38% 認為自身的身體健康情況一般，約有 10% 認為自身的身體健康情況差。在 60 至 69 歲的澳門民眾中，約有 1% 認為自身的身體健康情況極好；約有 12% 認為自身的身體健康情況很好；約有 34% 認為自身的身體健康情況好，約有 40% 認為自身的身體健康情況一般，約有 14% 認為自身的身體健康情況差。在 70 歲以上的澳門民眾中，約有 1% 認為自身的身體健康情況極好；約有 10% 認為自身的身體健康情況很好；約有 37% 認為自身的身體健康情況好，約有 32% 認為自身的身體健康情況一般，約有 20% 認為自身的身體健康情況差。

表 7-1-7　不同年齡的澳門民眾認知自己的身體健康情形

| 年齡　　　　　身體健康情形 | 19 歲以下 (N=156) | | 20-29 歲 (N=743) | | 30-39 歲 (N=650) | |
|---|---|---|---|---|---|---|
| | 人數 | 比例 (%) | 人數 | 比例 (%) | 人數 | 比例 (%) |
| 認為自己身體健康狀況極好 | 11 | 7.05% | 40 | 5.38% | 28 | 4.31% |
| 認為自己身體健康狀況很好 | 38 | 24.36% | 151 | 20.32% | 103 | 15.9% |
| 認為自己身體健康狀況好 | 57 | 36.54% | 276 | 37.15% | 235 | 36% |
| 認為自己身體健康狀況一般 | 46 | 29.49% | 246 | 33.11% | 233 | 36% |
| 認為自己身體健康狀況差 | 4 | 2.56% | 30 | 4.04% | 51 | 8% |

（續表 7-1-7）

| 年齡<br>身體健康情形 | 40-49 歲<br>(N=543) | | 50-59 歲<br>(N=623) | | 60-69 歲<br>(N=458) | |
|---|---|---|---|---|---|---|
| | 人數 | 比例<br>(%) | 人數 | 比例<br>(%) | 人數 | 比例<br>(%) |
| 認為自己身體健康狀況極好 | 20 | 3.68% | 8 | 1.28% | 5 | 1.09% |
| 認為自己身體健康狀況很好 | 100 | 18.42% | 89 | 14.29% | 54 | 11.79% |
| 認為自己身體健康狀況好 | 177 | 32.60% | 226 | 36.28% | 155 | 33.84% |
| 認為自己身體健康狀況一般 | 190 | 34.99% | 235 | 37.72% | 181 | 39.52% |
| 認為自己身體健康狀況差 | 56 | 10.31% | 65 | 10.43% | 63 | 13.76% |

| 年齡<br>身體健康情形 | 70 歲以上<br>(N=309) | |
|---|---|---|
| | 人數 | 比例<br>(%) |
| 認為自己身體健康狀況極好 | 4 | 1.30% |
| 認為自己身體健康狀況很好 | 31 | 10.03% |
| 認為自己身體健康狀況好 | 113 | 36.57% |
| 認為自己身體健康狀況一般 | 100 | 32.36% |
| 認為自己身體健康狀況差 | 61 | 19.74% |

注：N 為有效樣本量

根據表 7-1-8 的結果顯示，總體來看，約有 20% 的澳門民眾在過去一個月有身體不適的情形。

表 7-1-8 澳門民眾過去一個月身體不適的情形

| 有無身體不適 | 人數 | 比例（%） |
|---|---|---|
| 過去一個月有身體不適的情形 | 688 | 19.71% |
| 過去一個月無身體不適的情形 | 2,802 | 80.29% |

（有效樣本量：3,490）

表 7-1-9 顯示了不同性別的澳門民眾在過去一個月有身體不適的情形。在男性方面，約有 17% 的澳門民眾在過去一個月有身體不適的情形。在女性方面，約有 22% 在過去一個月有身體不適的情形。

表 7-1-9 不同性別的澳門民眾過去一個月身體不適的情形

| 年齡　　　　　　有無身體不適 | 男性 | | 女性 | |
|---|---|---|---|---|
| | 人數<br>（N = 1,661） | 比例<br>（%） | 人數<br>（N = 1,829） | 比例<br>（%） |
| 有身體不適的情形 | 282 | 16.98% | 406 | 22.2% |
| 無有身體不適的情形 | 1,379 | 83.02% | 1,423 | 77.8% |

注：N 為有效樣本量

表 7-1-10 顯示了不同年齡層的澳門民眾在過去一個月有身體不適的情形。分析發現在 19 歲以下的澳門民眾中，超過 20% 的民眾在過去一個月有身體不適的情形。在 20 至 29 歲的澳門民眾中，約 14% 的民眾在過去一個月有身體不適的情形。在 30 至 39 歲的澳門民眾中，約 19% 在過去一個月有身體不適的情形。在 40 至 49 歲的澳門民眾中，超過 15% 的民眾在過去一個月有身體不適的情形。在 50 至 59 歲的澳門民眾中，超過 21% 的民眾在過去一個月有身體不適的情形。在 60 至 69 歲的澳門民眾中，約 29% 在過去一個月有身體不適的情形。在 70 歲以上的澳門民眾中，約 26% 在過去一個月有身體不適的情形。

表 7-1-10　不同年齡的澳門民眾過去一個月身體不適的情形

| 年齡 | 19 歲以下 (N=157) | | 20-29 歲 (N=742) | | 30-39 歲 (N=652) | | 40-49 歲 (N=545) | |
|---|---|---|---|---|---|---|---|---|
| 情形 | 人數 | 比例 (%) | 人數 | 比例 (%) | 人數 | 比例 (%) | 人數 | 比例 (%) |
| 有 | 32 | 20.38 | 103 | 13.88 | 122 | 18.71 | 83 | 15.23 |
| 無 | 125 | 79.62 | 639 | 86.12 | 530 | 81.29 | 462 | 84.77 |

| 年齡 | 50-59 歲 (N=624) | | 60-69 歲 (N=460) | | 70 歲以上 (N=310) | |
|---|---|---|---|---|---|---|
| 情形 | 人數 | 比例 (%) | 人數 | 比例 (%) | 人數 | 比例 (%) |
| 有 | 134 | 21.47 | 133 | 28.91 | 81 | 26.13 |
| 無 | 490 | 78.53 | 327 | 71.09 | 229 | 73.87 |

注：N 爲有效樣本量

## 四、澳門民眾的就醫情形

### （一）澳門民眾過去一個月因身體不適去看醫生的情形

　　根據表 7-1-11 的結果顯示，總體來看，約有 15% 的澳門民眾在過去一個月有因身體不適去看醫生的情形。

表 7-1-11　澳門民眾過去一個月因身體不適去看醫生的情形

| 過去一個月的身體狀況 | 人數 | 比例（%） |
|---|---|---|
| 過去一個月有因為身體不適而去看醫生 | 513 | 14.7% |
| 過去一個月無因為身體不適去看醫生 | 2,977 | 85.3% |

（有效樣本量：3,490）

　　表 7-1-12 顯示了不同性別的澳門民眾在過去一個月因身體不適去看醫生的情形。在男性方面，約有 13% 的澳門民眾因身體不

適去看醫生。在女性方面，約有 17% 在過去一個月因身體不適去看醫生。

表 7-1-12　不同性別的澳門民眾過去一個月因身體不適去看醫生的情形

| 性別<br>情形 | 男性 | | 女性 | |
|---|---|---|---|---|
| | 人數<br>(N = 1,661) | 比例<br>(%) | 人數<br>(N = 1,829) | 比例<br>(%) |
| 有 | 209 | 12.58% | 304 | 16.62% |
| 無 | 1,452 | 87.42% | 1,525 | 83.38% |

注：N 為有效樣本量

表 7-1-13　不同年齡層的澳門民眾過去一個月因身體不適去看醫生的情形

| 年齡<br>情形 | 19 歲以下<br>(N=157) | | 20-29 歲<br>(N=742) | | 30-39 歲<br>(N=652) | | 40-49 歲<br>(N=545) | |
|---|---|---|---|---|---|---|---|---|
| | 人數 | 比例 (%) | 人數 | 比例 (%) | 人數 | 比例 (%) | 人數 | 比例 (%) |
| 有 | 21 | 13.38% | 69 | 9.30% | 96 | 14.72% | 54 | 9.91% |
| 無 | 136 | 86.62% | 673 | 90.70% | 556 | 85.28% | 491 | 90.09% |

| 年齡<br>情形 | 50-59 歲<br>(N=624) | | 60-69 歲<br>(N=460) | | 70 歲以上<br>(N=310) | |
|---|---|---|---|---|---|---|
| | 人數 | 比例 (%) | 人數 | 比例 (%) | 人數 | 比例 (%) |
| 有 | 106 | 16.99% | 99 | 21.52% | 68 | 21.94% |
| 無 | 518 | 83.01% | 361 | 78.48% | 242 | 78.06% |

注：N 為有效樣本量

　　表 7-1-13 顯示了不同年齡層的澳門民眾在過去一個月因身體不適而就醫的情形。分析發現在 19 歲以下的澳門民眾中，超過 13% 的民眾在過去一個月因身體不適而就醫。在 20 至 29 歲的澳

門民眾中，超過 9% 的民眾在過去一個月因身體不適而就醫。在
30 至 39 歲的澳門民眾中，約有 15% 在過去一個月因身體不適而
就醫。在 40 至 49 歲的澳門民眾中，約有 10% 的民眾在過去一個
月因身體不適而就醫。在 50 至 59 歲的澳門民眾中，約有 17% 的
民眾在過去一個月因身體不適而就醫。在 60 至 69 歲的澳門民眾
中，約有 22% 在過去一個月因身體不適而就醫。在 70 歲以上的澳
門民眾中，約有 22% 在過去一個月因身體不適而就醫。

## （二）澳門民眾過去一年住院的情形

　　表 7-1-14 顯示了不同性別的澳門民眾在過去一個月因身體不
適去看醫生的情形。綜合而論，約有 5% 的澳門民眾在過去一年曾
住院。

表 7-1-14　澳門民眾過去一年住院的情形

| 住院情形 | 人數 | 比例（%） |
|---|---|---|
| 過去一年住過院 | 165 | 4.7% |
| 過去一年沒住過院 | 3,316 | 95.3% |

（有效樣本量：3,481）

## （三）澳門民眾過去一年住院的次數

　　表 7-1-15 顯示了澳門民眾過去一年住院的次數。僅有 159 位
澳門民眾回答了此問題。在回答此問題的民眾中，約有 77% 的民
眾在過去一年曾住院一次，且約有 14% 的民眾在過去一年曾住院
兩次。

表 7-1-15　澳門民眾過去一年住院的次數

| 澳門民眾過去一年住院的次數 | 人數 | 比例（%） |
|:---:|:---:|:---:|
| 一次 | 122 | 76.72% |
| 二次 | 23 | 14.47% |
| 三次 | 9 | 5.67% |
| 四次 | 2 | 1.25% |
| 五次以上 | 3 | 1.89% |

（有效樣本量：159）

## （四）澳門民眾曾被診斷出的疾病

　　表 7-1-16 顯示了澳門民眾曾被診斷出的疾病。綜合而論，在受訪者中，有 364 人曾被診斷患有高血壓；223 人曾被診斷膽固醇過高；128 人曾被診斷患有關節炎；110 人曾被診斷患有糖尿病；58 人曾被診斷患有眼疾；52 人曾被診斷患有癌症；49 人曾被診斷患有心臟病；24 人曾被診斷患有老人痴呆症；11 人曾被診斷患有哮喘；且有 9 人曾被診斷患有中風。

表 7-1-16　澳門民眾曾被診斷出的疾病

| 病類 | 人數 |
|:---:|:---:|
| 高血壓 | 364 |
| 膽固醇過高 | 223 |
| 關節炎 | 128 |
| 糖尿病 | 110 |
| 眼疾 | 58 |
| 癌症 | 52 |
| 心臟病 | 49 |
| 老人痴呆症 | 24 |

（續表 7-1-16）

| 病類 | 人數 |
|---|---|
| 哮喘 | 11 |
| 中風 | 9 |

　　表 7-1-17 顯示了不同性別的澳門民眾曾被診斷出的疾病。在受訪者中，曾被診斷患有高血壓、關節炎、糖尿病、眼疾、癌症、心臟病與老人痴呆症的女性較男性人數多。男性部分，則是曾被診斷膽固醇過高、哮喘與中風的人數較女性受訪者多。

表 7-1-17　不同性別的澳門民眾曾被診斷出的疾病（單位：人）

| 疾病<br>性別 | 癌症<br>(N=52) | 心臟病<br>(N=49) | 老人痴呆症<br>(N=24) | 哮喘<br>(N=11) | 中風<br>(N=9) |
|---|---|---|---|---|---|
| 男 | 24 | 11 | 11 | 7 | 5 |
| 女 | 48 | 38 | 13 | 4 | 4 |

| 疾病<br>性別 | 高血壓<br>(N=364) | 膽固醇過高<br>(N=223) | 關節炎<br>(N=128) | 糖尿病<br>(N=110) | 眼疾<br>(N=58) |
|---|---|---|---|---|---|
| 男 | 171 | 117 | 36 | 41 | 18 |
| 女 | 193 | 106 | 92 | 69 | 40 |

注：N 為有效樣本量

　　表 7-1-18 顯示了不同年齡層的澳門民眾曾被診斷出的疾病。分析發現在受訪者中，曾被診斷患有高血壓人數最多的年齡層在60-69 歲，其次為 50-59 歲。曾被診斷患有膽固醇過高人數最多的年齡層在 60-69 歲，其次為 50-59 歲。曾被診斷患有關節炎人數最多的年齡層在 50-59 歲，其次為 60-69 歲。曾被診斷患有糖尿病人數最多的年齡層在 60-69 歲，其次為 70 歲以上。曾被診斷患有眼疾人數最多的年齡層在 70 歲以上，其次為 60-69 歲。曾被診斷患

有癌症人數最多的年齡層在 60-69 歲，其次為 30-39 歲。曾被診斷患有心臟病人數最多的年齡層在 70 歲以上，其次為 50-59 歲。曾被診斷患有老人痴呆症人數最多的年齡層在 50-59 歲。曾被診斷患有哮喘人數最多的年齡層在 20-29 歲。而曾被診斷患有中風人數最多的年齡層在 50-59 歲。

表 7-1-18　不同年齡層的澳門民眾曾被診斷出的疾病（單位：人）

| 疾病 ＼ 年齡 | 高血壓 (N=364) | 膽固醇過高 (N=223) | 關節炎 (N=128) | 糖尿病 (N=110) | 眼疾 (N=58) |
|---|---|---|---|---|---|
| 19 歲以下 | 0 | 1 | 1 | 0 | 0 |
| 20-29 歲 | 19 | 15 | 7 | 4 | 4 |
| 30-39 歲 | 25 | 18 | 8 | 6 | 1 |
| 40-49 歲 | 29 | 31 | 13 | 6 | 4 |
| 50-59 歲 | 90 | 59 | 38 | 20 | 13 |
| 60-69 歲 | 122 | 67 | 36 | 42 | 15 |
| 70 歲以上 | 79 | 32 | 25 | 32 | 21 |
| 疾病 ＼ 年齡 | 癌症 (N=52) | 心臟病 (N=49) | 老人痴呆症 (N=24) | 哮喘 (N=11) | 中風 (N=9) |
| 19 歲以下 | 0 | 0 | 0 | 2 | 0 |
| 20-29 歲 | 10 | 1 | 5 | 5 | 2 |
| 30-39 歲 | 12 | 3 | 5 | 1 | 0 |
| 40-49 歲 | 6 | 2 | 4 | 1 | 0 |
| 50-59 歲 | 4 | 9 | 7 | 1 | 4 |
| 60-69 歲 | 14 | 7 | 3 | 1 | 2 |
| 70 歲以上 | 6 | 27 | 0 | 0 | 1 |

注：N 為有效樣本量

## 五、小結

　　由此節的分析結果得知，在澳門民眾的體重方面，總體來看，半數以上的澳門民眾體重適中；高於 15% 的澳門民眾有體重過輕的問題；大約 19% 的民眾體重約略高於一般標準；13% 以上的民眾有體重超重的問題；而 1.65% 的民眾有肥胖的問題。在澳門民眾比較自己與同齡人身體健康情形方面，總體來看，約有 47% 的澳門民眾認為自身健康情況和同齡人差不多；高於 33% 的澳門民眾認為自身健康情況比同齡人好；僅約 13.65% 的澳門民眾認為自身健康情況比同齡人差。在澳門民眾比較自己今年與去年身體健康情形方面，總體來看，超過半數的澳門民眾認為今年的身體健康和去年差不多；約 22% 的澳門民眾認為自身健康情況比去年好；而大約 21% 的澳門民眾認為自身健康情況比去年差。

　　在澳門民眾評估自身身體健康方面，總體來看，約有 3% 的澳門民眾認為自身的身體健康情況極好；約有 15% 的澳門民眾認為自身的身體健康情況很好；約有 36% 的澳門民眾認為自身的身體健康情況好；約有 35% 的澳門民眾認為自身的身體健康情況一般；約有 9% 的澳門民眾認為自身的身體健康情況差。在澳門民眾評估自身身體不適的結果顯示，總體來看，約有 20% 的澳門民眾在過去一個月有身體不適的情形，而約有 15% 的澳門民眾在過去一個月有因身體不適去看醫生的情形。

　　在澳門民眾曾被診斷出的疾病分析中發現，在受訪者中，曾被診斷患有高血壓、關節炎、糖尿病、眼疾、癌症、心臟病與老人痴呆症的女性較男性人數多。男性部分，則是曾被診斷膽固醇過高、哮喘與中風的人數較女性受訪者多。除此之外，在受訪者中，曾被診斷患有眼疾、心臟病人數最多的年齡層為 70 歲以上。曾被診斷患有高血壓、膽固醇過高、糖尿病、癌症人數最多的年

齡層為 60-69 歲。曾被診斷患有關節炎、老人痴呆症與中風人數最多的年齡層為 50-59 歲。曾被診斷患有哮喘人數最多的年齡層為 20-29 歲。

## 第二節　心理衛生

　　心理衛生（Mental Health），根據世界衛生組織的定義，「是指一種健康狀態，在這種狀態中，每個人能夠認識到自己的潛力，能夠應付正常的生活壓力，能夠有成效地從事工作，並能夠對其社區作貢獻」（World Health Organization, 2019）。因此，心理衛生並不只是缺乏抑鬱和焦慮等心理疾病症狀，更重要的是，它代表了對生活的熱愛和滿足。本節採用世界衛生組織這一廣義的定義，從幸福感和生活滿意度兩個方面探討澳門居民的心理衛生。

### 一、主觀幸福指標

　　主觀幸福指標（Subjective Happiness Scale）（Lyubomirsky & Lepper, 1999）是一個簡單易用的評估心理衛生的量表，它的效度和信度已得到廣泛的驗證。該量表由四個問題組成，詢問受訪者在總體上是否認為自己：

　　1. 是一個非常開心的人；

　　2. 比同年齡的人更開心；

　　3. 無論遇到什麼事情，都能夠享受生命，獲得精采；

　　4. 雖然達不到抑鬱，從來也不表現得特別開心。

　　在每個問題上，受訪者需要在 1 和 7 之間選擇一個值，1 代表著對問題的完全不贊同，7 代表著對問題的完全贊同。表 7-2-1 列舉了四個問題各自的平均值。如表所示，前三個問題的平均值均

高於 5，說明澳門居民的心境傾向於樂觀。最後一個問題的平均值是 3，但因為在這個問題使用的是逆向碼，數值愈小代表著受訪者愈開心，因此，這個問題的平均值所表達的意思與前三個問題一致，即澳門居民的心理狀態整體上趨向開心。

表 7-2-1　主觀幸福指標量表平均值

| 總體而言，認為自己 | 最小值 | 最大值 | 平均值 |
|---|---|---|---|
| 是一個非常開心的人 | 1 | 7 | 5.30 |
| 我認為我比同年齡的人更開心 | 1 | 7 | 5.09 |
| 無論遇到什麼事情，我都能夠享受生命，獲得精采 | 1 | 7 | 5.20 |
| 雖然達不到抑鬱，我從來也不表現得特別開心（逆向碼） | 1 | 7 | 3.09 |

　　主觀幸福指標總值由這四個問題的得分的平均值構成。因為最後一個問題的取向不同，計算平均值時使用的是它的逆向碼。由這四個問題組成的主觀幸福指標為 4.60，也處於中等偏上水準，說明澳門居民擁有較高幸福感。

　　以前有些研究也用同樣的量表衡量主觀幸福，不過使用的樣本均來自別的國家。Lyubomirsky & Lepper（1999）列舉了 10 項在美國高中和大學進行的研究，所得出的主觀幸福指標介於 4.63 與5.13 之間。另外三項在美國成人中的進行的研究中得出的主觀幸福指標為 4.80、5.62 和 5.62。一項由俄國成年人參與的研究得出的主觀幸福指標為 4.02。相比之下，澳門居民的主觀幸福指標介於俄國人和美國人之間。但是也應當看到，Lyubomirsky & Lepper提到的那十幾項研究所使用的樣本都比較小，而且研究的時間比較早，不完全具備可比性。

## 二、生活滿意度

生活滿意度量表（Satisfaction with Life Scale）（Pavot & Diener, 1993）是另一個經常用來測量一般心理衛生的量表，由五個問題組成，包括「我滿意自己的生活」，「直到現在為止，我都能夠得到我在生活上希望擁有的重要東西」，「我的生活大致符合我的理想」，「我的生活狀況非常圓滿」，以及「如果我能重新活過，差不多沒有什麼東西我想改變」。在每個問題上，受訪者可以選擇切合自己的情況的以下七個答案中的任何一個：

1 = 非常不同意，2 = 不同意，3 = 有一點不同意，4 = 中立，5 = 有一點同意，6 = 同意，7 = 非常同意。

表 7-2-2 列舉了量表中五個問題的平均值。結果顯示，絕大多數平均值都在 5 左右，說明澳門居民總體上基本上滿意自己的生活。

表 7-2-2　生活滿意度量表平均值

| 幾分同意以下的話？ | 最小值 | 最大值 | 平均值 |
|---|---|---|---|
| 滿意自己的生活 | 1 | 7 | 5.26 |
| 能夠得到生活上希望的重要東西 | 1 | 7 | 4.98 |
| 生活大致符合理想 | 1 | 7 | 5.01 |
| 生活狀況非常圓滿 | 1 | 7 | 4.93 |
| 差不多沒有什麼東西需要改變 | 1 | 7 | 4.63 |

生活滿意度由五個問題的總得分決定，共分七個層次，包括：非常不滿意（總得分為 5-9），不滿意（10-14 分），少許不滿意（15-19 分），中立（20 分），少許滿意（21-25 分），滿意（26-

30 分），非常滿意（31-35 分）。表 7-2-3 展示了生活滿意度在澳門居民中的分布。如表所示，6.43% 的居民對自己的生活非常滿意，43.82% 的居民表示滿意，29.34% 的居民對生活少許滿意，5.70% 的居民表示中立，7.68% 的居民對生活少許不滿意，6.27% 的居民對自己的生活不滿意。對生活非常不滿意的居民也很少，只占 0.77%。

表 7-2-3　生活滿意度

| 生活滿意度 | 人數 | 百分比 |
|---|---|---|
| 非常滿意 | 223 | 6.43 |
| 滿意 | 1,519 | 43.82 |
| 少許滿意 | 1,017 | 29.34 |
| 中立 | 198 | 5.70 |
| 少許不滿意 | 266 | 7.68 |
| 不滿意 | 217 | 6.27 |
| 非常不滿意 | 27 | 0.77 |

　　總體上而言，澳門居民中有一半人對生活滿意或非常滿意，另外有近 30% 的人對生活少許滿意。這個結果和主觀幸福指標相似，說明澳門居民擁有比較高的總體心理衛生。

## 第三節　醫療服務和醫療保險

　　本節主要介紹澳門居民使用醫療服務和購買個人醫療保險概況。第一部分將介紹澳門的醫療服務，主要包括醫療服務體系概況，各類醫療服務所提供的具體服務和資源，進而結合 2016 年澳門社會調查的數據分析澳門居民主要就醫類型，從而瞭解澳門居民

對各類醫療服務使用情況。接著此部分將分析澳門居民選擇醫療服務的類型是否與其受教育程度、收入、社會經濟地位以及性別和年齡等因素相關。

本節第二部分將介紹澳門的醫療保險制度，並透過澳門 2016 年社會調查數據分析個人醫療保險在澳門居民中的普及情況，探索澳門居民購買個人醫療保險與其年齡、健康狀況、受教育程度、社會經濟地位、所在公司類型、雇主是否提供醫療保險等因素的關係。

## 一、醫療服務

### （一）澳門醫療服務體系概況

澳門政府一直貫徹「妥善醫療，預防優先」的衛生政策方針，致力於提升醫療服務的質量以保證澳門居民的健康。澳門的醫療事務主要由澳門政府衛生局、醫藥管理局和政府化驗所負責。澳門醫療服務體系主要分為公營和私營兩部分，兩者均扮演不可或缺的角色。澳門直到上世紀 80 年代才逐步確立以稅收為籌資來源、公營及私營混合型醫療衛生服務體系的基本框架。公營的醫療服務體系主要包括隸屬政府衛生局的仁伯爵醫院為中心，以及配合各區的政府衛生中心。私營的醫療網絡主要由鏡湖醫院、科大醫院和同善堂診所，以及一系列的私家診所構成。

澳門一共有 3 所主要的大型醫院（分別為仁伯爵醫院、鏡湖醫院和科大醫院）、8 個衛生中心、3 個衛生站以及超過 700 間私家診所為本地居民提供醫療服務（澳門衛生局，2018）。隸屬政府衛生局的仁伯爵醫院成立於 1874 年，主要負責急診服務、住院及專科門診。一般居民在此醫院就診需要付費，但可為以下居民提

供免費醫療服務：澳門公職人員、待產期婦女、貧困家庭、中小學生、65 歲以上老人、惡性腫瘤和精神病患者、囚犯、吸毒者。患有重、急、疑難病或者需作詳細檢察院查者才需到仁伯爵醫院就診，一般情況則在各區的衛生中心就診。澳門衛生局的衛生中心向所有澳門居民提供免費的醫療服務，澳門居民只需攜帶身份證（包括永久和臨時身份證）便可前往所屬區域的衛生中心就醫。衛生中心提供的主要服務有：醫療、保健、藥品、診斷和治療等輔助服務。而私立醫院和私家診所則需要付費就診，私立醫院設立了不同等級收費的病房，以滿足不同背景和需要的澳門居民。

## （二）澳門居民醫療服務使用情況

此部分透過對 2016 年澳門社會調查的數據分析澳門居民一般情況下去哪裡就醫，瞭解澳門居民主要使用的醫療服務類型。

表 7-3-1 顯示了澳門居民的就醫情況，在接受調查的居民中，超過一半（53.14%）的澳門居民選擇到政府診所就醫；其次為私家西醫診所，約有 35.64% 的澳門居民選擇到私家西醫診所接受醫療服務；另外，有約 4% 的澳門居民選擇去私家中醫診所就醫，也有 3.86% 選擇到中國內地或相關診所就醫。

表 7-3-1　澳門居民就醫情況

| 就醫類型 | 人數（有效樣本） | 比例（%） |
| --- | --- | --- |
| 政府診所 | 1,847（3,476） | 53.14 |
| 私家西醫診所 | 1,239（3,476） | 35.64 |
| 私家中醫診所 | 139（3,476） | 4.00 |
| 中國內地或香港的診所 | 134（3,476） | 3.86 |
| 其他 | 116（3,476） | 3.34 |

由此得出結論：大部分澳門居民選擇政府診所就醫，其次是私家西醫診所，少數居民選擇在私家中醫診所或中國內地或香港的診所就診。

## （三）醫療服務的使用與其他因素的交互作用

居民對醫療服務的選擇和使用會受到諸多因素的影響。例如：文獻表明語言和文化障礙、對醫療服務的認知、受教育程度、收入、經濟社會地位以及社會歧視都是影響居民選擇醫療服務的重要因素（Harari et al., 2008；Magalhaes, Carrasco & Gastaldo, 2010；Morales, Lara, Kington, Valdez & Escarce, 2002；World Health Organization, 2003）。在眾多因素中，受教育程度是影響居民選擇和使用醫療服務的最重要因素，因為教育可以透過傳播健康知識、增強人們對健康的重視、提高對醫療服務的認知，使得人們更充分地利用醫療服務資源。研究表明教育程度能夠改變人們對疾病的致病原因和治療方法看法，從而影響其對醫療服務的選擇和使用（Caldwell, 1979；Caldwell, Reddy & Caldwell, 1983）。除此之外，教育程度基本上決定了一個人收入和社會經濟地位，收入和社會經濟地位決定了支付能力，從而影響人們對醫療服務的選擇和使用（解，2009）。

利用現有的 2016 年澳門社會調查的數據，此部分將透過卡方檢驗分析受教育程度、收入、社會經濟地位因素與澳門居民就醫類型之間的關係，除此之外，我們也將探討不同性別和年齡階段的居民對就醫類型的選擇是否存在差異。

### 1. 就醫類型與教育程度交互關係

表 7-3-2 分析了就醫類型與教育程度的關係。結果顯示，澳門居民就醫類型與其受教育程度顯著相關（P = 0.000）。除從未受過

教育的群體和博士群體以外，政府診所和私家西醫診所是澳門居民首選的兩個就醫場所。從未受過教育的居民選擇到內地或香港診所就醫的比例最高，並且明顯高於其他教育程度組別，比例達到 66.67%，其次才是政府診所（33.33%）。博士群體與之情況不同，參加調查的博士居民中有 63.64% 選擇去私家西醫診所就醫，所占比例最高，其次選擇私家中醫診所，所占比例為 18.18%，只有 9.09% 的博士居民選擇到政府診所就醫，去內地或香港診所就醫的博士比例也為 9.09%。小學到碩士教育程度的居民情況大體相似，大部分會去政府診所就醫，其次選擇私家西醫診所。值得注意的是小學教育程度的居民選擇政府診所就醫的比例明顯高於其他組別，達到 64.95%。

表 7-3-2　就醫類型與教育程度交叉表

| 就醫類型 ＼ 教育程度 | 未受過教育人數（%） | 小學人數（%） | 初中人數（%） | 高中人數（%） | 專科人數（%） |
|---|---|---|---|---|---|
| 政府診所 | 3（33.33） | 302（64.95） | 472（58.85） | 338（45.25） | 64（44.76） |
| 私家西醫診所 | 0（0） | 114（24.52） | 239（29.80） | 327（43.78） | 47（32.87） |
| 私家中醫診所 | 0（0） | 25（5.38） | 37（4.61） | 24（3.21） | 5（3.50） |
| 中國內地或香港的診所 | 6（66.67） | 11（2.37） | 29（3.62） | 29（3.88） | 21（14.69） |
| 其他 | 0（0.0） | 13（2.80） | 25（3.12） | 29（3.88） | 6（4.20） |
| 有效樣本 | 9（100） | 465（100） | 802（100） | 747（100） | 143（100） |

| 就醫類型 ＼ 教育程度 | 大學人數（%） | 碩士人數（%） | 博士人數（%） | 其他人數（%） |
|---|---|---|---|---|
| 政府診所 | 443（47.03） | 51（48.57） | 1（9.09） | 2（100） |
| 私家西醫診所 | 408（43.31） | 44（41.90） | 7（63.64） | 0（0） |

(續表 7-3-2)

| 就醫類型 ＼ 教育程度 | 大學人數 (%) | 碩士人數 (%) | 博士人數 (%) | 其他人數 (%) |
|---|---|---|---|---|
| 私家中醫診所 | 29（3.08） | 2（1.90） | 2（18.18） | 0（0） |
| 中國內地或香港的診所 | 29（3.08） | 4（3.81） | 1（9.09） | 0（0） |
| 其他 | 33（3.50） | 4（3.81） | 0（0.00） | 0（00） |
| 有效樣本 | 942（100） | 105（100） | 11（100） | 2（100） |

$X^2 = 248.79$，$p = 0.000$

## 2. 就醫類型與月收入交互關係

表 7-3-3 分析了澳門居民就醫類型與月收入之間的關係。澳門居民月收入與其就醫類型存在顯著相關性（P=0.000）。從表格中可看出，除月收入 60,000 或以上澳門幣收入組別，其他收入組別的澳門居民絕大部分就醫場所為政府診所，其次為私家西醫診所，部分居民會選擇私家中醫診所。月收入在 60,000 澳門幣以上的受訪者有 3 人，他們則全部選擇到政府診所就醫，比例達到 100%。值得注意的是比起其他收入群體，月收入在 20,000 至 29,999 澳門幣之間的受訪者選擇私家西醫診所比例最高，達到 40.91%，明顯高於其他收入組別。月收入在 40,000 至 59,999 澳門幣之間的受訪者比起其他月收入群體更願意選擇私家中醫診所和中國內地或香港診所就醫，兩者所占比例分別都為 16.67%。

表 7-3-3　就醫類型與月收入交叉表

| 月收入<br><br>就醫<br>類型 | 少於<br>6,000<br>人數<br>(%) | 6,000-<br>9,999<br>人數<br>(%) | 10,000-<br>19,999<br>人數<br>(%) | 20,000-<br>29,999<br>人數<br>(%) | 30,000-<br>39,999<br>人數<br>(%) | 40,000-<br>59,999<br>人數<br>(%) | 60,000<br>或以上<br>人數<br>(%) |
|---|---|---|---|---|---|---|---|
| 政府<br>診所 | 615<br>(63.21) | 56<br>(48.28) | 41<br>(48.24) | 11<br>(50.00) | 4<br>(66.67) | 3<br>(50.00) | 3<br>(100) |
| 私家西<br>醫診所 | 260<br>(26.72) | 43<br>(37.07) | 24<br>(28.24) | 9<br>(40.91) | 2<br>(33.33) | 1<br>(16.67) | 0<br>(0.0) |
| 私家中<br>醫診所 | 30<br>(3.08) | 11<br>(9.48) | 13<br>(15.29) | 2<br>(9.09) | 0<br>(0.0) | 1<br>(16.67) | 0<br>(0.0) |
| 中國<br>內地或<br>香港的<br>診所 | 41<br>(4.21) | 4<br>(3.45) | 4<br>(4.71) | 0<br>(0.0) | 0<br>(0.0) | 1<br>(16.67) | 0<br>(0.0) |
| 其他 | 27<br>(2.77) | 2<br>(1.72) | 3<br>(3.53) | 0<br>(0.0) | 0<br>(0.0) | 0<br>(0.0) | 0<br>(0.0) |
| 有效<br>樣本 | 973<br>(100) | 116<br>(100) | 85<br>(100) | 22<br>(100) | 6<br>(100) | 6<br>(100) | 3<br>(100) |

$X^2 = 53.84$，$p = 0.000$

### 3. 就醫類型與社會經濟地位交互關係

　　表 7-3-4 分析了澳門居民就醫類型與社會經濟地位之間的關係。社會經濟地位是指個體在社會群體中的受教育程度，以經濟收入水準及職業特點為衡量標準的綜合狀態。我們透過詢問受訪者與他同齡人相比，自認為自己所處的社會經濟地位來瞭解其所處的社會階層。透過分析，我們發現澳門居民就醫類型與其社會經濟地位顯著相關（P = 0.000），由表格所知，政府診所和私家西醫診所對所有階層來講依舊是吸引力最大的就醫場所，不同的是下層社會經濟地位的澳門居民選擇政府診所的比例明顯高於其他幾個階層，所占比例達到了 62.05%，而其他階層去政府診所就醫的比例約

在 50% 左右。中上層居民去私家西醫診所就醫的比率比其他階層高，受訪者中 40.76% 的中上層居民選擇去私家西醫診所就醫，而上層和下層的居民選擇私家西醫診所的比例最低，分別為 22.22% 和 23.9%。上層居民選擇私家中醫診所的比例明顯高於其他階層，達到 11.11%，各階層選擇到中國內地或香港診所就醫的比例則差別不大。

表 7-3-4　就醫類型與社會經濟地位交叉表

| 社會經濟地位　就醫類型 | 上層人數（%） | 中上層人數（%） | 中層人數（%） | 中下層人數（%） | 下層人數（%） |
|---|---|---|---|---|---|
| 政府診所 | 5（55.56） | 83（45.11） | 632（51.26） | 400（51.15） | 309（62.05） |
| 私家西醫診所 | 2（22.22） | 75（40.76） | 461（37.39） | 298（38.11） | 119（23.90） |
| 私家中醫診所 | 1（11.11） | 7（3.80） | 44（3.57） | 30（3.84） | 19（3.82） |
| 中國內地或香港的診所 | 0（0.0） | 10（5.43） | 54（4.38） | 29（3.71） | 29（5.82） |
| 其他 | 1（11.11） | 9（4.89） | 42（3.41） | 25（3.20） | 22（4.42） |
| 有效樣本 | 9（100） | 184（100） | 1,233（100） | 782（100） | 498（100） |

$X^2 = 43.55$，$p = 0.000$

### 4. 就醫類型與性別交互關係

表 7-3-5 顯示了澳門居民就醫類型與性別的關係，結果顯示兩者存在顯著相關性（$P = 0.008$）。女性比男性更傾向於選擇政府診所和私家中醫診所就醫，女性在這兩地就醫的比例分別為 54.06% 和 4.79%，男性為 52.17% 和 2.8%；與女性相比，男性則更傾向於選擇私家西醫診所和中國內地或香港的診所，人數比例分別為 36.87% 和 4.41%，而女性在這兩地就醫的比例分別為 34.52% 和 3.67%。

表 7-3-5 　就醫類型與性別交叉表

| 就醫類型 | 性別 男性人數（%） | 女性人數（%） |
|---|---|---|
| 政府診所 | 876（52.17） | 971（54.06） |
| 私家西醫診所 | 619（36.87） | 620（34.52） |
| 私家中醫診所 | 47（2.80） | 86（4.79） |
| 中國內地或香港的診所 | 74（4.41） | 66（3.67） |
| 其他 | 63（3.75） | 53（2.95） |
| 有效樣本 | 1,679（100） | 1,796（100） |

$X^2 = 13.72$，$p = 0.008$

### 5. 就醫類型與年齡交互關係

　　由表 7-3-6 的分析所知，除 19 歲以下和 20-29 歲年齡層的居民，對大多數年齡階段的居民而言，政府診所仍舊是就醫的首選場所，其次是私家西醫診所。政府診所對 70 歲以上的澳門居民吸引力最大，70 歲以上的澳門居民有 76.42% 選擇去政府診所就醫，比例大於其他組別；隨著年齡下降，選擇去政府診所就醫的比例逐漸下降，19 歲以下的澳門居民去政府診所就診的比例僅達 34.84%。年齡愈小的居民愈容易選擇去私家西醫診所就醫，該表顯示 19 歲以下及 20-29 歲年齡層的居民去私家西醫診所就診的比例分別為 52.9% 和 46.9%，超過了兩組去政府診所的比例（分別為 34.84% 和 44.47%），而 60-69 歲以及 70 歲以上的居民選擇去私家西醫診所的比例最低，分別為 23.63% 和 18.7%。19 歲以下澳門居民去私家中醫診所就診的比例同樣也高於其他組別，達 5.81%，而 70 歲以上居民選擇私家中醫診所的比例最低，僅為 2.85%。中國內地或香港診所則對 30-39 歲澳門居民吸引力最大，該組別中有 4.77% 選擇到內地或香港診所就診。

表 7-3-6　就醫類型與年齡交叉表

| 就醫類型＼年齡 | 19 歲以下人數 (%) | 20-29 歲人數 (%) | 30-39 歲人數 (%) | 40-49 歲人數 (%) |
|---|---|---|---|---|
| 政府診所 | 54（34.84） | 330（44.47） | 308（47.38） | 276（50.74） |
| 私家西醫診所 | 82（52.90） | 348（46.90） | 256（39.38） | 195（35.85） |
| 私家中醫診所 | 9（5.81） | 23（3.10） | 31（4.77） | 18（3.31） |
| 中國內地或香港的診所 | 5（3.23） | 20（2.70） | 31（4.77） | 24（4.41） |
| 其他 | 5（3.23） | 21（2.83） | 24（3.69） | 31（5.70） |
| 有效樣本 | 155（100） | 742（100） | 650（100） | 544（100） |

| 就醫類型＼年齡 | 50-59 歲人數 (%) | 60-69 歲人數 (%) | 70 歲以上人數 (%) |
|---|---|---|---|
| 政府診所 | 339（54.41） | 305（66.74） | 188（76.42） |
| 私家西醫診所 | 230（36.92） | 108（23.63） | 46（18.70） |
| 私家中醫診所 | 30（4.82） | 22（4.81） | 7（2.85） |
| 中國內地或香港的診所 | 9（1.44） | 17（3.72） | 4（1.63） |
| 其他 | 15（2.41） | 5（1.09） | 1（0.41） |
| 有效樣本 | 623（100） | 457（100） | 246（100） |

$X^2 = 193.80$，$p = 0.000$

## 二、醫療保險

### （一）澳門醫療保險制度概況

　　世界主要國家實行的醫療保險制度主要分為三大類，第一類是以美國為代表的私人保險制度，個人主要承擔醫療保險費用；第二類是以英國、加拿大和香港為代表的國家醫療保險制度，由政府向

居民提供免費醫療服務；第三類是以法國、德國為代表的國家保險和私人保險相結合的保險制度，由雇主和雇員共同承擔國民醫療費用，政府適當補貼。

澳門 1999 年回歸中國之前由澳門由葡萄牙統治了四百多年，葡萄牙在澳門實行的是第三類醫療保險制度，澳門回歸祖國之後一直沿用之前的醫療保障政策，即實行的是以政府為主導，結合雇主和私人保險三方面共同發展的綜合性醫療保險制度。一方面政府為居民提供免費醫療服務，如各區成立的衛生中心免費為澳門市民服務，以及仁伯爵醫院為特殊群體提供免費醫療服務；政府也從私營機構手中購買服務、為居民發放醫療津貼，例如：從 2009 年起，澳門政府開始推行醫療補貼計畫，每年向每名澳門永久性居民發放 600 澳門幣的醫療券，以此提高市民的健康意識，減輕居民的醫療負擔。另一方面雇主為雇員購買一定數額的社會保險，包括：醫療、牙科、子女教育津貼、住房津貼等。

雖然澳門政府提供了較為全面的醫療保險體系，但是目前仍然有較多澳門居民尚未獲得足夠的醫療保障（劉，2016）。要提高澳門醫療服務質量和醫療保障覆蓋率，採用公共籌資和私人籌資相結合的方式是非常重要的。因此私人醫療保險在醫療體系當中也扮演著重要角色。

（二）澳門居民購買私人醫療保險情況

該部分將分析澳門居民購買個人或私人醫療保險的情況，主要目的在於瞭解個人醫療保險在澳門居民中的普及情況。透過 2016 年澳門社會調查的數據分析受訪者在過去的 12 個月內是否購買個人醫療保險或私人醫療保險（不包括由雇主提供的醫療保險）。

由表格 7-3-7 所知，有 79.24% 的受訪者在過去一個月沒有購

買個人醫療保險,而購買了個人醫療保險的受訪者只占 20.76%,由此可知大部分澳門居民沒有購買個人醫療保險,私人醫療保險在澳門居民中的普及率較低。

表 7-3-7　澳門居民購買個人醫療保險情況

| 是否購買個人醫療保險 | 人數(有效樣本) | 比例(%) |
|---|---|---|
| 是 | 725(3,493) | 20.76 |
| 否 | 2,768(3,493) | 79.24 |

### (三)醫療保險與其他因素的交互作用

居民購買個人醫療保險的意願會受到一系列因素的影響。文獻表明年齡、受教育程度、社會經濟地位、政府或雇主提供的社會保障及福利、健康狀況都會影響個人購買私人醫療保險的內在動機。有研究指出,年齡是影響私人保險發展的一個重要因素,隨著年齡的增長,人們購買私人保險的動機也會增強(Liu & Wang, 2012;Xu, Zhang & Ji, 2013)。Qiu(2012)的研究還發現健康狀況也會影響居民購買私人保險的動機,健康狀況良好的人更願意購買私人保險。除此之外,社會經濟地位也與個人保險的需求呈顯著正相關。例如:文獻表明,受教育程度愈高、收入愈高、家庭儲蓄金愈多的人購買私人保險的可能性愈高(Ying, Hu, Ren, Chen Xu & Huang, 2007;Ni & Feng, 2018;Liu & Liu, 2014;Liu, 2015)研究還發現,所在公司的類型也會影響購買個人保險的意願,與在政府部門工作的居民相比,在私企工作的居民或個體戶購買私人保險的意願更強(Ying, Hu, Ren, Chen, Xu & Huang, 2007)。文獻還指出社會保險的參與和私人保險的購買呈負相關,參與了社會保險的居民購買私人保險的可能性更低(Jin, Hou & Zhang, 2016)。與此

不同的是，一項在上海、北京和武漢的研究發現社會保險的覆蓋率和私人保險的購買呈正相關，說明參與了社會保險的居民反而更傾向購買私人保險（李，2009）。

根據以上文獻回顧，我們發現年齡、健康狀況、受教育程度、社會經濟地位、所在公司類型、社會或雇主提供的保險與居民購買個人保險的意願存在一定的關聯。因此，此部分將利用 2016 年澳門社會調查的數據，透過卡方檢驗探討居民購買醫療保險是否與以上社會經濟因素相關。

### 1. 個人醫療保險購買與年齡交互關係

表 7-3-8 顯示了澳門居民購買個人醫療保險與年齡的關係，結果顯示購買個人醫療保險與否與年齡呈顯著相關性（P=0.000）。年齡在 19 歲以下的澳門居民購買了個人醫療保險的比例明顯高於其他組別，達 32.26%；隨著年齡上漲，居民購買醫療保險的比例逐漸下降，在 70 歲以上年齡階段的居民中，購買了個人醫療保險的比例僅占 5.28%。此結果說明，個人醫療保險在年齡層愈小的組別中普及率愈高。

表 7-3-8　個人醫療保險購買與年齡交叉表

| 年齡<br>是否<br>購買個人<br>醫療保險 | 19 歲以下<br>人數（%） | 20-29 歲<br>人數（%） | 30-39 歲<br>人數（%） | 40-49 歲<br>人數（%） |
|---|---|---|---|---|
| 是 | 50（32.26） | 227（30.59） | 154（23.58） | 128（23.53） |
| 否 | 105（67.74） | 515（69.41） | 499（76.42） | 416（76.47） |
| 有效樣本 | 155（100） | 742（100） | 653（100） | 544（100） |

（續表 7-3-8）

| 年齡<br><br>是否<br>購買個人<br>醫療保險 | 50-59 歲<br>人數（%） | 60-69 歲<br>人數（%） | 70 歲以上<br>人數（%） |
|---|---|---|---|
| 是 | 105（16.83） | 57（12.39） | 13（5.28） |
| 否 | 519（83.17） | 403（87.61） | 233（94.72） |
| 有效樣本 | 624（100） | 460（100） | 246（100） |

$X^2 = 119.36$，$p = 0.000$

### 2. 個人醫療保險購買與健康狀況交互關係

由表 7-3-9 所示，個人醫療保險的購買與個人的健康狀況顯著相關（P = 0.000），從表格中可發現認為自己的健康狀況差或一般的澳門居民當中，購買個人醫療保險的比例分別為 12.07% 和 17.68%，明顯低於健康狀況好的澳門居民。在健康狀況「極好」、「非常好」和「好」的組別中，購買個人醫療保險的比例分別達到了 26.81%、31.61% 和 20.29%，明顯高於健康狀況一般或差的居民，由此得知個人醫療保險在健康狀況較好的居民中普及率更高。

表 7-3-9　個人醫療保險購買與健康狀況交叉表

| 健康狀況<br><br>是否<br>購買個人<br>醫療保險 | 極好<br>人數（%） | 非常好<br>人數（%） | 好<br>人數（%） | 一般<br>人數（%） | 差<br>人數（%） |
|---|---|---|---|---|---|
| 是 | 37（26.81） | 183（31.61） | 238（20.29） | 219（17.68） | 42（12.07） |
| 否 | 101（73.19） | 396（68.39） | 935（79.71） | 1,020（82.32） | 306（87.93） |
| 有效樣本 | 138（100） | 579（100） | 1,173（100） | 1,239（100） | 348（100） |

$X^2 = 67.96$，$p = 0.000$

### 3. 個人醫療保險購買與受教育程度交互關係

表 7-3-10 分析了個人醫療保險與居民受教育程度的關係，結果表明個人醫療保險的購買與受教育程度顯著相關（P = 0.000），博士群體購買個人保險的比例明顯高於其他受教育程度群體，高達 63.64%；在未受過教育和小學教育程度群體中，購買個人醫療保險的比例最低，受訪者中所有未受過教育的澳門居民都沒有購買私人保險，只有 7.51% 的小學教育程度受訪者購買了私人醫療保險。初中到專科受教育程度受訪者購買私人醫療保險比例大約在 15% 至 20% 之間；大學和碩士購買私人醫療保險的比例分別為 33.4% 和 34.29%。結果表明私人醫療保險在受教育程度高的澳門居民中普及率更高。

表 7-3-10　個人醫療保險購買與教育程度交叉表

| 是否購買個人醫療保險　　教育程度 | 未受過教育 人數（%） | 小學 人數（%） | 初中 人數（%） | 高中 人數（%） | 專科 人數（%） |
|---|---|---|---|---|---|
| 是 | 0 (0.0) | 35 (7.51) | 122 (15.19) | 157 (20.88) | 28 (19.58) |
| 否 | 10 (100) | 431 (92.49) | 681 (84.81) | 595 (79.12) | 115 (80.42) |
| 有效樣本 | 10 (100) | 466 (100) | 803 (100) | 752 (100) | 143 (100) |

| 是否購買個人醫療保險　　教育程度 | 大學 人數（%） | 碩士 人數（%） | 博士 人數（%） | 其他 人數（%） |
|---|---|---|---|---|
| 是 | 318 (33.40) | 36 (34.29) | 7 (63.64) | 0 (0.00) |
| 否 | 634 (66.60) | 69 (65.71) | 4 (36.36) | 2 (100) |
| 有效樣本 | 952 (100) | 105 (100) | 11 (100) | 2 (100) |

$X^2$ = 177.32，p = 0.000

### 4. 個人醫療保險購買與社會經濟地位交互關係

表 7-3-11 顯示了個人醫療保險的購買與澳門居民的社會經濟地位呈顯著相關性（P = 0.000）。在上層和中上層階層中，購買個人醫療保險的受訪者分別占 22.22% 和 25.95%，明顯高於中下層的 19% 和下層的 10.8%，中層購買個人醫療保險的比例為 25.08%。數據表明社會經濟地位高的澳門居民更願意購買個人醫療保險。

表 7-3-11　個人醫療保險購買與社會經濟地位交叉表

| 是否<br>購買個人<br>醫療保險 \ 社會經濟地位 | 上層<br>人數（%） | 中上層<br>人數（%） | 中層<br>人數（%） | 中下層<br>人數（%） | 下層<br>人數（%） |
|---|---|---|---|---|---|
| 是 | 2（22.22） | 48（25.95） | 312（25.08） | 149（19.00） | 54（10.80） |
| 否 | 7（77.78） | 137（74.05） | 932（74.92） | 635（81.00） | 446（89.20） |
| 有效樣本 | 9（100） | 185（100） | 1,244（100） | 784（100） | 500（100） |

$X^2 = 48.78$，$p = 0.000$

### 5. 個人醫療保險購買與職業類型交互關係

表 7-3-12 表明個人醫療保險的購買與所在公司類型顯著相關（P = 0.000），數據顯示在政府機構工作的澳門居民購買私人醫療保險的比例明顯高於在其他類型公司工作的居民，占 31.16%；其次為私人機構，在私人機構工作的受訪者購買私人醫療保險的比例為 22.39%；在公營機構工作的受訪者有 20.63% 購買了私人醫療保險；11.49% 在非政府機構或非牟利機構的受訪者購買了私人醫療保險。

表 7-3-12　個人醫療保險購買與所在公司類型交叉表

| 所在公司類型 / 是否購買個人醫療保險 | 政府機構（非盈利）人數（%） | 公營機構（政府所有，有盈利）人數（%） | 非政府機構／非牟利機構 人數（%） | 私人機構 人數（%） | 其他 人數（%） |
|---|---|---|---|---|---|
| 是 | 67（31.16） | 13（20.63） | 50（11.49） | 421（22.39） | 9（36.00） |
| 否 | 148（68.84） | 50（79.37） | 385（88.51） | 1,459（77.61） | 16（64.00） |
| 有效樣本 | 215（100） | 63（100） | 435（100） | 1,880（100） | 25（100） |

$X^2 = 42.00$，$p = 0.000$

### 6. 個人醫療保險購買與雇主是否提供醫療保險交互關係

由表 7-3-13 所知，個人醫療保險的購買與雇主是否提供醫療保險顯著相關（$P = 0.000$）。在雇主提供醫療保險的澳門居民中，有 26.99% 購買了醫療保險，而雇主沒有提供醫療保險的組別中，則只有 19.66% 購買了個人醫療保險，說明享有雇主提供醫療保險的居民反而更傾向購買個人醫療保險。

表 7-3-13　個人醫療保險購買與雇主是否提供醫療保險交叉表

| 雇主是否提供醫療保險 / 是否購買個人醫療保險 | 是 人數（%） | 否 人數（%） |
|---|---|---|
| 是 | 343（26.99） | 279（19.66） |
| 否 | 928（73.01） | 1,140（80.34） |
| 有效樣本 | 1,271（100） | 1,419（100） |

$X^2 = 20.24$，$p = 0.000$

## 三、小結

由此節的分析結果得知，澳門居民主要使用的醫療服務是政府診所，其次是私家西醫診所，兩者所占比例分別為 53.14% 和 35.64%。澳門居民對醫療服務的選擇與其受教育程度、收入、社會經濟地位顯著相關，同時，不同性別和不同年齡階段的澳門居民對就醫類型的選擇也存在顯著差異。此部分還發現參與調查的澳門居民中只有 20.76% 購買了個人醫療保險，個人醫療保險在澳門居民中的普及率還有待提高。調查顯示澳門居民購買個人醫療保險的意願與一系列社會經濟因素相關，個人醫療保險在年齡較小、健康狀況好、受教育程度高、社會經濟地位高、在政府機構工作和享受僱主提供的醫療保險的澳門居民中普及率更高。

## 第四節 結論

本章從身體健康、心理衛生、醫療服務和醫療保險三個層面分析了澳門居民的健康情況。

從身體健康層面來看，大部分居民認為自身健康狀況和同齡人差不多（約 47%）或比同齡人好（約 33%）。今年與去年身體健康情況相比較而言，大部分澳門居民認為今年的身體健康和去年差不多。在澳門民眾評估自身身體健康方面，認為自身健康狀況好和一般的占絕大多數，分別約占 36% 和 35% 的比例。僅有約 3% 的澳門民眾認為自身的身體健康情況極好；約有 9% 的澳門民眾認為自身的身體健康情況差。在澳門民眾評估自身身體不適的結果顯示，總體來看，約有 20% 的澳門民眾在過去一個月有身體不適的情形，而約有 15% 的澳門民眾在過去一個月有因身體不適去看醫生的情形。在受訪的澳門居民中，高血壓、高膽固醇是最常出現的

被診斷出的疾病，有 364 名受訪者都曾被診斷患有高血壓，被診斷患有高膽固醇的有 223 名受訪者。

在心理衛生方面，澳門居民的主觀幸福指標為 4.60，處於中等偏上水準，說明澳門居民擁有較高幸福感。從生活滿意度方面來看，澳門居民中有一半人對生活感到滿意或非常滿意，另外有近 30% 的人對生活感到少許滿意。這個結果和主觀幸福指標相似。總體來說，澳門居民擁有比較高的總體心理衛生。

從澳門居民使用醫療服務和購買醫療保險的情況來看，受訪的澳門居民主要使用的醫療服務是政府診所，其次是私家西醫診所，兩者所占比例分別為 53.14% 和 35.64%。澳門居民對醫療服務的選擇與其受教育程度、收入、社會經濟地位顯著相關，同時，不同性別和不同年齡階段的澳門居民對就醫類型的選擇也存在顯著差異。就購買個人醫療保險情況來看，受訪的澳門居民中只有 20.76% 購買了個人醫療保險，個人醫療保險在澳門居民中的普及率還有待提高。結論還發現澳門居民購買個人醫療保險的意願與一系列社會經濟因素相關，個人醫療保險在年齡較小、健康狀況好、受教育程度高、社會經濟地位高、在政府機構工作和享受雇主提供的醫療保險的澳門居民中普及率更高。

## 參考文獻

1. Caldwell, J. C.(1979). Education as a factor in mortality decline an examination of Nigerian data. *Population Studies*, 395-413.

2. Caldwell, J. C., Reddy, P. H., & Caldwell, P.(1983). The social component of mortality decline: an investigation in South India employing alternative methodologies. *Population Studies*, 37, 185-205.

3. Harari, N., Davis, M., & Heisler, M.(2008). Strangers in a strange land: health care experiences for recent Latino immigrants in Midwest communities. *Journal of Health Care for the Poor and Underserved, 19,* 1350-1367.

4. Jin, Y., Hou, Z., & Zhang, D.(2016). Determinants of health insurance coverage among people aged 45 and over in China: who buys public, private and multiple insurance. *PLoS One, 11,* e0161774.

5. Liu, H. & Wang, J.(2012). An empirical analysis of private health insurance ownership in China. *China Economic Quarterly, 11,* 1525-1548.

6. Liu, H. L.(2015). Demand elasticity analysis of commercial health insurance in mainland China and comparison between its regional difference. *Journal Chongqing Technology Business University(Nature Science Edition), 32,* 49-53.

7. Liu, R. and Liu, H. X.(2014). How can commercial health insurance and social health insurance be mutually beneficial under the universal health insurance system? *Finance and Economy, 5,* 108-111.

8. Lyubomirsky & Lepper.(1999). A measure of subjective happiness: Preliminary reliability and construct validation. *Social Indicators Research 46,* 137-155.

9. Magalhaes, L., Carrasco, C., & Gastaldo, D.(2010). Undocumented migrants in Canada: A scope literature review on health, access to services, and working conditions. *Journal of Immigrant and Minority Health, 12,* 132-151.

10. Morales, L. S., Lara, M., Kington, R. S., Valdez, R. O., & Escarce, J. J. (2002). Socioeconomic, cultural, and behavioral factors affecting Hispanic health outcomes. *Journal of Health Care for the Poor and Underserved, 13,* 477-503.

11. Pavot & Diener. (1993). The affective and cognitive context of self-reported measures of subjective well-being. *Social Indicators Research, 28*, 1-20.

12. Qiu, Y. (2012). An empirical study on the influencing factors of elderly commercial health insurance. *Special Zone Economy*, 285-287.

13. World Health Organization. (2003). International migration, health and human rights.

14. World Health Organization. (2019). Mental health: A state of well-being. Accessed June 9, 2019. https://www.who.int/features/factfiles/mental_health/zh/

15. WHO/IOTF/IASO. (2000). The Asia-Pacific perspective: Redefining obesity and its treatment.

16. Xu, R., Zhang, D. & Ji, X. (2013). A research on the effects of NCMS on the rural demand for commercial medical insurance. *Insurance Studies, 3*, 120-127.

17. Ying, X. H., Hu, T. W., Ren, J., Chen, W., Xu, K., & Huang, J. H. (2007). Demand for private health insurance in Chinese urban areas. *Health Economics, 16*, 1041-1050.

18. 解堊（2009）。與收入相關的健康及醫療服務利用不平等研究。*經濟研究*，2（2），93-105。

19. 李瓊（2009）。商業健康保險保費收入影響因素分析——基於湖北、北京、上海三地的比較。*南方金融*，（7），55-59。

20. 劉仲賢（2016）。澳門醫療籌資的解決之道探索。*中國醫藥科學*，6（16），227-228。

21. 倪瀾，馮國忠（2018）。基於截面固定效應模型的商業健康保險需求影響因素分析。*中國衛生經濟*，（3），12。

22. 澳門衛生局（2018）。來自：http://www.ssm.gov.mo。

# 第八章 社團參與、媒體使用與澳門公民的政治參與

王紅宇

MACAO.

澳門淪為葡萄牙的殖民地近四百多年。在殖民時期，澳門人主要是以中國人為主，但是由於語言與文化的障礙，澳門人沒有參政、議政的權利（Ye, 1999）。於 1987 年 4 月中葡聯合聲明簽約後，澳門開始了一個從葡萄牙殖民地轉變為中華人民共和國特別行政區（SAR）的過程。在主權歸還後，澳門人顯著增強了對中國的歸屬感和認同感，並且對參政議政產生了濃厚的興趣。於此同時，澳門特區政府在制定有關民生的政策時會透過正式和非正式磋商，公開論壇或公開聽證會積極聽取民意，鼓勵澳門人積極參與決策過程。因此澳門的回歸，基本上提升了澳門人參政、議政的機會。自 1999 年 12 月回歸後，澳門居民的政治參與有大幅度提高，參與選舉與政治協商成為澳門人參政的主要途徑（Ho, 2011；Wang & Hung, 2012）。

澳門的社團文化與社團政治很有特色。澳門人口大約 60 多萬，卻擁有超過 5,000 個社團。社團在澳門政治體系裡有著舉足輕重的地位，他們不僅僅是連結普通市民與政府的橋梁，有效地將民眾的意見及要求及時反映給政府相關部門，同時協助政府傳遞具體的政策訊息給民眾，從而使政府的政策可以得到順利執行和貫徹。這種「社團諮詢模式」參政議政方式，在長達近半個世紀的時間裡有效地平衡了政府政策決策過程中各方的利益，從而維持了澳門的社會穩定與和諧。社團參與和政治參與緊密相連。在西方，社團被視為「民主的搖籃」，社團參與可以提高公民的參政意願、政治興趣、參政能力，以及成為政治動員的主要目標，而以上這些因素都是公民參政，議政的重要前提（Verba, Schlozman & Brady, 1995）。

除了社團參與，透過媒體獲取政治訊息也會提升公民參政議政的可能性。一個參政議政的前提是公民可以獲取充分的有關公共事

務、民生的訊息。公民可以從不同的管道獲得訊息，包括官方媒體（報紙、電視、廣播）、社交媒體，又稱自媒體（微博、微信、Facebook）。社交媒體的出現在基本上改變了公民獲取資訊的方式和獲取資訊的內容。事實上，社交媒體（自媒體）提供的訊息往往與官媒提供的訊息明顯有區別。社交媒體的顯著特點是它可以低成本儲存、傳輸和搜尋大量訊息，即時地把最新訊息以最快的速度傳遞給公民。訊息對政治參與至關重要，因為它激發了人們對政治的普遍興趣，增強了對公共問題的認識和對政治的敏感度（Bennett & Iyengar, 2008）。許多官方媒體也以社交媒體比如facebook 作為平台，設立電子版，以吸引年輕讀者。

在本章節，我們使用澳門社會調查的數據研究社團參與和媒體使用對澳門公民參政議政的影響。我們提出了以下的研究問題和研究假設。研究問題：社團參與、媒體使用是否與澳門公民的政治熱情與政治參與有關？如果有，社團參與和媒體使用促進澳門公民政治參與的機制又是什麼？我們的研究假設：功用性社團的參與可以提高公民的政治興趣、參政能力，成為政治動員目標的機率，從而極大地提高公民參政的可能性。同時，媒體使用會增加公民政治資訊的獲取，提高他們的政治興趣與政治敏感度，從而提升公民議政的可能性。有關澳門社會調查數據的蒐集，樣本抽取方式，本書中有關章節有詳述。在深入研究澳門社團參與、媒體使用及政治參與之間的關係之前，我們首先簡單介紹一下澳門社團參與、媒體使用及政治參與的情況。

## 第一節　澳門社團參與、媒體使用及政治參與的簡述

### 一、澳門的社團參與概況

　　澳門社團眾多，但並不是所有的社團都可以成為「民主的搖籃」，激發成員參政議政熱情。根據功能的不同，社團可以被分為兩大類：功用性的（instrumental）與表達性的（expressive）社團。功用性的社團以服務社會為其宗旨，包括紅十字會、街坊總會、社區服務社團等等。表達性社團以為會員提供相應的服務為其宗旨，比如讀書會、象棋會，及各類興趣團體。功用性和表達性社團因為他們的主要職能不同，對促進公民參政議政的能力也有著不同的影響。功用性社團的主要功能是為社會提供服務，其活動本生與政治參與密切相關。而表達性社團活動往往不包含政治因素，因為它們是旨在滿足會員對娛樂或自我實現的需求而存在。除了其活動包含政治內容外，功用性社團在基本上還會擴大成員社交網絡的異質性，因為功用性社團通常會吸引來自社會不同階層的參與者，為了一個共同的目標（比如幫助弱勢群體、保護環境、服務大眾）而走到一起。相反，表達性社團往往只會吸引擁有共同的愛好、興趣或生活方式的人，而這些人往往具有相同的社會背景，持有相同的政治觀點與立場，從而增加其成員社交網絡的同質性。嵌入在異質性社交網絡中的個人會有更多的機會接觸其他具有不同想法、信仰及政治觀點的人，從而有助於開闊他們的視野，激發他們對公共問題的興趣。相反，參與表達性社團往往不會培養成員對政治的興趣及參政能力。同質性社交網絡只會加深成員固有的想法，因為他們的觀點往往與其他來自相同背景的成員大同小異。除此之外，參與功用性社團還會大大提升會員成為政治動員目標的機率。如前所述，功用性社團的活動本身就包含政治因素，成員往往

會被認為對政治、公益及社會問題感興趣。從而很容易成為政治動員的目標。綜上所述，我們有理由認為功用性社團參與會顯著提高會員參政議政的可能性（Wang, Cai, Xin & Chen, 2019）。

表 8-1-1　澳門居民社團參與

| 社團類型 | 樣本 | 均值 | 標準差 | 最小值 | 最大值 |
|---|---|---|---|---|---|
| 功用性社團的參與 | | | | | |
| 業主委員會／互助委員會 | 3,498 | 0.02 | 0.12 | 0 | 1 |
| 社會服務及慈善團體 | 3,498 | 0.03 | 0.17 | 0 | 1 |
| 經濟業務團體 | 3,498 | 0.03 | 0.16 | 0 | 1 |
| 表達性社團的參與 | | | | | |
| 興趣團體 | 3,498 | 0.02 | 0.15 | 0 | 1 |
| 宗教團體 | 3,498 | 0.02 | 0.14 | 0 | 1 |
| 其他社會團體 | 3,498 | 0.05 | 0.21 | 0 | 1 |
| 社團參與 | 3,498 | 0.13 | 0.33 | 0 | 1 |
| 功用性社團的參與個數 | 3,498 | 0.07 | 0.30 | 0 | 3 |
| 表達性社團的參與個數 | 3,498 | 0.04 | 0.22 | 0 | 2 |
| 加入社會團體的總數 | 3,498 | 0.17 | 0.51 | 0 | 6 |

　　澳門社團眾多，澳門居民的社團參與程度還是很高的。13% 澳門居民參與了至少一個社團，其中 2% 的澳門居民加入了業主委員會 / 互助委員會，3% 的澳門居民加入了社會服務及慈善團體，另有 3% 的澳門居民加入了經濟業務團體，這三個社團屬功用性的社團。另有 2% 澳門居民加入了興趣團體，2% 澳門居民加入了宗教團體。興趣團體與宗教團體屬表達性團體。另有 5% 加入了其他社會團體。澳門居民平均加入了 0.17 個社會團體，平均加入了 0.07 個功用性團體，0.04 個表達性團體。

## 二、澳門居民媒體使用概況

香港的媒體產業遠比澳門完善，很多人認為澳門居民更傾向於閱讀香港報刊——蘋果日報而非本地報刊——澳門日報，收看香港電視——翡翠台而不是本地澳門澳視台。澳門是中華人民共和國的一個特別行政區，澳門居民充分享有言論自由，雖然還不可以透過普選選出特首（Yung & Leung, 2014）。在一國兩制下，澳門及香港的媒體是不受中央政府審查的，中央政府也不具有任命港澳大眾傳媒機構人事的權力，也無權關閉任何傳媒機構（Lee, 2007），因此，港澳地區擁有相對自由開放的媒體環境（Chan, 2016；Guo, 2011）。雖然中央政府不會對澳門的媒體實行公開的審查，但是還是會透過其他途徑對港澳媒體實施間接監管。比如中央政府會大力支持與國內有緊密經濟聯繫或是在國內擔任行政職務的愛國商人成為港澳媒體的擁有者（Chan & Lee, 2007；Lee & Chan, 2009；Ma, 2007）。正因為如此，港澳地區的大眾傳媒包括報刊、電視大多數是親中的，或是中立的，只有極少數像蘋果日報是走自由化路線的，成為香港居民批評當地和中央政府的一個主要平台（Chan & Lee, 2007；Chan, 2016）。

港澳的媒體依據其政治立場可以分為兩大類（Kwong, 2015；Lee & Lin, 2006）：親中媒體與自由派媒體。在港澳大部分大眾主流媒體比如澳門日報、澳門澳視台（TDM）、大公報、澳門力報等等均屬親中媒體，與中國內地有著緊密的政治與經濟的聯繫（Lee & Chan, 2009）。其中有一些主流媒體甚至獲得國家補貼以彌補其運營損失，這進一步加強了他們的親中立場（Guo, 2011）。雖然大多數主流媒體採取親中立場，但許多非主流媒體，比如愛瞞日報、澳門最受歡迎的網上媒體，和其他激進媒體已經成為了澳門居民發表對政府不滿的主要平台（Leung & Lee, 2014）。因此我們可

以將蘋果日報和愛瞞日報歸入自由化媒體。

　　澳門居民可以透過多種管道獲取有關內政外交的訊息。依據表 8-1-2 我們的研究表明，63% 的澳門居民是透過電視，23% 的澳門居民是透過網路，僅有 13% 的澳門居民是透過報刊獲取有關政治、民生的新聞的。顯然，澳門居民主要是透過電視獲取新聞的。

表 8-1-2　澳門居民獲取新聞的管道

| 管道 | 樣本 | 均值 | 標準差 | 最小值 | 最大值 |
|---|---|---|---|---|---|
| 報刊 | 3,498 | 0.13 | 0.34 | 0 | 1 |
| 電視 | 3,498 | 0.63 | 0.48 | 0 | 1 |
| 網路 | 3,498 | 0.23 | 0.42 | 0 | 1 |
| 報刊 | | | | | |
| 澳門日報 | 3,498 | 0.12 | 0.32 | 0 | 1 |
| 力報 | 3,498 | 0.03 | 0.18 | 0 | 1 |
| 蘋果日報 | 3,498 | 0.02 | 0.14 | 0 | 1 |
| 華僑報 | 3,498 | 0.02 | 0.12 | 0 | 1 |
| 電視 | | | | | |
| 澳門澳視台 | 3,498 | 0.46 | 0.50 | 0 | 1 |
| 翡翠台 | 3,498 | 0.30 | 0.46 | 0 | 1 |
| 澳門資訊台 | 3,498 | 0.11 | 0.31 | 0 | 1 |
| 澳亞衛視 | 3,498 | 0.07 | 0.26 | 0 | 1 |
| 澳視高清台 | 3,498 | 0.07 | 0.25 | 0 | 1 |
| 互動新聞台 | 3,498 | 0.06 | 0.24 | 0 | 1 |
| 珠江頻道 | 3,498 | 0.04 | 0.19 | 0 | 1 |
| 網路 | | | | | |
| 澳門日報電子版 | 3,498 | 0.15 | 0.36 | 0 | 1 |

（續表 8-1-2）

| 管道 | 樣本 | 均值 | 標準差 | 最小值 | 最大值 |
|---|---|---|---|---|---|
| 蘋果日報電子版 | 3,498 | 0.15 | 0.36 | 0 | 1 |
| 愛瞞日報 | 3,498 | 0.06 | 0.24 | 0 | 1 |
| 100 毛 / 毛記電視 | 3,498 | 0.05 | 0.22 | 0 | 1 |
| Google 新聞 | 3,498 | 0.04 | 0.21 | 0 | 1 |

依據表 8-1-2，我們可以看到澳門人很少閱讀報刊，僅有 12% 的澳門人透過紙版澳門日報獲取有關政治、民生的新聞。15% 的澳門人是透過澳門日報電子版獲取新聞。總共有 24% 的澳門居民是透過閱讀紙版或電子版澳門日報獲取訊息的。值得一提的是有 15% 澳門居民是透過閱讀電子版的蘋果日報獲取新聞的。

表 8-1-2 顯示澳門居民主要是透過收看電視獲取新聞的。近於一半的澳門居民（46%）透過收看澳門澳視台獲取有關澳門、內地及國際新聞，澳門澳視台是澳門唯一的一個親中的主流電視頻道，主要播放有關澳門本地、香港及內地的新聞。30% 的澳門居民是透過收看香港的翡翠台來獲取有關政治、民生的新聞的。翡翠台的新聞時段主要報道有關香港本地新聞，所以對提升澳門居民對澳門本地時政、民生的瞭解沒有很大的幫助。同時我們也發現有超過一成（11%）澳門居民是透過收看澳門資訊台來獲取新聞的。總體來說，澳門澳視台、香港翡翠台、澳門日報、香港蘋果日報已成為澳門居民獲取有關政治、民生訊息的主要管道。為數不多的澳門居民也透過非主流媒體，比如 100 毛 / 毛記電視（5%）和其他激進媒體，比如愛瞞日報（6%）獲取有關時政、民生的新聞。可見非主流媒體和激進媒體在澳門沒有很大的市場。

### 三、澳門居民的政治參與概況

澳門在回歸以前，由於語言與文化的差異，澳門人中的華人並不享有參政、議政的權利，從而沒有歸屬感，對政治也沒有興趣（Ye, 1999）澳門於 1999 年 12 月回歸後，澳門特區政府非常重視民意，在制定重大決策前，都會透過正式和非正式磋商、公開論壇或公開聽證會積極聽取民意，鼓勵澳門人積極參與決策過程。因此澳門的回歸，很大程度上提升了澳門人參政、議政的機會。

表 8-1-3　澳門居民政治參與的概況

| 政治參與的類別 | 樣本 | 均值 | 標準差 | 最小值 | 最大值 |
|---|---|---|---|---|---|
| 立法會委員選舉投票 | 3,478 | 0.44 | 0.50 | 0 | 1 |
| 非傳統的政治參與 | 3,498 | 0.05 | 0.24 | 0 | 1 |

政治參與分為兩大類——以選舉參與為代表的傳統的政治參與，另一類是非傳統的政治參與，比如遊行、請願、上訪等等。在澳門雖然還不可以透過普選選出特首，但是澳門居民可以透過投票選出澳門立法會委員。澳門立法委員會是澳門特別行政區的立法機構，每四年換屆，議員經過由選民直接選舉，由社團間接選舉和行政長官委任進入議會。我們的研究發現有 44% 的澳門居民有參加最近一次的立法會選舉。澳門居民還是非常踴躍參與立法會選舉的。相反，澳門居民的非傳統的政治參與的頻率卻很低，只有 5% 的澳門居民在過去三年參與過遊行、請願、上訪等非傳統的政治參與。

## 第二節 社團參與、媒體使用對提升澳門居民政治興趣與成為政治動員目標的影響

很多文獻探討了公民參政所必備的前提條件，著名的美國政治學家維巴曾提出公民參政需要滿足的三個條件：公民對政治感興趣、公民有參政的能力及公民被動員參政議政（Verba, Schlozman & Brandy, 1995）。而社團，特別是以服務社會為宗旨的功用性社團被稱為「民主的搖籃」，成為培養成員政治興趣、參政能力，提升成員被動員參政的一個重要平台（Wang, et al., 2019）。與此同時，閱讀報刊、收看電視新聞、瀏覽網上新聞可以在基本上提升公民對時事新聞的瞭解，從而培養公民對政治的興趣。相反，收看以娛樂為主的電視節目，比如香港翡翠台娛樂頻道，反而會降低公民對政治的興趣。在此章節中，我們首先探討社團參與，媒體使用是否會提升澳門居民對政治的興趣和被動員參與選舉或其他非傳統的政治活動的機會。

表 8-2-1　社團參與、媒體使用對澳門居民政治興趣與被鼓動參與政治活動的影響

| | 政治興趣 | | | 政治動員 | | |
|---|---|---|---|---|---|---|
| | 係數 | 標準差 | p 值 | 係數 | 標準差 | p 值 |
| 截距 | 0.00 | 0.02 | 1.000 | 0.00 | 0.02 | 1.000 |
| 社團參與 | | | | | | |
| 表達性社團參與 | 0.06 | 0.02 | 0.001 | 0.07 | 0.02 | 0.000 |
| 功用性社團參與 | 0.05 | 0.02 | 0.008 | 0.11 | 0.02 | < .0001 |
| 媒體使用 | | | | | | |
| 澳門日報 | 0.05 | 0.02 | 0.009 | 0.07 | 0.02 | 0.001 |
| 蘋果日報 | 0.01 | 0.02 | 0.652 | 0.00 | 0.02 | 0.866 |
| 愛瞞日報 | 0.07 | 0.02 | 0.001 | 0.13 | 0.02 | < .0001 |

（續表 8-2-1）

| | 政治興趣 | | | 政治動員 | | |
|---|---|---|---|---|---|---|
| | 係數 | 標準差 | p 值 | 係數 | 標準差 | p 值 |
| 澳門澳視台 | 0.19 | 0.02 | <.0001 | 0.00 | 0.02 | 0.914 |
| 香港翡翠台 | −0.17 | 0.02 | <.0001 | 0.06 | 0.02 | 0.001 |
| 控制變量 | | | | | | |
| 女性 | −0.06 | 0.02 | 0.000 | −0.01 | 0.02 | 0.481 |
| 年齡 | 0.03 | 0.02 | 0.149 | −0.01 | 0.02 | 0.747 |
| 有澳門永久居留證 | 0.05 | 0.02 | 0.004 | 0.05 | 0.02 | 0.006 |
| 已婚 | 0.03 | 0.02 | 0.158 | 0.03 | 0.02 | 0.108 |
| 教育程度 | 0.13 | 0.02 | <.0001 | 0.07 | 0.02 | 0.001 |

## 一、社團參與對提升澳門居民政治興趣與成為政治動員目標的影響

在進行數據分析之前，我們先將所有原始數據進行標準化處理，使所有的變量具有相同的單位（均值為 0，標準差為 1），最終可以將不同單位的變量進行比較。變量的係數值愈大，其對公民政治興趣的提升和成為政治動員的目標的機率就愈大。根據表 8-2-1，我們發現在控制了性別、年齡、身份、婚姻狀態和教育程度之後，表達性社團參與和功用性社團參與對培養澳門居民的政治興趣和提高他們成為政治動員的目標的機率都有顯著的正面影響。透過比較貝塔係數值得大小，我們可以認為社團參與對提升澳門居民成為政治動員的目標的影響大於培養澳門居民對政治的興趣。其中功用性社團參與（貝塔係數 = 0.11）相對於表達性社團參與（貝塔係數 = 0.07）能更有效地提高澳門居民被動員參政的機會。與此

同時，我們發現表達性社團參與（貝塔係數＝0.06）和功用性社團參與（貝塔係數＝0.05）對培養澳門居民的政治興趣有著相同的影響。簡言之，在澳門，無論是表達性社團還是功用性社團都可以成為「民主的搖籃」，培養成員對政治的興趣和提升他們成為政治動員的目標的機率。

## 二、媒體使用對提升澳門居民政治興趣與成為政治動員目標的影響

從報刊、電視、網路獲取有關時政民生的訊息有助於提高公民對政府政策、公共事務的瞭解，從而增加他們對政治的興趣。政府也可以利用大眾媒體動員民眾參加選舉等傳統政治參與。如前所述，澳門居民主要透過閱讀澳門日報、蘋果日報，收看澳門澳視台、翡翠台及瀏覽網媒愛瞞日報來獲取有關澳門本地、內地及國際新聞。報刊和電視對公民政治興趣的培養有著不同的影響。美國的傳媒學者提出電視對提升公民的政治興趣遠遠大於報刊。首先，報刊可以清楚地顯示每一條新聞的重要性。重要新聞總是以頭版頭條的形式刊出，次重要的新聞往往在副頁刊出。頭版頭條可以吸引廣大讀者的注意，讀者也可以自由選擇閱讀感興趣的文章。有學者指出，對時政、公共事務感興趣的公民才有閱讀報刊的習慣，而並非閱讀報刊才增加了他們對時政的興趣。而電視卻不一樣，首先，收視者不可以選擇看什麼或不看什麼新聞，換言之，收視者必須依照電視新聞的播放順序收看新聞，他們不可以使用快轉濾過不感興趣的新聞，從而有更大的機會接觸到一些他們不會主動去瞭解的新聞報道（Bennett & Iyengar, 2008）。其次，讀者必須具備一定的教育程度才會閱讀報刊，而教育程度與政治興趣有著較高的正面相關，所以閱讀報刊與政治興趣的正相關很可能是因高教育程度而起的。具體地說，教育程度高的人往往熱中讀報刊，教育程度高的人

也對政治感興趣，所以當我們控制了教育程度後，閱讀報刊與政治興趣的正相關很可能會消失了。而電視對收視者的教育程度沒有任何要求，即使是沒有受過教育的人也可以透過電視瞭解本地和國際新聞。換言之，收看電視的人不一定對時政、公共事務感興趣，但是收看了電視新聞，可以顯著增加他們對內政外交的瞭解，從而提高他們對政治的興趣。最後，報刊的發行量與電視的收視率是不能相提並論的。綜上所述，我們可以認為電視對提升公民的政治興趣遠遠大於報刊。

我們的研究發現澳門人主要是透過電視（63%）獲取有關時政民生的新聞，其次是透過網路（23%），最後是透過報刊（13%）。根據表 8-2-1，我們發現於提升政治興趣而言，閱讀澳門日報（貝塔係數 = 0.05）、愛瞞日報（貝塔係數 = 0.07）及收看澳門澳視台電視新聞（貝塔係數 = 0.19）都會顯著提升澳門居民對政治的興趣，尤其是收看澳門澳視台電視新聞。與此同時，閱讀蘋果日報對提升澳門人的政治興趣沒有影響，而收看翡翠台（貝塔係數 = –0.17）顯著降低了澳門人對政治的興趣。於成為政治動員的目標來說，閱讀澳門日報（貝塔係數 = 0.07）、愛瞞日報（貝塔係數 = 0.13）和收視翡翠台（貝塔係數 = 0.06）都可以大大提高澳門公民成為政治動員的目標的機率，尤其是閱讀愛瞞日報。或者說，有閱讀愛瞞日報習慣的人，很容易成為政治動員的目標。總而言之，社團參與、媒體使用都會激發澳門居民對政治的興趣，社團參與、收看翡翠台、閱讀愛瞞日報會增加澳門居民成為政治動員目標的機率。另外值得一提的是我們的數據證明澳門居民的教育程度與其政治興趣與成為政治動員的目標成正比，教育程度愈高，公民對政治愈感興趣，成為政治動員目標的機率也愈大。

## 第三節　社團參與、媒體使用對澳門居民選舉參與和非傳統政治參與的影響

### 一、社團參與、媒體使用對澳門居民選舉參與的影響

　　如前所述，政治參與可以分為兩大類，以選舉為代表的傳統參與和以遊行、請願、上訪為主的非傳統參與。傳統的選舉參與在澳門比較普遍，有近半成（44%）的澳門居民參與了最近一次的立法會議員選舉。而參與非傳統政治活動的澳門居民人數很少，只有 5% 的澳門居民在過去三年參與了遊行、請願、或是上訪等非傳統的政治活動。接下來，我們分別檢驗社團參與，媒體使用對選舉參與和非傳統政治活動參與的影響。因為選舉是一個二分變量（有投票／沒投票），所以我們用對數機率回歸（又稱邏輯回歸英文是 logistic model）來檢驗社團參與，媒體使用對澳門居民選舉參與的影響。根據表 8-3-1 模型 1，與其他學者的研究一致，我們發現在控制了性別、年齡、身份、婚姻狀態和教育程度之後表達性社團的參與對澳門居民的選舉參與沒有任何影響，而功用性社團（貝塔係數 = 0.20）的參與卻仍能顯著地提高澳門居民參與投票選舉澳門立法委員會委員。關於媒體使用，我們發現閱讀澳門日報、蘋果日報或是愛瞞日報對澳門居民的選舉參與沒有任何影響。值得關注的是我們發現控制了性別、年齡、身份、婚姻狀態和教育程度之後，收看澳門澳視台（貝塔係數 =0.55）能顯著地增加澳門居民投票選舉澳門立法會議員的機率，貝塔係數的值相當高（0.55），說明收看澳門澳視台電視新聞對提高澳門人參與選舉有著非常重要的作用。相反，收看香港翡翠台卻會大大降低澳門居民參與投票選舉立法會委員。

表 8-3-1　社團參與和媒體使用對澳門居民選舉參與的影響

| | 係數 | 標準差 | P 值 | 係數 | 標準差 | P 值 |
|---|---|---|---|---|---|---|
| 社團參與 | 模型 1 | | | 模型 2 | | |
| 表達性社團參與 | −0.07 | 0.04 | 0.108 | −0.10 | 0.04 | 0.021 |
| 功用性社團參與 | 0.20 | 0.04 | < .0001 | 0.18 | 0.04 | < .0001 |
| 媒體使用 | | | | | | |
| 澳門日報 | 0.01 | 0.05 | 0.911 | −0.02 | 0.05 | 0.694 |
| 蘋果日報 | −0.02 | 0.06 | 0.716 | −0.02 | 0.06 | 0.703 |
| 愛瞞日報 | 0.05 | 0.05 | 0.242 | 0.01 | 0.05 | 0.861 |
| 澳門澳視台 | 0.55 | 0.04 | < .0001 | 0.50 | 0.04 | < .0001 |
| 翡翠台 | −0.10 | 0.04 | 0.013 | −0.04 | 0.04 | 0.330 |
| 中介變量 | | | | | | |
| 政治興趣 | | | | 0.36 | 0.04 | < .0001 |
| 政治動員 | | | | 0.13 | 0.04 | 0.002 |
| 控制變量 | | | | | | |
| 女性 | 0.01 | 0.04 | 0.748 | 0.04 | 0.04 | 0.341 |
| 年齡 | 0.26 | 0.06 | < .0001 | 0.26 | 0.06 | < .0001 |
| 持有澳門永久身份證 | 0.80 | 0.06 | < .0001 | 0.80 | 0.07 | < .0001 |
| 已婚 | 0.40 | 0.04 | < .0001 | 0.40 | 0.04 | < .0001 |
| 教育程度 | 0.15 | 0.05 | 0.006 | 0.10 | 0.05 | 0.074 |

　　之後我們在數據模型中加入了兩個中介變量──政治興趣和政治動員來檢驗這兩個中介變量是否可以解釋社團參與和媒體使用對澳門居民選舉參與的正面影響。表 8-3-1 中的結果已證明社團參與，閱讀澳門日報、愛瞞日報和收看澳門澳視台可以大大提升澳門居民對政治的興趣，同時社團參與、閱讀澳門日報、愛瞞日報和收視翡翠台可以大大提高澳門居民成為政治動員目標的可能性。根據

表 8-3-1 中的模型 2，我們發現政治興趣（貝塔係數 = 0.36），政治動員（貝塔係數 = 0.13）都可以顯著地促進澳門居民參與投票選舉立法會議員，培養政治興趣比政治動員能更有效地促進澳門居民的選舉參與加入了政治興趣與政治動員之後，表達性社團的參與反而降低了澳門居民的選舉參與，而功用性社團的參與和收看澳門澳視台電視新聞依然能顯著地增加澳門居民的選舉參與。可見另有其他中介變量可以解釋為什麼社團參與和收視澳門澳視台可以促進澳門居民的選舉參與。

## 二、社團參與、媒體使用對澳門居民非傳統政治參與的影響

因為非傳統政治參與也是一個二分變量（有參與／沒參與），所以我們用對數機率回歸（又稱邏輯回歸，英文是 logistic model）來檢驗社團參與，媒體使用對澳門居民非傳統政治參與的影響。澳門居民很少有參與遊行、請願、上訪等非傳統的政治活動。只有 5% 澳門居民在過去三年有參加非傳統的政治活動。根據表 8-3-2，我們發現在控制了性別、年齡、身份、婚姻及教育程度之後，表達性社團參與（貝塔係數 = 0.11）和功用性社團參與（貝塔係數 = 0.20）都會促進澳門居民參加遊行、請願，或上訪等非傳統的政治參與，功用性社團的參與比表達性社團的參與能更有效地促進澳門居民透過非傳統管道參政。

表 8-3-2　社團參與和媒體使用對澳門居民非傳統政治參與的影響

| | 係數 | 標準差 | p 值 | 係數 | 標準差 | p 值 |
|---|---|---|---|---|---|---|
| | 模型 3 | | | 模型 4 | | |
| 社團參與 | | | | | | |
| 表達性社團參與 | 0.11 | 0.06 | 0.042 | 0.08 | 0.06 | 0.184 |
| 功用性社團參與 | 0.20 | 0.06 | 0.000 | 0.15 | 0.06 | 0.012 |

|  | 係數 | 標準差 | p 值 | 係數 | 標準差 | p 值 |
|---|---|---|---|---|---|---|
| 媒體使用 | | | | | | |
| 澳門日報 | 0.30 | 0.09 | 0.001 | 0.26 | 0.09 | 0.006 |
| 蘋果日報 | 0.12 | 0.10 | 0.222 | 0.12 | 0.10 | 0.223 |
| 愛瞞日報 | 0.33 | 0.06 | <.0001 | 0.28 | 0.07 | <.0001 |
| 澳門澳視台 | 0.28 | 0.10 | 0.005 | 0.24 | 0.10 | 0.016 |
| 翡翠台 | 0.25 | 0.09 | 0.005 | 0.25 | 0.09 | 0.006 |
| 中介變量 | | | | | | |
| 政治興趣 | | | | 0.43 | 0.10 | <.0001 |
| 政治動員 | | | | 0.34 | 0.05 | <.0001 |
| 控制變量 | | | | | | |
| 女性 | –0.08 | 0.09 | 0.333 | –0.04 | 0.09 | 0.674 |
| 年齡 | –0.14 | 0.14 | 0.318 | –0.17 | 0.15 | 0.259 |
| 持有澳門永久居留證 | 0.05 | 0.10 | 0.607 | 0.00 | 0.10 | 0.984 |
| 已婚 | 0.03 | 0.10 | 0.759 | 0.00 | 0.10 | 0.998 |
| 教育程度 | 0.36 | 0.12 | 0.003 | 0.25 | 0.12 | 0.043 |

關於媒體使用對澳門居民非傳統政治參與的影響，根據表 8-3-2，我們發現閱讀澳門日報，愛瞞日報對於促進澳門居民的選舉參與沒有任何影響，但是在控制了性別、年齡、身份、婚姻及教育程度之後，閱讀澳門日報（貝塔係數 = 0.30）、愛瞞日報（貝塔係數 = 0.33）仍然可以顯著地提升澳門居民的非傳統政治參與。與選舉參與相同，在控制了有關控制變量之後，收看澳門澳視台（貝塔係數 = 0.28）可以顯著地提升澳門居民參與以遊行、請願、上訪等為代表的非傳統政治活動。值得一提的是，收看翡翠台顯著地降低了澳門居民選舉參與（貝塔係數 = –0.10），卻可以大大促進澳門居

民非傳統政治參與（貝塔係數 = 0.25）。在表 8-3-2 模型 4 中，我們加入了兩個中介變量──政治興趣和政治動員，我們發現政治興趣（貝塔係數 = 0.43）與政治動員（貝塔係數 = 0.34）都可以顯著地提高澳門居民的非傳統政治參與，相比政治動員，政治興趣的影響力更大。在加入了兩個中介變量之後，表達性社團的參與對提升澳門居民的非傳統政治參與已沒有影響，在表 8-2-1 中，我們已證實表達性社團的參與可以增加澳門居民的政治興趣與成為政治動員的機率，所以我們可以得出這樣一個結論：表達性社團參與對澳門居民非傳統政治參與的正面影響主要是間接的，是透過提升成員的政治興趣和成為政治動員的目標的機率來提升成員的非傳統政治參與。與表達性社團參與不同，在加入了中介變量之後，功用性社團參與仍然可以顯著地提升澳門居民的非傳統政治參與，雖然其貝塔係數有從未加入中介變量之前的 0.20 降低到 0.15。可見政治興趣與政治動員不能完全解釋功用性社團參與對澳門居民非傳統政治參與的正面影響。同樣的，政治興趣與政治動員也不能完全解釋為什麼閱讀澳門日報、愛瞞日報和收視澳門澳視台可以提升澳門居民的非傳統政治參與。在控制了政治興趣與政治動員之後，閱讀澳門日報、愛瞞日報，收看澳門澳視台和翡翠台仍然可以顯著地提升澳門居民的非傳統政治參與。

## 第四節　結論和討論

　　關於政治參與，我們的研究發現澳門居民自澳門回歸祖國後明顯增加了對中國的歸屬感和公民責任感，表現在積極參加投票選舉澳門立法會議員。對於遊行、請願、上訪等非傳統的政治參與，澳門居民卻不是很熱中，僅有 5% 的澳門居民在過去三年參加過非傳統的政治活動，而有 44% 的居民參與了最近一次澳門立法會議員

選舉。澳門居民整體來說還是很有公民責任感的。

澳門人口不多，卻擁有 4,000 多個社團，有超過一成（13%）的澳門居民加入了表達性或是功用性社團。與西方社會相同，澳門社團也是「民主的搖籃」，社團參與可以提升成員對政治的興趣，和成為政治動員的目標。參加功用性社團的成員相對於參加表達性社團的成員更可能成為政治動員的目標。值得一提的是參加表達性社團對澳門居民投票選舉立法會議員沒有影響，但是可以促進澳門居民參與遊行、請願、上訪等非傳統政治活動。參加功用性社團比如街坊總會、社區服務社團可以同時促進澳門居民選舉參與和非傳統政治參與。所以參加功用性社團對澳門居民的政治參與影響更大。

關於媒體使用和政治參與，我們發現澳門居民主要透過收看電視，比如澳門澳視台（46%）、翡翠台（30%）、澳門資訊台（11%）來獲取有關時政民生的訊息。也有相當一部分人收看澳亞衛視（7%）、澳視高清台（7%）、互動新聞台（6%）。其次是透過網路獲取新聞，主要是閱讀澳門日報電子版、蘋果日報電子版，只有很少一部分人（13%）是透過閱讀紙質報刊主要是澳門日報來獲取新聞。總體來說澳門人還是比較關注本地新聞，體現在澳門人主要閱讀收看以報導本地新聞為主的澳門日報、愛瞞日報和澳門澳視台。

澳門日報是澳門發行量最大的報刊，主要報導本地新聞。我們特別要提一下澳門澳視台是澳門唯一的以播報本地新聞為主的電視台，在歷次立法會選舉之前都會大幅度報導有關選舉的新聞。因為沒有其他選擇，有近半成（44%）的澳門居民主要是透過收看澳門澳視台來獲取有關時政民生的訊息。更重要的是收看澳門澳

視台（貝塔係數 = 0.19）比表達性社團參與（貝塔係數 = 0.06）、功用性社團參與（貝塔係數 = 0.05）、閱讀澳門日報（貝塔係數 = 0.05）、閱讀愛瞞日報（貝塔係數 = 0.07）更有效地培養澳門居民的政治興趣。貝塔係數值愈大，說明愈能提升澳門居民對政治的興趣。

簡言之，澳門澳視台對澳門居民政治興趣的培養起著至關重要的作用。透過閱讀報刊獲取時政新聞的人往往已對政治有興趣，所以閱讀報刊對提升公民政治興趣的影響不大（貝塔係數 ≤ 0.07），對政治不感興趣的人往往濾過時政新聞選擇閱讀娛樂版。但是收看電視很不相同，對政治有興趣和沒興趣的澳門居民都會看電視。不像報刊，電視觀眾不能隨意地濾過不想看的新聞，因為電視節目的播放順序是不受收視者控制的。很多對政治不感興趣的觀眾也會在不經意間收看了很多有關本地時政民生的新聞。和閱讀報刊不同，收看電視新聞對觀眾的教育程度沒有要求，因此電視新聞的受眾會遠遠大於報刊的讀者，從而電視對公民政治興趣的提升也會大大高於報刊。有意思的是，收看澳門澳視台可以顯著地提高澳門居民的政治興趣，卻對提升收視者成為政治動員的目標沒有任何影響。可見澳門澳視台還是大力支持本地和中央政治的，主要是報導彰顯本地及中央政府業績的新聞。值得一提的還有澳門很受歡迎的網路激進媒體──愛瞞日報，雖然瀏覽愛瞞日報的澳門人不多，僅有 6% 的澳門人透過閱讀愛瞞日報獲取時政民生訊息。可是閱讀愛瞞日報可以有效地提升澳門居民的政治興趣（貝塔係數 = 0.07）和提高澳門居民成為政治動員目標的機率（貝塔係數 = 0.13）。除了澳門澳視台，也有三成澳門居民主要透過收看翡翠台獲取時政民生新聞的。香港翡翠台是一個以播放娛樂節目為主的電視台，不同於澳門澳視台、香港翡翠台主要播報以香港、內地為主的時政新

聞，很少提及有關澳門的新聞，所以收看翡翠台的新聞對澳門居民的政治興趣培養有負面作用；換言之，收看翡翠台會降低澳門居民對政治的興趣，但是會提高澳門居民成為政治動員目標的機率。

雖然閱讀澳門日報、愛瞞日報會提高澳門居民的政治興趣，我們發現閱讀報刊對提升澳門居民投票選舉澳門立法會議員沒有任何正面影響。與此同時，閱讀報刊不僅可以提升澳門居民成為政治動員目標的機率，還可以促進澳門居民參與遊行、請願、上訪等非傳統政治參與。值得一提的是收看澳門澳視台可以顯著地提高澳門居民傳統（貝塔係數 =0.55）和非傳統政治參與（貝塔係數 =0.28），尤其是提高澳門居民參與選舉立法會議員。收看翡翠台對澳門居民選舉參與沒有影響，卻可以促進澳門居民參與遊行、請願和上訪等非傳統的政治參與。

綜上所述，我們可以說澳門的社團參與和媒體使用在不同程度上促進了澳門居民的傳統和非傳統的政治參與。澳門的社團是「民主的搖籃」，社團參與可以培養成員的政治興趣和成為政治動員目標的機率。澳門澳視台在培養澳門居民政治興趣和提升澳門居民被政治動員的機會方面做出了舉足輕重的作用。相反，收看以娛樂為主的電視台會大大降低澳門居民的政治興趣。

## 參考文獻

1. Bennett & Iyengar, 2008. A New Era of Minimal Effects? The Changing Foundations of Political Communication. *Journal of Communication* 58 (2008), 707-731.

2. Chan, M. (2016). Media use and the social identity model of collective action examining the roles of online alternative news and social media

news. *Journalism & Mass Communication Quarterly.* Advance online publication. Doi: 1077699016638837.

3. Chan, J. M., & Lee, F. L. F. (2007). Media and politics in post-handover Hong Kong: An introduction. *Asian Journal of Communication,* 17 (2), 127-133.

4. Guo, S. (2011). Framing distance: Local vs. non-local news in Hong Kong press. Chinese *Journal of Communication,* 4 (1), 21-39.

5. Ho, C. S. Bryan. 2011. "Political Culture, Social Movements, and Governability in Macau." *Asian Affairs: An American Review* 38, no. 2: 58-87.

6. Lee, F. L. F. (2007). Hong Kong citizens' beliefs in media neutrality and perceptions of press freedom: Objectivity as self-censorship. *Asian Survey,* 47 (3), 434-454.

7. Lee, F. L. F., & Chan, J. (2009). Organizational production of self-censorship in the Hong Kong media. *International Journal of Press/ Politics,* 14 (1), 112-133.

8. Leung, D. K. K., & Lee, F. L. F. (2014). Cultivating an active online counter public examining usage and political impact of internet alternative media. *International Journal of Press/Politics,* 19 (3), 340-359.

9. Ma, N. (2007). State-press relationship in post-1997 Hong Kong: Constant negotiation amidst self-restraint. *The China Quarterly,* 192, 949-970.

10. Verba, Sidney, Kay Lehman Schlozman, and Henry E. Brady. 1995. *Voice and Equality: Civic Voluntarism in American Politics.* Cambridge, Mass.: Harvard University Press.

11. Wang, H. and E. P. W. Hung. 2012. "Associational Participation and Political Involvement in Macau: A Path Analysis." *Issues & Studies* 48: 191-212.

12. Wang, H., T.J. Cai, Y.Y. Xin & B.C. Chen. (2019). "The Effects of Previous and Current Instrumental Involvement and Expressive Involvement on Online Political Participation among Chinese College Students". *Sociological Inquiry*, 2019.

13. Yee, Herbert S. 1999. "Mass Political Culture in Macau: Continuity and Change." *Issues & Studies* 35, no. 2 (June): 174-97.

14. Yung, B., & Leung, L. Y. (2014). Facebook as change? Political engagement in semi-democratic Hong Kong in its transition to universal suffrage. *Journal of Asian Public Policy*, 7 (3), 291-305.

# 第九章　成癮行為

李德、郭世雅

MACAO.

# 第一節 澳門居民賭博行為及其對賭博相關議題調查

## 一、背景及議題的重要性

賭博這項活動早在我們的老祖先時候就有了（Abbott & Volberg, 2000；McMillen, 1996），而且是一普遍受歡迎的社會活動（Lam, 2014）。在歐洲有紙牌遊戲前，中國人早就開始玩紙牌遊戲了（Lam, 2014）。根據《史記》記載，中國最早的遊戲是「六博」，大約是在商朝（1600-1046 BC）之前就發明的，許多中國的君主都熱中六博（Song, 2016）。六博是一種二人互搏的棋盤遊戲，但遊戲規則已不可考（Cazaux, 2009）。

澳門是中國唯一開放賭博的地區，因博彩事業發展蓬勃，素有「東方的蒙地卡羅」及「亞洲的拉斯維加斯」之稱。2002 年時，澳門政府開放博彩，使得澳門的博彩達到高峰。在 2012 年時，澳門博彩年收高達美金 380 億，而其中的 40% 成為澳門政府的稅收，大量的稅收直接間接帶動澳門其他的觀光事業，並為澳門居民帶來富足的生活。

賭博在澳門是合法行為，為澳門帶來豐厚的財源，也帶來負面衝擊，例如：洗錢問題、交通壅塞、環境汙染和犯罪等等問題。雖然博彩已和澳門密不可分，成為居民生活文化的重心，但究竟身處賭場林立的澳門居民是如何看待這種現象，學者對這部分的研究並不如預期的豐富，而有系統隨機抽樣對澳門居民做全面調查賭博行為和看法的研究更是少之又少。基於此，「澳門社會調查」納入了一些問題，專門調查澳門居民的賭博行為及他們對賭博的觀點。為了全面瞭解賭博問題，我們首先介紹澳門政府對博彩與治案狀況的最新評估，然後回顧賭博與犯罪的理論以及海外的實證數據，最後

陳述本次調查的結果。

## 二、2018 年澳門博彩業與澳門治安

　　依據 2018 年澳門博彩業發展對澳門治安影響的評估意見（保安司司長辦公室，2019），澳門警方在 2018 年共開立涉及剝奪他人行動自由罪共 327 宗，同比 2017 年的 466 宗減少 139 宗，下降 29.8%，當中因高利貸而衍生的剝奪他人行動自由案共 309 宗，較 2017 年的 460 宗減少了 151 宗，大幅下降 32.8%；而高利貸案件共錄得 568 宗，當中涉及賭博的高利貸案件共 554 宗，比 2017 年的 440 宗增加了 114 宗，上升 25.9%。

　　根據司法警察局提供的數據，該局 2018 年開立有關博彩犯罪案件（項目調查及檢舉）共 1,884 宗，比 2017 年的 1,847 宗，上升 2%。司法警察局 2018 年移送檢察院的博彩罪案嫌犯（包括拘留犯和非拘留犯）共 2,192 人，比 2017 年的 2,171 人輕微增加約 1%。其他直接及嚴重影響社會治安的嚴重暴力犯罪沒有增加的跡象，其中，涉及「綁架」、「殺人」和「嚴重傷人」等案件繼續保持零案發率或低案發率的局面，「犯罪集團罪」2018 年立案 20 宗，比 2017 年的 39 宗減少 19 宗。

　　澳門警方對於上述資料做一結論，認為澳門博彩業的調整及發展直至目前為止未對治安形勢造成太大的負面影響。為防止賭博帶來負面影響的擴大，司法警察局成立了 24 小時運作的協調中心，協調及安排駐守娛樂場的刑事偵查員和 4 隊巡邏隊，對娛樂場進行實時監察及進行實時處理突發案件，亦自 2018 年 10 月起新增一隊 24 小時特別巡邏小隊，負責娛樂場及酒店周邊的針對性預防犯罪工作，而治安警察局則在娛樂場周邊開展針對性的預防犯罪工作，遏止博彩犯罪活動。

### 三、賭場對犯罪及其他社會問題的影響

#### （一）賭博與犯罪理論

對賭博犯罪成因及形成過程的解釋，本文大致由理性抉擇、生理學、心理學及犯罪社會學等四個領域探討。

理性抉擇是哲學中思考人類行為之原動力，所提出的一種觀點。理性抉擇理論視行為是個人選擇的結果；是個人在考量所獲得的訊息，衡量行為之利益與後果後，認為無損於己的理性抉擇。以理性抉擇的觀點來看賭博行為，可以看的出，參與賭博的人都認為賭博對他們而言是有利益的，這利益或許是獲得精神上的鬆懈，達到娛樂的效果；或者是達成聯誼的目的，拉近了彼此的情誼；對大部分賭者而言，其利益是贏錢及享受勝利的快樂（孫義雄，1993）。

生理心理的研究發現賭博時的感覺與個體興奮時的狀態是類似的，Brown（1986）認為興奮是賭博的主要增強物，興奮也是賭博開始及持續下去的主要因素，在賭博中，賭客體驗到了興奮；興奮一旦被激發，就會尋求滿足。病態性賭客可能由於體內的不正常生化活動，而產生不能自我控制的好賭行為。在這種解離狀態之下，其自主神經系統會很明顯地產生低興奮現象。Jacobs（1987）的研究亦發現，病態性賭客在賭博時會有明顯的心跳加快、手汗等「潮紅」的現象。

精神分析論觀點對賭博行為有以下幾點核心的解釋：（邱明偉，1998）

1.賭博行為旨在滿足原始的驅力。
2.賭博行為的動力分析可遠溯到早年的學習經驗。

3. 賭博行為是將潛意識中性器前期時過度禁欲或攻擊的驅力，以賭博行為作為宣洩管道的替代物。
4. 賭博行為的意涵具有「想輸錢的潛意識」，目的在尋求懲罰，以減輕內心的罪惡感。
5. 賭博行為在持續不斷發生的心理衝突中，提供了有效的中介角色，但其並不能解決衝突。

　　犯罪社會學者認為賭博行為是經由觀察重要他人的行為而學習到的，行為會因其結果受到懲罰或獎賞，而會減弱或增強。行為學派認為，對行為的獎賞，會促使或吸引行為人以後更常從事此一行為，且部分獎賞（並不是每次都受到獎賞），比連續獎賞（每次行為都受到獎賞）更有效，行為更為持久而不易消除。部分獎賞又可區分為四種，定時、不定時、定比及不定比；前二者指每間隔一段一定或不定的時間之後，行為才會得到獎賞；後二者指每作一定次數或不定次數的反應後，行為會得到獎賞。據研究發現，不定比且不定時的獎賞最能有效地影響行為。在這種不定比且不定時獎賞的訓練之後，鴿子可以連續啄一萬次，雖然還沒得到獎賞，仍然會繼續啄下去。可見由不定比且不定時所建立的行為是多麼難以消除。賭博的獎賞就是依不定比且不定時的原則出現的，尤其是那些純由機率定勝負的賭博方式（孫義雄，1993）。

## （二）實證結果

　　美國「馬里蘭大學犯罪學及刑事司法研究所」教授 Peter Reuter（1997）受馬里蘭州「大巴爾第摩委員會」（The Greater Baltimore Committee）委託，分析了美國近十年內設立賭場的大約 20 個城市的資料，並訪談了 St.Louis metropolitan 地區，和 Mississippi Gulf 的城市 Biloxi、Gulfport，訪問其官方及社會服務機構，也看了一些賭場的公共安全設施。

研究目的在探討於 1994 年中期設立，人口在 20,000 以上的城市，利用 UCR 資料比較其在設立賭場前後之犯罪率，列出設立當年及其前後兩年之犯罪率，並以之和 Illinois、Missouri 其他未設立賭場城市比較。比較時分為財產犯罪（larceny、burglary、auto-theft）及暴力犯罪（assault、robbery）兩組（Reuter，1997）。比較 7 個有賭場的市鎮和 8 個沒有賭場的市鎮之暴力犯罪後，發現，7 個有賭場的市鎮中，第一年暴力犯罪幾乎沒有改變，第二年上升約 10%，88 個沒有賭場的市鎮之暴力犯罪，第一年上升約 10%，第二年幾乎沒有改變。在財產犯罪方面，則皆無太大改變。綜言之，有賭場的市鎮中並沒有因為設立賭場而犯罪率大增。在 Biloxi、East St. Louis 由於稅收增加，警察人員、裝備、薪資在三年內大大增加，亦增進了公眾的安全。有學者以為有賭場的市鎮，會產生虐待兒童、家庭暴力、家庭破裂等社會問題，但訪視 Gulf Coast、St. Louis 都會區之社會福利機構，發現這些並沒有太多的增加。而最大的問題是在於酗酒相關的事件（由於賭場全天候提供免費的飲料），但問題並不太嚴重。研究之統計分析和訪談的結果，令人驚訝的一致。賭場並沒有引發太多的社會問題。沒有明確證據可以顯示設立賭場地區的居民或移入者，會因為賭場的設立而對其個人或家庭造成問題，比較明顯的社會現象是當鋪的增加。研究的結論認為，以遊客為導向的賭場會引來大量的陌生人，具潛在吸引力的目標會引來犯罪人，但賭場提供了在特定地點、時間的巡邏，應該對於犯罪預防會有其相當的作用。而喝醉的賭客容易於夜晚在停車場被搶，或者酒醉駕車，這些都是賭場要注意預防的。研究所觀察到的是賭場會吸引掠奪性犯罪的犯罪人，及引發高危險群的年輕人酒精相關的犯罪。賭場會帶來低技術要求的工作機會，其薪水會吸引人力投入，減少失業率，此一效應應該會降低犯罪率（至少抵消因犯罪目標增加所吸引來的犯罪）。

Govoni（1995）於加拿大 Windsor 都會地區實施賭博行為的隨機電話調查，以賭博活動、問題賭博行為及人口特性等為研究之變項，發現賭客和非賭客間，在「賭博傾向」、「性別」、「家庭收入」、「宗教信仰」上有差異。從事不同賭博行為的數目隨年齡而遞減，而「家庭收入用於賭博」之變項，不會因年齡而有所不同。問題賭客和病態性賭客隨年齡成長而減少，故此研究認為隨年齡的發展會增加對賭博行為的控制。

## 四、病態性賭博

心理學界最有興趣探討的賭博行為是──「病態性賭博」。美國《心理疾病診斷與統計手冊》（*Diagnostic and Statistical Manual of Mental Disorders*，3rd ed.，或稱為 DSM- III）直到 1980 年，才把病態性賭博列入其中「無法歸類的衝動控制違常」項目中，在第四版手冊（DSM-IV, 1994）中，特將「病態性賭博」的標準認定如下。

持續而再發的適應不良賭博行為，具下列特點中的五項（或五項以上）：

1. 全心專注於賭博（如專注於重溫過去的賭博經驗、計算推測下注選擇、計畫下一次的賭博冒險或盤算著取得賭本的方法）。
2. 為達到所追求的興奮程度，必須增加賭注數目。
3. 一再努力的控制、減少或停止賭博，但都失敗。
4. 在企圖減少或停止賭博時，會坐立不安或易怒。
5. 以賭博作為逃避問題或解脫惡劣心情（如無助、罪惡、焦慮或憂鬱之感受）的一種方式。
6. 因賭輸錢後，時常為贏回損失而日後回來再賭（想翻本）。

7. 對家人、治療者或其他人說謊，以隱瞞自己參與賭博的事實。

8. 為了賭本而從事非法的活動，如偽造、詐欺、偷竊或盜用公款。

9. 由於賭博已傷害或失去一種重要的人際關係、工作、教育或事業的機會。

10. 賭博造成財務狀況極度惡劣，而需依賴他人供給金錢來紓解財務困境。

有的人認為病態性賭博，是情緒失常或是衝動失控的問題；Custer（1982）則認為病態性賭博類似於藥癮的行為。病態性賭客在賭博之前會極度焦慮，而在屢次賭輸之後，仍會堅持的一些儀式性的行為，都完全符合DSM-IV裡所描述的妄想強迫性行為的描述。

亦有人認為病態性賭博是一種上癮行為，病態性賭客有許多行為與藥物上癮者相同，只是賭客所濫用的是金錢，而不是藥物或酒精。Suinn（1988）認為「上癮行為」有幾個基本的重要特徵：可以獲得短暫的滿足，但是卻可能會造成長遠的傷害。Freud（1961）首先提出賭博與酗酒、嗑藥一樣，都是上癮行為的看法。而亦有許多其他的研究者把強迫性的賭博行為視為上癮行為，其主要的原因，就是兩者之間有許多的共通點。亦有一些研究者也發現病態性賭客在停止賭博行為時，也會有生理上的一種「退縮」（withdrawal）的現象。

在比較了病態性賭客、酒精中毒者與海洛因上癮者在心理測驗上的表現之後，Gramham and Lowenfeld（1986）發現他們在特性上有許多相似之處；他們都傾向於自我中心、自戀、緊張、神經質和高度焦慮、對壓力過度反應，有悲觀和憂愁的傾向。其他的行

為特徵還包括發洩的、衝動的行為；週期性的憤怒發作；對自己缺乏成就感到挫折；不願意打開心胸承認害怕被傷害；顯示出被動、依賴他人以及有操縱欲（游恒山譯，2000）。

依據美國心理學會的分類，估計美國有 250 萬的成人是病態性賭客，而其他還有 300 萬的成人可被視為問題賭客；以更廣的分類來說，有 1,500 萬的成人有成為問題賭客的風險，以及 14,800 萬的成人是低風險的賭客；而大概有 2,900 萬的美國成人從不賭博。

大學畢業，全年收入在 100,000 美元以上，擁有自己的房子，年齡在 65 歲以下的賭客中，其病態性賭博的比例較小。男性較女性容易成為病態性賭客及問題賭客；而非洲裔的美國人，亦較其他種族的人容易成為病態性賭客及問題賭客。此外，有 1% 參與賭博的成人自認為是職業賭客，而在這些自認為是職業賭客的人口中，有五分之一的人是病態性賭客。

住在賭場方圓 50 英里內的居民成為病態性賭客及問題賭客的可能性，是其他地區民眾的兩倍。病態性賭客及問題賭客中，宣告破產、依賴救濟金過活的較其他人多，其被逮捕及被監禁的可能性亦較高。病態性賭客及問題賭客常常是為了尋求刺激而賭博，也較容易有躁症、憂鬱症等心理及情緒的問題，亦較常接受心理治療。

病態性賭客及問題賭客總共占成人中的 2.5%，但卻解釋了 15% 的賭博、彩券等的花費。美國每年大約花費 5 億美元在病態性賭客及問題賭客身上；此外，還有 40 億美元因減少生產、社會服務及信用方面的損失。這還不包括離婚、家庭破裂及其所造成之社會問題等損失。

## 五、澳門居民參與博彩的盛行率

在澳門社會調查中，其中有一問題為「無論籌碼多少，對象及類別（例如：六合彩、麻雀、老虎機等）的不同，只要是計算錢財的博彩活動就是賭博。請問你在過去的一年中有沒有賭博行為？」回答選項為「有」和「沒有」，數據分析顯示，在受訪人中有14.6%（n = 511）在過去一年曾賭博。而在這14.6%曾賭博受訪者中，參與最多的是六合彩（62.8%，n = 286），其次是去賭場賭博（43.8%，n = 202），接著是玩股票和期貨（30.4%，n = 137）。有幾項項目參與的人都不到10%，如保齡球、高爾夫球場、撞球等以贏錢為目的比賽（3.7%，n = 16），賽馬或賽狗（6.6%，n = 30），及 Bingo 遊戲。至於賭博金額占最大比例的是花 MOP1-100元（43.8%，n = 224），而花 MOP101-1000 在賭博上的有27%（n = 142）占第二位。花超過 MOP 100 萬以上在賭博上的也有19%（n = 97）。

問卷中另一問題是問所有的受訪者（N = 3,506）：「與您有血緣關係的人中，有誰喜歡賭博？」大部分的受訪者都說沒有任何和他們有關係的人喜歡賭博（89.7%，n = 3,144）。有不到5%的受訪者（4.9%，n = 172）說其他親戚喜歡賭博，這是占所有選項的第一位，其他選項有父親（2.7%，n = 96），母親（1.0%，n = 36），兄弟姐妹（0.7%，n = 23），配偶（1.3%，n = 47），孩子（0.3%，n = 11），其他生命中重要的人（0.5%，n = 17）。

## 六、澳門居民賭博失調行為

為瞭解這些14.6%（n = 511）在過去一年曾賭博的受訪者，是否他們的賭博已達妨礙生活和家人相處的程度，在研究中問了九個問題（Cronbach alpha = 0.905；Eigenvalue：5.260），問卷提供的

選項有：「從不」、「有時」、「大多數時候」及「總是」。本文作者將後三選項合併，計算出選後三選項的人數及比例如表 9-1-1。

表 9-1-1 澳門居民賭博失調行為調查 （N = 511）

| 賭博失調行為 | 人數（%） |
| --- | --- |
| 您曾經賭博的金額超出您能承受的範圍 | 58（11.4） |
| 在過去的一年中，您仍然需要大量現金的賭博來得到快感 | 48（9.5） |
| 當您賭輸之後，您會試圖贏回您失去的錢 | 86（17） |
| 您會透過借錢或者抵押的手段去賭博 | 32（6.3） |
| 你覺得您會有賭博成癮的問題 | 34（6.8） |
| 賭博有對您的健康造什麼影響嗎？例如：緊張或者焦慮 | 62（12.3） |
| 您的賭博行為成癮已經成為一個問題 | 27（5.3） |
| 賭博對您和您家人造成過經濟問題 | 34（6.8） |
| 當您賭博的時候，您會有罪惡感 | 60（11.9） |

如表 9-1-1，在賭博的受訪者中，在輸錢之後，想贏回失去的錢占最多數（17%），其次是賭博已造成健康問題了（12.3%），而所占比例最小的是認為自己是問題賭徒（6.8%）。作者將賭博行為的九項問題相加，並與賭博金額的大小做相關分析發現，這兩個變量在本樣本中呈現正相關（p<.05），也就是說賭博行為問題愈嚴重者，賭博金額愈大，雖符合期待，但相關值很低（r = .108）。

## 七、澳門居民對博彩業的看法

在問卷中有十三個問題是有關對博彩業的看法，作者將其中十二項問題分為兩類：（一）博彩對澳門的正面影響，及（二）博彩對澳門的負面影響。第十三個問題是受訪者對澳門博彩的支持度。在原調查表中，各個問題有五個選項：非常不同意，不同意，

不確定，同意，非常同意。作者將前兩項合併為一組，後兩選項亦合併為一組，不確定自成一組。表 9-1-2 呈現受訪者對博彩的正面影響看法的人數及百分比，而表 9-1-3 則是對負面影響的看法。

表 9-1-2　澳門居民對博彩業正面影響的看法

| 問題 | 非常不同意／不同意（人數／%） | 不確定（人數／%） | 同意／非常同意（人數／%） |
|---|---|---|---|
| 賭場可以使澳門人不用去其他城市賭博 | 538（15.5） | 667（19.3） | 2,260（65.2） |
| 博彩業豐富了澳門人的娛樂生活 | 556（16） | 489（14.1） | 2,433（69.9） |
| 賭場為澳門居民創造了更多就業機會 | 126（3.6） | 269（7.7） | 3,079（88.6） |
| 博彩業的發展會降低本地居民申請援助數目 | 305（8.8） | 670（19.3） | 2,489（71.9） |
| 博彩業減少本地人從事非法賭博的行為 | 498（14.4） | 732（21.1） | 2,236（64.5） |
| 博彩業會增加稅收，用於城市發展 | 282（8.2） | 491（14.2） | 2,689（77.7） |
| 個人賭博賺的錢對澳門慈善有好處 | 923（26.7） | 833（24.1） | 1,697（49.2） |
| 博彩業會促進澳門旅遊業的發展 | 822（23.7） | 444（12.8） | 2,207（63.5） |
| 本人支持澳門博彩業的發展 | 187（5.4） | 233（6.7） | 3,056（87.9） |

　　由上表可知，絕大多數澳門居民對博彩所帶來的效益都持同意的態度，更有將近 88% 的受訪者支持澳博彩業發展。另外，居民對博彩業可能帶來負面影響的看法，將呈現在表 9-1-3。

表 9-1-3　澳門居民對博彩業負面影響的看法

| 問題 | 非常不同意／不同意（人數／%） | 不確定（人數／%） | 同意／非常同意（人數／%） |
|---|---|---|---|
| 博彩業會導致犯罪率提升 | 1,070（30.8） | 671（19.3） | 1,736（49.9） |
| 博彩業會破壞澳門居民的家庭生活 | 1,206（34.8） | 680（19.6） | 1,580（45.6） |
| 博彩業會增加澳門抽菸、喝酒、吸毒的現象 | 822（23.7） | 444（12.8） | 2,207（63.5） |
| 博彩業會對本地的青少年產生負面影響 | 1,107（31.9） | 609（17.5） | 1,757（50.6） |

表 9-1-3 顯示，雖然有過半或幾乎過半的受訪居民認為博彩為澳帶來一些負面影響，但仍有不少的受訪者持否定的意見。

## 八、小結

澳門賭場林立，但其中有約 14% 的居民在本調查時間前一年曾參與賭博，再加上與香港在 2016 年時曾參與賭博的比例是 61.5%（香港理工大學，2017）比較，澳門居民賭博比例是很低的。這低比例也可從另外一個問題的答案得到間接證實，就是幾乎有 90% 的受訪居民表示，他們的親人沒人喜歡賭博。在各項賭博中，澳門居民最常參與的是六合彩，這和香港居民在 2016 的調查中發現六合彩也是他們的首選賭博項目相同（香港理工大學，2017）。至於是否發展博彩是個見仁見智的議題，在許多地方都引發爭辯，但澳門社會調查的結果得知，澳門居民大多持同意的態度，雖有部分人認為博彩對犯罪、青少年及家庭有不良影響，但比例遠不及受訪居民對博彩肯定態度的多。本研究結果也得知，愈沉浸賭博，賭的金額愈高，這種正向關係是不難理解的。

賭場收入為澳門居民帶來大量財富，而居民或可直接感受其

利，於是對賭場的正面看法多過負面，因此根據澳門居民的意見，澳門政府可以此民意作為發展澳門健康博彩的基礎。同時，也有約半數的受訪者認為博彩會帶來犯罪及家庭問題，因此澳門政府仍應持續不斷地維持加強負責博彩及澳門治安。另外，澳門政府應為澳門居民建設更多除博彩外的休閒設施，特別是為青少年設計的設施及活動，以減少青少年流連賭場，回歸健康身心的正常生活。

## 第二節　物質濫用

廣義上講，物質濫用包括吸菸、飲酒和吸毒，而吸毒一般指吸食非法的、可以導致成癮的並可能產生心理作用的物質如鴉片、海洛因、古柯鹼（可卡因）、安非他命等。為了瞭解澳門居民的物質濫用情況，本次調查對吸菸、飲酒以及吸毒行為全都進行了測量。

### 一、吸菸

關於吸菸的第一個問題是「受訪者是否曾經嘗試過吸菸」。如表 9-2-1 所示，83.7% 的居民自報沒有嘗試過吸菸，16.3% 的居民承認曾經嘗試過吸菸。

表 9-2-1　吸菸盛行率

| 吸菸狀況 | 人數 | 百分比 |
|---|---|---|
| 從沒吸過菸 | 2,924 | 83.7 |
| 一、兩次 | 67 | 1.9 |
| 偶爾、並不經常 | 107 | 3.1 |
| 以前常有 | 114 | 3.3 |
| 現在經常 | 282 | 8.1 |

對於那些自報吸過菸的居民，我們進一步追問他們最近一個月內每日吸多少支菸。表 9-2-2 中的數據顯示，在曾經吸過菸的受訪者中，23.3% 的居民最近一個月內沒有吸過菸，6.1% 的居民每日吸不到一支菸，20.2% 的居民每日吸一至五支菸，24.4% 的居民每日吸大概半包菸，20.1% 的居民每日吸大概一包菸，4.6% 的居民每日吸大概一包半菸，1.3% 的居民每日吸兩包或更多的菸。

表 9-2-2　吸過菸的居民中最近一個月的吸菸數量

| 吸菸數量 | 人數 | 百分比 |
| --- | --- | --- |
| 沒有 | 133 | 23.3 |
| 每日少於一支 | 35 | 6.1 |
| 每日一至五支 | 116 | 20.2 |
| 每日大概半包 | 140 | 24.4 |
| 每日大概一包 | 115 | 20.1 |
| 每日大概一包半 | 27 | 4.6 |
| 每日兩包或更多 | 7 | 1.3 |

測量吸菸盛行率時經常使用的指標是當前吸菸率和每日吸菸率。根據表 9-2-2 中的數據，澳門的當前吸菸率和每日吸菸率為 0.13 和 0.12，也就是說，澳門 13% 的居民近一個月內吸過菸，並且，12% 的居民每天至少吸一支菸。表 9-2-3 列舉了澳門的這兩項比率以及中國大陸、美國、葡萄牙和新加坡相應的比率，表中澳門之外的數據來自世界衛生組織的官方報告（World Health Organization, 2017）。如表所示，澳門的當前吸菸率遠遠低於中國大陸和葡萄牙的當前吸菸率，比美國和新加坡的當前吸菸率也要低一點。在每日吸菸率方面，澳門比美國稍微高一點，比新加坡和葡萄牙低一些，僅僅是中國大陸的一半。

表 9-2-3　澳門及其他幾個國家的當前吸菸率和每日吸菸率

| 吸菸盛行率 | 當前吸菸率 | 每日吸菸率 |
|---|---|---|
| 澳門 | 0.13 | 0.12 |
| 中國大陸 | 0.28 | 0.24 |
| 美國 | 0.15 | 0.11 |
| 葡萄牙 | 0.20 | 0.16 |
| 新加坡 | 0.15 | 0.13 |

## 二、飲酒

　　飲酒行為可以從多方面去測量。首先是飲酒的盛行率，也就是所有喝過酒的人在一特定群體中所占的比例。本次調查顯示，30.8% 的澳門居民曾經飲用過酒精飲品，69.2% 的居民沒有飲用過。男性居民的飲酒比例為 41.4%，而女性居民的飲酒比例為 21.0%。

　　對於曾經喝過酒的人，我們進一步追問在過去一年內他們喝過幾次酒。如表 9-2-4 所示，他們之中 12.7% 的居民在過去一年中沒有喝過酒，7.7% 的居民喝過一次，13.3% 的居民喝過兩次，16.3% 的居民喝過三至五次，7.2% 的居民喝過六至九次，42.9% 的居民喝過十次或更多。

表 9-2-4　喝過酒的居民在過去一年內飲酒的頻率

| 過去一年內飲酒的次數 | 人數 | 百分比 |
|---|---|---|
| 沒有 | 136 | 12.7 |
| 一次 | 82 | 7.7 |
| 兩次 | 142 | 13.3 |

| 過去一年內飲酒的次數 | 人數 | 百分比 |
|---|---|---|
| 三次至五次 | 174 | 16.3 |
| 六次至九次 | 77 | 7.2 |
| 十次及以上 | 461 | 42.9 |

我們在調查中也加入了一個酗酒的問題，具體措辭為：「請問近一年內，你有多少天有過一次連續喝 5 杯或以上的酒？（5 杯酒大約等於 6 罐啤酒、半斤白酒或一瓶紅酒）。」表 9-2-5 的數據顯示，在自報曾經飲酒的受訪者中，67.6% 的居民在近一年內沒有一次連續喝 5 杯或以上的酒，9.5% 的居民一年中有一兩天一次連續喝 5 杯或以上的酒，5.5% 的居民在每個月最多有一天酗過酒，8.5% 的居民每個月有兩三天酗過酒，4.7% 的居民每個星期有一兩天一次連續喝 5 杯或以上的酒，1.4% 的居民每個星期有三至五天酗過酒，2.0% 的居民每天或者幾乎每天都有這樣的飲酒行為。

表 9-2-5　喝過酒的居民在過去一年內酗酒的頻率

| 一年內一次連續喝五杯或以上的酒 | 人數 | 百分比 |
|---|---|---|
| 沒有 | 728 | 67.6 |
| 一年中有 1-2 天 | 103 | 9.5 |
| 每個月有一天或更少一些 | 59 | 5.5 |
| 每個月有 2-3 天 | 92 | 8.5 |
| 每個星期有 1-2 天 | 51 | 4.7 |
| 每個星期有 3-5 天 | 15 | 1.4 |
| 每天或者幾乎每天 | 22 | 2.0 |
| 不知道 | 8 | 0.8 |

為了更明確地認識澳門飲酒問題的程度，下面把我們在調查中蒐集的數據和世界衛生組織提供的相關數據進行比較（World Health Organization, 2018）。世界衛生組織提供了三套數據：飲酒盛行率、過去 12 月飲酒盛行率，和酗酒率。前兩組只有區域性數據，最後一組才有國家級數據。如表 9-2-6 所示，澳門的飲酒盛行率為 30.8%，低於世界平均水準的 55.5%，比南亞 - 東亞地區的平均水準（43.4%）也低了約 13%。過去 12 個月盛行率的差距則要小一些，澳門的 12 個月的盛行率為 26.8%，世界和南亞 - 東亞地區的平均水準各為 43.0% 和 33.1%。

表 9-2-6　澳門和世界不同地區飲酒盛行率

| 地區 | 飲酒盛行率 | 過去 12 個月飲酒盛行率 |
|---|---|---|
| 澳門 | 30.8 | 26.8 |
| 非洲地區 | 42.5 | 32.2 |
| 美洲地區 | 83.1 | 54.1 |
| 東地中海地區 | 5.1 | 2.9 |
| 歐洲地區 | 76.5 | 59.9 |
| 南亞 - 東亞地區 | 43.4 | 33.1 |
| 西太平洋地區 | 61.8 | 53.8 |
| 全世界 | 55.5 | 43.0 |

表 9-2-7 列舉了澳門、中國大陸、美國、葡萄牙以及周邊幾個國家酗酒率。澳門的酗酒率為 10.0%，也就是說是十人中有一個在過去的 12 個月內至少有一次連續喝了 5 杯或以上的酒。這個比率低於新加坡（32.2%）、葡萄牙（31.3%）、美國（29.0%）、中國大陸（23.6%）和菲律賓（12.1%），但高於馬來西亞（9.1%）和印尼（6.4%）。總體而言，澳門居民的飲酒行為仍然很普遍，

但參與水準和酗酒的比例都低於世界上很多國家和地區。

表 9 2 7　不同國家或地區的酗酒率

| 國家或地區 | 酗酒率 |
|---|---|
| 澳門 | 10.0 |
| 中國大陸 | 23.6 |
| 美國 | 29.0 |
| 葡萄牙 | 31.3 |
| 新加坡 | 32.2 |
| 印尼 | 6.4 |
| 菲律賓 | 12.1 |
| 馬來西亞 | 9.1 |

### 三、吸毒

本次調查包括一個吸毒盛行率的問題，詢問受訪者是否吸食過毒品。只有 8 位受訪者自報曾經吸過毒，占有效樣本的 0.23%。根據《澳門統計年鑑》，澳門在 2016 年 16 歲或以上的人口約為 542,000 人。將這個人口乘以 0.23%，得出結果為 1,247。也就是說，以本調查的結果進行推算，澳門 16 歲或以上的人口中的吸毒人數為 1,247。

這個數目很可能低估了澳門的實際吸毒人數，原因是受訪者被詢問是否「吸食過毒品」，而吸食非法物質的人並不總是認為自己是吸毒。以往的研究顯示，很多藥物濫用的人並不把新型合成毒品如氯胺酮看成毒品，在他們眼裡，海洛因、鴉片等傳統物質才是毒品，新型毒品不一定有同樣的危害（Li, Zhang, Tang & Xia,

2017）。持有這種觀念的人很可能不會自報自己吸過毒，即使他們已經吸食過受管控的新型合成物質。以後的研究應該主要針對這類問題，用更合適的方法檢測澳門居民的吸毒行為。

## 第三節　結論

關於澳門居民賭博行為的研究很多，但結果經常不一致。導致的原因是所採用的樣本和研究方法的不同。尤其是在樣本上，大多數研究使用的都是簡便樣本，不能代表澳門的居住人口。使用能夠代表澳門人口的概率樣本，「澳門社會調查」發現，澳門約有14% 的居民在過去一年內曾參與賭博，這個比例並不是很高。另外，90% 的受訪居民自報他們的親人中沒有人喜歡賭博的，這一結果從側面證實了澳門博彩業的發展尚未大規模地增強本地居民的對賭博的興趣和參與。

澳門的當前吸菸率為 0.13，遠遠低於中國大陸和葡萄牙的當前吸菸率，比美國和新加坡的當前吸菸率也要低一點。每日吸菸率為 0.12，比美國稍微高一點，但僅僅是中國大陸的一半，比新加坡和葡萄牙也要低一些。總體上而言，澳門的吸菸盛行率在世界上處於比較低的水準。

澳門的飲酒盛行率為 30.8%，低於世界平均水準的 55.5%；過去 12 個月的飲酒盛行率的為 26.8%，同樣低於世界平均水準。澳門的酗酒率為 10.0%，這個比率低於新加坡、葡萄牙、美國、中國大陸和菲律賓，但高於馬來西亞和印尼。各項指標顯示，澳門居民的飲酒和酗酒的比例都低於世界上大多數國家和地區的比率。

這次調查顯示，澳門居民的吸毒比例只有 0.23%，處在相當低的水準。但是，吸毒是個敏感的課題，一般性的問答方式未必能從

所有受訪者那裡得到誠實的答案。歐美的研究告訴我們，藥物濫用研究需要專項設計，訪談方式需要能夠保護受訪者的隱私，這應該是以後研究所努力的方向。

## 參考文獻

1. Abbott, M. W., & Volberg, R. A. (2000). *Taking the pulse on gambling and problem gambling in New Zealand: A report on phase one of the 1999 National Prevalence Survey*. New Zealand: The Department of Internal Affairs.

2. Brown, R.I.F. (1986). Dropouts and Continuers in Gamblers Anonymous: Life-Context and Other Factors, *Journal of Gambling Behavior*, 2 (2), 130-140.

3. Cazaux, J. (2009). Liubo. Retrieved May 23, 2018 from http: //history.chess.free.fr/liubo.htm

4. Custer, R. (1982). An overview of compulsive gambling. In P.A. Carone, S.F.Yolles, S.N. Kieffer, L.W. Krinsky (Eds.), *Addictive Disorders Update: alcoholism/Drug Abuse/Gambling*. (pp. 107-124). NewYork: Human Sciences Press.

5. Lam, D. (2014). *Chopsticks and Gambling*. New Brunswick, New Jersey: Transaction Publishers.

6. DSM-IV (1994). Washington, DC: American Psychiatric Association.

7. Freud, S. (1961). The ego and the id. In J. Strachey (Ed. and Trans.), *The standard edition of the complete psychological works of Sigmund Freud* (Vol. 19, pp. 3-66). London: Hogarth Press (Original work published 1923

8. Govoni, R. J. (1995). *A Study of Gambling Behavior in the City of Windsor*. Ontario: University of Windsor.

9. Graham, J.R., and Lowenfeld, B. R. (1986). Personality dimensions of the pathological gambler. *Journal of Gambling Behavior* 2: 57-66.

10. Jacobs, D.F. (1987). A general theory of addictions: application to treatment and rehabilitation planning for pathological gamblers. In T. Galski (Ed.), *The Handbook of Pathological Gambling*, (pp. 168-194), Springfield, IL: Charles C. Thomas

11. Li, S.D., Zhang, X., Tang, W., & Xia, Y. (2017). *Predictors and implications of synthetic drug use among adolescents in the gambling capital of China*. Sage Open. DOI: 10.1177/2158244017733031.

12. McMillen, J. (1996). Understanding gambling. In *Gambling Cultures*, edited by J. McMillen. London: Routledge.

13. Reuter, P. (1997). The Impact of Casino on Crime and other Social Problems: An Analysis of Recent Experiences. Report for Greater Baltimore Committee.

14. Song, J. (2016). Charms Decorated with Liu bo Patterns from the Han Dynasty. Business Media Singapore 2016. A.C. Fang and F. Thierry (eds.), *The Language and Iconography of Chinese Charms*, DOI 10.1007/977-981-9-1793-3_2

15. Suinn R.M. (1988). *Fundamentals of Abnormal Psychology*. Chicago: Nelson Hall

16. Suits, D. & Kallick M. (1976). Gambling in the United States: A Summary Report. Ann Arbor: University of Michigan, Institute for Social Research.

17. World Health Organization. (2017). WHO report on the global tobacco epidemic, 2017: Monitoring tobacco use and prevention policies. Geneva: World Health Organization.

18. World Health Organization. (2018). Global status report on alcohol and

health 2018. Geneva: World Health Organization; 2018.

19. 香港理工大學（2017）。香港人參與賭博活動情況 2016 研究報告。平和基金委託 https: //www.hab.gov.hk/file_manager/tc/documents/policy_responsibilities/others/gambling_ex_2016.pdf

20. 保安司司長辦公室（2019）。2018 年澳門博彩業發展對澳門治安影響的評估意見。https: //www.gss.gov.mo/pdf/talk20190226b.pdf

21. 邱明偉（1998）。一般性犯罪理論與社會學習理論整合觀點之測試。國立中正大學犯罪防治研究所碩士論文。

22. 孫義雄（1993）。職業賭博犯罪形成過程及賭博罪刑事政策之研究。中央警察大學博士論文。

23. 游恒山譯（2000）。變態心理學。台北：五南圖書出版公司。

第十章　澳門居民犯罪與被害調查

郭世雅、張露月

MACAO.

## 第一節　背景及議題的重要性

官方犯罪資料一向被詬病無法反映真實狀況，使用受訪者自陳（self-report）違規行為資料即成了彌補官方資料不足的做法。自陳違規行為已廣為犯罪學者測量偏差行為的主要工具之一，特別是青少年偏差行為（Hardt & Peterson-Hardt，1977）。學者曾對犯罪自陳資料做過品質檢驗，發現犯罪自陳資料的信度和效度都在可接受的範圍（Thornberry & Kronhn，2000）。

澳門土地面積約有 29 平方公里大，至 2015 年在這彈丸之地就有 35 家賭場（Kam, Wong & So, et al., 2017），單單 2018 年三月旅客人數就高達近三百萬人（Trading Economics，2018）。儘管如此，美國國務院評估澳門整體是「低度」受威脅區（low-threat location）（Macau 2017 Crime & Safety Report，2017）。依 2017 年 2 月澳門保安司對外發布的新聞：2016 年澳門刑事案件略有增加，而財產犯罪占最大宗（53.2%），其次是侵犯人身（20.2%），嚴重暴力案件，如殺人、重傷害則未有報案紀錄。澳門以賭場和觀光聞名，每日大批觀光客對澳門治安影響如何？究竟這官方資料是否真實或接近真實？從未有其他的資料可茲佐證。澳門大學社會學系在 2016 年 6 月實施的澳門社會調查中（Macau Social Survey），包括澳門居民自陳的犯罪問題和被害情形，希冀藉由居民的自陳，進一步瞭解澳門真實犯罪狀況。

西方實證研究指出，犯罪與被害之間是相關聯的（Lauritsen, Sampson & Laub, 1991；Pauwels & Svensson, 2011；Posick & Gould, 2015）。調查受訪者的被害資料如同受訪者的自陳犯罪資料，都已成為其他國家和地區用來比較對照官方犯罪資料的資料，藉以推論真正的犯罪情形。但直到澳門大學社會學系在 2016

年啟動澳門社會調查（Macau Social Survey）前，從未有其他機構或學者研究澳門居民受害的實證資料。除澳門居民的自陳犯罪外，本章亦分析門社會調查的被害資料。

## 第二節　犯罪理論

究竟人為何犯罪，犯罪學者發展出不同面向的解釋，本文簡略討論如下。

### 一、理性主義

自由意志的人性假設，促成了犯罪學古典學派的誕生，也形成為現代刑事法學及刑事司法體系之基本人性假設。刑事法的許多原則——如罪刑法定及罪刑均衡的思想——也都以此一人性假設為前提；而各層級刑事司法體系的各種政策，大都也是立基於此一人性假設。犯罪學古典學派認為人是理性的、有自由意志的，追求快樂、逃避痛苦的，是功利的、是現實的，會衡量所花的成本及所得到的代價，只要認為行為划得來，他就會去做。因為行為人認為賭博會帶來快樂、興奮，且有利可圖，所以會參與賭博行為，而古典學派認為惟有藉刑罰的確定性、嚴屬性、迅速性等特性，才能威嚇人們不去犯罪。所以要使人們不去賭博，其對策就是提高對賭博犯罪刑罰的嚴屬性，刑期增加或罰金提高、加強警察的執行取締，並增強刑事司法體系的效能，如此就能達到嚇阻賭博犯罪的目的。古典理論基本上是針對犯罪行為（crime），而不是針對犯罪行為人（criminal），其強調的是防止犯罪，而非探討犯罪的原因。

### 二、生理學觀點

以生理學取向的探討，強調生物和基因因素會影響行為。其看

法是基於「結構決定功能」的假設，認為雖然環境和經驗亦有其影響，但行為仍受一個人的「生物機器」所控制。

## 三、心理學

以心理學面向探討人類行為的有 Freud 的心理分析學派，此學派認為人在潛意識中有生之本能（eros）和死之本能（thanatos）兩種驅力，eros 促人追求成就、享受、愛自己、愛他人，而 thanatos 使人們自我毀滅，其向外的表現是暴力及虐待狂，向內的表現則是酗酒、吸毒及其他自毀習性。

## 四、社會學習理論

社會學習理論家認為人的行為不完全受本能驅力的影響，亦不完全是外在刺激的產物，而強調行為是個體與環境間交互作用的結果。「社會學習」理論強調「增強作用」及「替代學習」的效果，替代學習即觀察學習，認為行為係透過經驗、觀察及行為模仿而習得，且行為之發生與否，受到「個體主觀的期待」和「外在增強物的增強值」二變項的影響。

## ▌第三節　被害理論

如何解釋被害者為何被害，日常生活理論是最常被引用的。日常活動理論始於學者 Cohen and Felson（1979）於第二次世界大戰後對美國家庭的研究，他們在研究中發現，當經濟發達，雙薪家庭更見普遍時，婦女在家的時間減少，犯罪率便會上升。同時，當科技愈來愈發展，貨品設計愈來愈輕巧及方便時，犯罪率亦會上升。基於以上研究，他們提出人類的活動模式與犯罪有密切的關係，他們在理論中提出三個引致犯罪的要素，分別是有犯罪動機的

人、合適的目標及缺乏有能力的監察人,當這三項要素出現時,犯罪的機會便會上升。

## 第四節　台灣、香港及美國居民犯罪與被害狀況

　　世界各國及各地區調查各個國家及地區全國性的犯罪數據,一般均由警察機關定期發布,如台灣是由警政署於該署網頁提供各項犯罪數據,在美國則有聯邦調查局在 Uniform Crime Report 網頁上提供美國犯罪數據,這些官方數據是根據民眾報案所匯集的。據所知有些被害人不願報案而造成官方數據有低於真實數字的黑數(dark figure)情形,因此許多國家和地區調查民眾犯罪被害,並將這被害數據和官方犯罪數據做比較,估計犯罪的真實數字。相較於官方犯罪數據,犯罪被害調查具有相當的效度,自從一九七〇年開始,犯罪被害調查即廣為國際間使用(Laub, 1983a, 1983b;Miethe & Meier, 1994)。大型的犯罪被害調查曾在美國、英國、紐西蘭(Jansson, 2008;Morris, Reilly, Berry & Ransom, 2003;National Archives of Criminal Justice Data, 2008)、台灣和香港執行。台灣、香港和美國為每五年調查一次,以台灣為例,第一次調查為 2000 年,最近一次調查則為 2015 年。為瞭解犯罪和犯罪被害狀況,本文將探討台灣、香港和美國的官方犯罪及犯罪被害調查。選擇台灣和香港是因為他們和澳門在文化語言上很類似,而選擇美國則是因美國的被害調查已執行多年,其經驗值得借鏡,特提出討論。

### 一、台灣

　　根據警政署 2017 年犯罪統計報告顯示,在各類案件中以偷竊為最大宗,且每年各類刑案中均以竊盜案所占比率最高。在

2017 年竊盜案發生 52,025 件，較 2016 年 57,606 件減少 5,581 件（−9.69%）；其中普通竊盜 36,825 件，較 2016 年 38,666 件減少 1,841 件（−4.76%），機車竊盜 12,082 件，較 2016 年 14,403 件減少 2,321 件（−16.11%）。暴力犯罪包括故意殺人、擄人勒贖、強盜、搶奪、重傷害、重大恐嚇取財及強制性交等 7 類。2017 年暴力犯罪案發生數 1,260 件，較 105 年 1,627 件減少 367 件（−22.56%），其中以故意殺人 399 件占 31.67% 居首，強制性交 302 件占 23.97% 次之。

　　2015 年台灣犯罪被害調查係為時任台北大學教授許春金主導，採分層隨機抽樣方法，調查台灣地區 12 歲以上民眾，針對個人被害案件（包括一般竊盜案、傷害案、搶奪案、強盜案），以及家戶被害案件（包括住宅竊盜案、機車竊盜案、汽車竊盜案、詐欺案）調查民眾與其家戶的被害情形，有效樣本數為 18,046 人（戶）。其中有個人被害經驗的有 2,212 人，被害人數比率為 12.26%。以下就案類別分別敘述被害人數比率。

1. 一般竊盜案：樣本被害人數有 2,024 人，被害人數比率為 11.22%。
2. 傷害案：樣本被害人數有 103 人，被害人數比率為 0.57%。就性別來看，男性被害人數比率高於女性，0.71% 比 0.44%；就婚姻狀況來看，離婚或分居與未婚者的被害人數比率高於已婚或同居與喪偶者，0.82% 比 0.43%；就外出次數來看，被害人數比率以晚上外出次數 5 次以上者較高。
3. 強盜案：樣本被害人數有 23 人，被害人數比率為 0.13%。男性被害人數比率高於女性，12.40% 比 10.06%。
4. 搶奪案：樣本被害人數有 136 人，被害人數比率為 0.75%。就性別來看，女性被害人數比率高於男性，1.07% 比

0.43%；就職業來看，主管及經理人員、專業人員、服務工作者、售貨員的被害人數比率較高；就外出次數來看，被害人數比率以晚上外出次數 4 次以上者高於其他次數者。

被害人未向警察機關報案的原因主要是「輕微犯罪損失極小」（58.0%），「不知道加害人是誰，缺乏證據」（22.2%）、「警察效能不彰，無法破案」（21.1%）次之，再其次是「警察會認為該事件不重要」（14.7%）。

至於犯罪者與被害者之間的關聯性，在台灣並未有類似的研究，建議未來學者可在這議題上著墨。

## 二、香港

根據香港警務處統計資料（2019），香港總體犯罪數字在 2018 年是 54,225 件（728/100,000 人），偷竊案占最大宗有 21,309 件，偷竊包括扒竊（打荷包）、店鋪盜竊、車內盜竊、失車等等。暴力犯罪 8,884 件（119/100,000 人）。香港警方亦針對三合會幫派相關罪案做統計，2019 年有 1,715 件。

依據 Hong Kong The United Nations International Crime Victim Survey（Broadhurst, Bacon-Shone, Bouhours, Wa, & Zhaong, 2010）結果，約有 26.5% 香港受訪者在過去五年曾至少有一次的受害經驗，而過去一年有此受害經驗的受訪者約為 8%。在香港有車的人很少，因此相較於其他已開發國家，香港最近幾年車輛失竊比率較低，在過去五年都少於 1%，而 2005 年沒有車輛失竊的報案記錄。偷竊的案子占最多，有 13.5%（2001-2005 年）的受訪者稱有個人物品被偷了。有近 4% 的女性稱曾被性侵。約有 36% 的香港居民雖受害但未報案。未向警察報案主要原因是案件

不嚴重、警察也做不了什麼或者是怕被報復。

雖然被害和犯罪議題很重要，但以英文發表的論文，並未發現香港在這部分的實證研究，本文建議未來可以香港人民為對象，研究犯罪和被害的關聯性。

## 三、美國

根據美國 2017 Uniform Crime Report 統計顯示，暴力犯罪估計為每 100,000 居民發生 382.9 犯罪，財產性犯罪為每 100,000 居民發生 2,362.2 犯罪。與 2016 年比較，暴力犯罪降了 0.9%，財產性犯罪減少了 3.6%（Morgan & Truman, 2018）。

在 2015 年，美國居民十二歲或以上曾經歷暴力犯罪被害的比率為 0.98%，在 2017 年時，這個比率增加到 1.14%。財產性犯罪在 2017 年時為每 1,000 戶有 108.4 事件（20.6%），較 2016 年（23.7%）減少。2017 年的犯罪被害調查顯示，暴力犯罪報案比率為 45%，財產性犯罪被害比率為 36%，由這數字得知，大部分的受害者並未報案。在暴力犯罪被害部分，僅有 8% 的受害者接受協助。

相對於台灣和香港，美國在犯罪與被害的研究上成果較豐碩，茲舉幾例。Toman（2017）以美國監獄人犯為研究對象，發現違反在監規定和在監被害有很高的相關性。又 Jennings 等（2010）以美國青少年為對象，做一個長期性的觀察，研究發現低自我控制對犯罪與被害是一關鍵性的因素。

## 第五節 澳門居民自陳犯罪與被害分析

在澳門社會調查中，共有七個問題是自陳犯罪，包括財產性犯罪、人身侵犯和是否曾被員警逮捕，或曾被判刑坐牢。另外十個問題是問受訪者被害的問題，包括財產被竊、被劫，人身傷害或被威脅。對犯罪和被害的問題，以下一一討論調查結果。

### 一、犯罪

如所料，絕大多數澳門居民受訪者稱並未犯過問卷中所問列的犯罪項目，表 10-5-1 描述受訪者自陳的犯罪。

表 10-5-1　澳門居民自陳犯罪次數

| 次數<br>所犯犯罪描述 | 0 次 (%) | 1 次 (%) | 2 次 (%) | 3次以上 (%) |
|---|---|---|---|---|
| 未經他人允許而擅自拿走他人錢財或者物品 | 3,432 (98.9) | 19 (0.5) | 10 (0.3) | 9 (0.3) |
| 無故徒手或以武器傷害他人 | 3,421 (99.3) | 14 (0.4) | 3 (0.1) | 7 (0.2) |
| 故意損毀或者破壞公共或他人建築或財物 | 3,443 (99.6) | 10 (0.3) | 3 (0.1) | 2 (0.0) |
| 從他人家中偷取財物 | 3,459 (99.5) | 13 (0.4) | 1 (0.0) | 3 (0.1) |

正如預期，偷竊事件是這四項犯罪事件所占比例最高的，其次是暴力案件，毀損及住宅竊盜占同比例。澳門雖賭場充斥，但一向以良好治安著稱，這可由本調查結果得到證實。當然或許有些受訪者會隱瞞犯罪事實，但澳門社會調查亦訪談受訪者的受害情形，可作為彌補自陳犯罪黑數的疑慮。

另有三個問題是直接詢問受訪者有沒有與刑事司法機構接觸的

經驗，有 54 人（1.5%）稱曾被警察帶走或控告，有 12 人（0.3%）曾被法院判有罪（不包括交通違規案件），而有 7 人（0.2%）曾在監服刑。

自陳犯罪與性別及在何處出生做交叉分析發現，男性自陳犯罪有 70 人（63.1%），女性為 41 人（36.9%），最多是來自澳門有 52 人（46.4%），其次是來自中國內地的有 41 人（36.6%）。而被害與性別及在何處出生的交叉比對，發現被害人以女性均多（n = 140；54.5%），男性為 117 人（45.5%），最多為來自中國內地有 129 人（50.2%），其次是來自澳門 88 人（34.2%）。

## 二、被害

### （一）非暴力犯罪被害

在被害的部分，調查被訪談者或屋主各種不同態樣的被害狀況，第一個問題是：在過去六個月中，是否有人（企圖）偷竊您以下的任一物品？選項總共有七種，列舉如下。

1. 攜帶的東西，例如：行李、錢包、手提袋、公事包或者書籍等；
2. 服飾、珠寶或者手機；
3. 自行車或者體育器械；
4. 家中物品，例如：橡膠軟管（花園澆水用）或者陽台家具；
5. 家中孩子的東西；
6. 車中的東西，例如：包包、雜物、相機、CD 等。

如所預期，絕大多數受訪者（95.6%，n = 3,327）上述任何一項東西被偷的受訪者有 4.4%（n = 154）。

除了偷竊被害，另外和住宅及酒店房間被闖，也在調查項目中。調查問屋主：

1. 是否有人透過撞開關閉門窗、推開屋內的人、撬鎖、破壞防盜門、翻越打開的門窗等方式強行進入或者企圖進入您的住家；
2. 有人非法進入或者企圖進入您家車庫、棚屋或者儲藏室；
3. 有人非法進或者企圖進入您所住的酒店房間、旅館房間或者渡假別墅的房間等。

和個人財物被偷類似，有絕大多數的屋主稱（99.1%，n = 2,699），在過去六個月中，並未有住宅或酒店房間被偷，有約0.9%（n = 23）的屋主稱有這種經驗。至於屋主車子是否被偷過，在問卷中是這樣問的，首先先問：在過去六個月中，您或您的家人擁有過的車輛數是多少（車輛包括轎車、麵包車、卡車或摩托車以及其他機動車輛）？

調查結果是：沒有任何車（48.9%，n = 1,332），1 輛（26%，n = 709），2 輛（18.4%，n = 502），3 輛（4.3%，n = 118），4 輛或者更多（2.3%，n = 63）。

接下來則是問屋主是否曾有車輛在過去六個月中遭竊的事情發生，問題包括：

1. 有人未經允許使用您的車輛；
2. 有人偷竊車輛零件，包括輪胎、車子音響或其他零件；
3. 有人偷竊您車子的汽油；
4. 有人企圖偷竊您的車子或車上零件。

調查結果有 82 位（3%）受訪屋主有上述四項中任一項的經驗。調查顯示，在自陳偷竊要比被竊調查來得低，其他自陳偷竊住宅也是相同情形，亦即自陳犯罪要比被害調查比率來得低，這種情形是很常發生的，因為犯罪者很可能會隱瞞不報。

## （二）暴力犯罪被害

這部分討論暴力犯罪被害的調查，首先第一個問題問的是：在過去六個月中，是否有人在以下任一地點（企圖）攻擊或者恐嚇脅迫過您，或者有人在以下地點搶奪您的物品？地點包括：

1. 家中，包括門廊以及院子；
2. 朋友、親戚或者鄰居家裡或附近地帶；
3. 工作地點或者學校；
4. 儲藏室、洗衣房、購物中心、飯店、銀行或者機場等地；
5. 駕駛機動車的過程中；
6. 街上或者停車場；
7. 其他場合，包括：聚會、劇院、健身房、野餐地、保齡球館、狩獵場或者釣魚場等；
8. 有人企圖在上面列舉的任何一個地方攻擊、恐嚇、脅迫過您或者盜竊過您的物品。

調查結果，受訪者在接受調查六個月之前有任何八項其中一項的被害經驗有 23（0.7%）人。接著另外一題問題也是暴力犯罪被害，但這題問題是與暴力是否使用武器有關。這問題是：您是否被人以下面任何一種方式攻擊或者恐嚇脅迫過？（除了電話威脅之外）

1. 用武器，例如：槍或者刀；
2. 用棒球棍、長柄煎鍋、剪刀或者棍子等硬物；
3. 被人拿東西扔過，例如：石頭或者瓶子；

4. 被人抓撓、拳打或者掐脖子；

5. 被強姦、試圖強姦或者其他形式的性暴力；

6. 任何面對面的威脅；

7. 其他任何被攻擊、恐嚇脅迫或者使用暴力，即使你不確定是
   否是犯罪。

調查結果顯示，有 15 位（0.6%）受訪者稱受到上七項中任何
一項的暴力威脅或攻擊。這比例和之前問過的暴力犯罪被害比例幾
乎不相上下。至於這些暴力犯罪者是誰？在調查問卷提供了四個選
項：

1. 工作單位或者學校的人；

2. 鄰居或者朋友；

3. 親戚或者家庭成員；

4. 其他你見過或者認識的人。

有 21 人（0.6%）稱他們曾被認識的人偷過東西、攻擊或者恐
嚇脅迫過。經比對資料發現，在 15 位（0.6%）受訪者稱受到暴力
威脅或攻擊的之中，有 6 位勾選他們曾被認識的人偷過東西、攻擊
或者恐嚇脅迫過，因此推論受訪者中受到暴力威脅或攻擊的，約有
40% 是被認識的人所害的，這機率不可謂不高。

至於性侵害部分，調查問題問：被強迫或者違背自己意願的性
行為通常難以啟齒。除了上面提到過的事件，請問你是否被以下所
列舉的任一類人強迫或者違背自己意願而與其發生性行為？

1. 你不認識的人；

2. 泛泛之交（僅限於認識，不熟悉）；

3. 非常熟悉的人。

這題有三位受訪者回答曾被上述的人性侵過（0.1%），這比例可能低於真實數字，因極有可能有被害者不願如實回答，即使本調查完全不記名，且由受訪者自陳，訪談者並不知道受訪者的答案。

接著調查問卷詢問被害者在過去六個月，是否因犯罪被傷害而向警察報案，有 28 人（0.8%）稱有報案，但我們無法得知，這 28 人受傷究竟是哪種犯罪造成的。另外調查又問犯罪受害者是否即使受傷也沒報案，這部分有 39 人（1.1%），這也是造成犯罪黑數原因之一，因為受害者不願報警。

## 三、犯罪與被害

若用調查問卷中的問題分析犯罪與被害間的聯繫，或許無法得到確切答案，因為在問卷中不論是犯罪或是犯罪被害所問的題目，並未包含所有類型的犯罪被害，但本文仍將問卷調查含有的資訊，提供數字，但這數字僅能參考，無法視為證據。在問卷中，犯罪的部分有七題，被害部分有五題，受訪者自陳有犯罪情形者有 110 人，有任何受害情形的有 257 人，兩者都有的有 26 人。在這 26 位中，男性有 19 位（73.2%），女性 7 位（26.8%）。年齡分布為 18–79 歲。有 11 位（43.1%）是澳門本地人，12 位（46.7%）從中國內地來，2 位（6.5%）從香港來和 1 位（3.7%）是日本人。

## 四、結論

在其他國家和地區，犯罪和被害調查已成常態之際，澳門在這方面的資料極其缺乏，由澳門大學社會學系所隨機抽樣調查的自陳犯罪和被害是目前唯一的研究，結果顯示，自陳犯罪較被害數據為低，這是可以理解的，因為很有可能是受訪者不願誠實回答。不論

是犯罪和被害，偷竊占所有案件的最多數，性侵案件很少，但還是極有可能受訪者不願回答或是隱瞞曾被性侵或性侵他人的事實。在犯罪與被害重疊部分，男性從中國內地來的占大多數，其次是澳門男性。

雖然澳門社會調查提供了寶貴的資料，但犯罪和被害所問的問題，僅包括部分犯罪類型及犯罪被害樣態，並非全面，這些可在未來的調查中一併涵蓋。又犯罪和被害所問的問題並不被此相對應，很難做直接比較犯罪和被害間的聯繫，未來研究可以就這部分做改善。整體而言，由澳門犯罪和被害資料顯示，來自澳門和中國大陸者占犯罪與被害的最大部分，彼此的治安合作甚為重要。雖然澳門與大陸已許多打擊罪犯的合作，但本研究對這種必要性提供了科學證據，及未來澳門犯罪與被害的研究基礎。

## 參考文獻

1. Broadhurst, R., Bacon-Shone, J., Bouhours, B., Wa, L. K., & Zhong, L. Y. (2010). Hong Kong United Nations International Crime Victim Survey: Final Report of the 2006 Hong Kong UNICVS. *SSRN Electronic Journal*.

2. Cohen, L. E., & Felson, M. (1979). Social change and crime rate trends: A routine activity approach. *American Sociological Review*, 44, 588-608.

3. Hardt, R. H., & Peterson-Hardt, S. (1977). On Determining the Quality of the Delinquency Self-Report Method. *Journal of Research in Crime and Delinquency*, 14 (2), 247-259.

4. Hong Kong Police Force (2019) Crime statistics. Retrieved March 22, 2019 from https://www.police.gov.hk/ppp_tc/09_statistics/csc.html

5. Jansson, K. (2008). *Measuring crime for 25 years*. British Crime Survey.

London, England.

6. Jennings, W. G., Higgins, G. E., Tewksbury, R., Gover, A. R., & Piquero, A. R. (2010). A longitudinal assessment of the victim-offender overlap. *Journal of Interpersonal Violence*, 25 (12), 2147-2174.

7. Kam, S. M., Wong, I. L. K., So, E. M. T., Un, D. K. C., & Cha, C. H. W. (2017). Gambling behavior among Macau college and university students. *Asian Journal of Gambling Issues and Public Health, 7* (2), 1-12.

8. Laub, J. H. (1983a). Patterns of offending in urban and rural areas. *Journal of Criminal Justice,11*, 129-142.

9. Laub, J. H. (1983b). Urbanism, race and crime. *Journal of Research in Crime & Delinquency, 20*, 185-198.

10. Lauritsen, J. L., Sampson, R. J., & Laub, H. H. (1991). The link between offending and victimization among adolescents. *Criminology, 29* (2), 265-292.

11. Macau 2017 Crime & Safety Report (2017). The U.S. Overseas Security Advisory Council (OSAC). Retrieved from https://www.osac.gov/Content/Report/9e7b98e0-5c66-4b1c-b6fa-15f4ae017089

12. Miethe, T. D., & Meier, R. F. (1994). *Crime and its social context: Toward an integrated theory of offenders, victims, and situations*. Albany: State University of New York Press.

13. Morgan, R. E., & Truman, J. L. (2018). Crime Victimization 2017. U.S. Department of Justice Office of Justice Programs Bureau of Justice Statistics, NCJ 252472.

14. Morris, A., Reilly, J., Berry, S., & Ransom, R. (2003). *New Zealand National Survey of Crime Victims 2000*. Wellington, New Zealand: Ministry of Justice.

15. National Archives of Criminal Justice Data. (2008). *National Crime Victimization Survey*. Retrieved from https://www.icpsr.umich.edu/icpsrweb/NACJD/NCVS/

16. Pauwels, L. J. R., & Svensson, R. (2011). Exploring the relationship between offending and victimization:What is the role of risky lifestyles and low self-control？A test in two urban samples. *European Journal on Criminal Policy and Research, 17* (3), 163-177.

17. Posick, C., & Gould, L. A. (2015). On the general relationship between victimization and offending:Examining cultural contingencies. *Journal of Criminal Justice, 43* (3), 195-204.

18. Retrieved from http://www.icpsr.umich.edu/NACJD/NCVS/

19. Thornberry, T. P., & Krohn, M. D. (2000). The selfreport method of measuring delinquency and crime, p. 33-83. U.S. National Institute of Justice. Measurement and analysis of crime and justice: Criminal justice series. Vol. 4. Washington, DC: National Institute of Justice.

20. Toman, E. L. (2017). The victim-offender overlap behind bars: Linking prison misconduct and victimization. *Justice Quarterly*, 0 (0), 1-33.

21. Trading Economics (2018). Macau Tourist Arrivals. Retrieved May 22, 2018 from https://tradingeconomics.com/macau/tourist-arrivals.

22. Uniform Crime Report (UCR) (2018). FBI Releases 2017 Crime Statistics. Retrieved March 22, 2019 from https://www.fbi.gov/services/cjis/ucr

23. 香港警務處（2019）。罪案數字比較：二零一八年與二零一七年罪案數字比較。Retrieved March 22, 2019 from https://www.police.gov.hk/ppp_tc/09_statistics/csc.html

24. 澳門保安司（2017）。澳門 2016 年罪案統計及執法資料。Retrieved May 24 from https://www.gss.gov.mo/pdf/talk20170227a.pdf.

# 第十一章

# 結語：變化中的澳門社會

李德

MACAO.

最近幾十年來，澳門在政治、經濟和社會的諸多領域發生了重大的變化。從 16 世紀到 20 世紀末期，這座城市曾經是葡萄牙的殖民地，1999 年才回歸中國，成為中華人民共和國的特別行政區，也是中國境內唯一的博彩業合法化的地方。澳門 95% 的居民都有中國血統，另外 5% 來自世界其他國家。作為連接東西方文化的橋梁，澳門繼承了很多優秀的中國文化傳統，同時也深受西方文化尤其是葡萄牙文化的影響。回歸中國以後，在中央政府的支持下，澳門的經濟經歷了飛速的發展，人口也得到了大幅度的增加。當今的澳門已經成為世界上最富有的地區之一，是世界上很多人喜歡旅遊和居住的地方。

當然，這本書所主要關心的不是澳門的歷史，而是這座城市的社會現狀，具體的說，是澳門的社會結構、社會特徵以及主要社會問題。從這些角度講，「澳門社會調查」展現出當代澳門社會的九大主要特徵。

第一，澳門是一個繁榮穩定的社會，澳門人的收入比較高，月收入超出 15,000 澳門幣的居民大約占 16 歲以上的人口的一半，加上其他社會福利，澳門人口的經濟收入遠遠高出周邊絕大多數地區。大多數澳門人都擁有自己的物業，對自己的社區環境一般比較滿意，不擔心社區安全問題。

第二，澳門的教育水準在不斷提高。總體上講，澳門居民的教育水準還不算很高，只有大約三分之一的人口受過大學教育。但近幾年來，澳門的教育水準有了很大的改善。澳門人有很多受高等教育的機會，既可以留在澳門讀大學，也可以去中國大陸、台灣、香港和其他國家接受高等教育。愈來愈多的澳門居民開始利用這些機會提高自己的學歷和就業技能。

第三，澳門的家庭生活相對穩定。和許多現代社會一樣，澳門的家庭在變小，初次結婚的年齡也在增加，但已婚人口占 16 歲以上的總人口的六成，未婚居民只占三成，同居、離婚與喪偶的居民比較少。另外，絕大多數澳門居民為婚次數不超過一次，離婚率不高，平均婚姻時長比較久。

第四，澳門是一個移民和移工分布密集的社會。澳門移民主要來源於中國大陸，他們遷移途徑主要以家庭團聚和來澳門工作為主。2008 年移民政策的變化降低了投資移民的數量，相對增加了來自中國大陸以外的移民的比例，也在一定程度上提高了移民的教育水準。在移工方面，澳門 2017 年底的外籍勞工的總數接近十八萬，幾乎占澳門總人口的 28%，他們對澳門社會和經濟的發展做出了重要的貢獻。

第五，澳門居民的身心健康良好。在身體健康方面，澳門的發病率和就醫率都比較低，大多數居民都認為自己身體健康狀況好或很好。由於澳門實行全民免費醫療保險，身體出現疾病後可以在政府診所得到治療，因此，澳門居民中購買個人醫療保險的比較少。在心理健康方面，澳門居民一般對生活持有樂觀的態度，主觀幸福指標和生活的滿意度都高於平均水準。

第六，澳門人在社會認同方面有很強的中國歸屬感。多數人認為自己既是澳門人又是中國人，這一點不因教育水準、職業、社會地位以及宗教信仰而改變。但是，年輕一代特別是回歸後出生的年齡組對中國人的認同比較低，說明年齡及與之相關的社會經歷顯著影響澳門居民的身份認同。

第七，社團政治是澳門政治體制的一大特色。澳門 5,000 多個社團是連結普通市民與政府的橋梁，也是澳門居民參與政治活動

的主要管道。澳門人的政治參與程度比較高，雖然他們對遊行請願、上訪等非傳統的參與活動熱情不高，但很多居民積極參加投票選舉澳門立法會議員，也透過社團諮詢、媒體等方式把自己的意見和要求反映給相關政府部門。

第八，澳門人的信仰和價值觀念呈現多元化特徵。在宗教信仰方面，既有很多人信奉中國的傳統宗教，例如佛教和祭神等傳統民間信仰，也有不少人信奉天主教、基督教以及其他宗教。澳門居民中仍有一些人觀念保守，對社會邊緣化群體持有偏見，對男女平等表示異議。但是，大多數居民思想開放，包容大度，支持男女平等的價值觀念。

第九，澳門居民的犯罪和越軌行為都比較低。本調查首次在澳門進行大規模的犯罪受害研究，發現澳門居民中每 1,000 人分別有46 人和 7 人在過去六個月中經歷過財產受害和人身受害。這兩項比率比官方數據推算的要大，但絕對值仍然不算很高。澳門雖是世界博彩中心，居民參加賭博的比例也不是很高。另外，藥物濫用的比例還處於相對比較低的水準。

當然澳門也有不少社會問題，有些是媒體中經常提到的問題，有些則在這次研究中表現的尤為顯著。主要問題呈現在以下幾個方面。

第一，產業結構單一，博彩業一業獨大，為澳門社會的健康發展帶來了風險隱患，同時也限制了澳門居民的就業管道。澳門近幾年來一直都在努力推動產業結構的多樣化，但到目前為止尚無突破性進展。澳門很小，發展空間有限，也缺乏產業結構多樣化所需要的人才和市場，這些都是不可避免的挑戰。中央部署的一帶一路和大灣區建設規劃給澳門帶來了前所未有的發展的機會。澳門需要把

握時機，充分利用自己的優勢和國家政策所提供的優越條件，進一步調整自身結構、推動經濟發展的多元化。

第二，貧富分化嚴重。總體上講澳門是一個富裕城市，少數人收入很高，也有一個穩定的中產階級，但是，澳門有近三分之一的居民的月收入在 4,000 澳門幣之下。眾所周知，澳門的物價很貴，尤其是房價，是世界上最貴的區域之一。很多收入低的居民只有靠政府補貼生活。從長遠的角度講，貧富分化往往會引發社會矛盾，對青年人來說，這個問題尤其嚴重。如果很多青年因為社會結構的不公對未來失去希望的話，那就可能引發反社會情緒，甚至導致社會動盪。社會各界應當認真對待貧富分化可能導致的社會後果。

第三，教育水準有待提高。雖然澳門在過去幾十年中在提高全民教育質量方面取得了很大的成績，應該看到與發達國家和地區相比，澳門社會的整體教育水準還是比較低，無法滿足產業結構多元化的需求。澳門居民是非常勤奮的，他們也願意接受更高和更好的教育，但產業結構的單一性限制了他們學有所用的機會。為了解決這一問題，澳門政府應該多為澳門居民尤其是年輕人提供創新和發展自己專業特長的機會。換一句話說，教育是需要回報的，如果居民看不到自己期待的回報，也就不會積極追求更高的教育。肯定教育的價值、增加教育的回報是整個社會需要共同做出的努力。

第四，公共交通資源缺乏。這次調查發現，澳門居民抱怨最多的市內交通問題，尤其是公共交通資源的缺乏。澳門是世界上人口密度最大的城市，每年又有三千多萬遊客拜訪澳門，交通擁擠自然會成為一個問題。公共交通應該是解決交通問題的主要途徑，但居民對公共交通現狀很不滿意。希望政府能夠多想些辦法，利用先

進的科學技術，如大數據和智慧城市的建設方案分析並解決交通問題，為居民的生活和工作創造更方便的條件。

最後談一談今後的研究計畫。從樣本的規模、設計的科學性、涵蓋的主題內容等諸多方面來講，「澳門社會調查」都是在澳門研究中前所未有的。但它也只是一項初始的研究，所提供的是對澳門社會的斷面的分析。為了充分發揮它的價值，這項研究需要定期舉行一次，在不同的年分裡蒐集相似的數據，這樣就可以把現在這一斷面研究轉換為縱向研究。縱向研究的長處是可以分析和解答與社會的發展以及社會的變化相關的問題。比如：澳門的產業結構是否會因大灣區的建設而變得多元化？澳門的貧富不均現象是否會得到改善？澳門的未婚率和離婚率是否會隨著經濟的發展而升高？澳門接受高等教育的居民是否會愈來愈多？縱向研究可以更好地幫助我們認識社會發展的趨勢，也能夠更有效地評估社會政策的效益。出於這個考慮，我們準備以後每三年左右舉行一次類似的調查，而且設計上將採用跟蹤調查的方法，對同一個樣本跟蹤多年，進行反覆測試，這樣既可以瞭解個人層次上的變化，也可以有效地鑒定眾多社會指標的發展趨勢。

另一項可以加強的工作是比較研究。在這本書中我們已經加入了一些澳門和其他國家和地區之間的比較，但那些分析還不算系統。如前面所提到的，像「澳門社會調查」這樣的研究在中國大陸、台灣、香港和許多其他國家都進行過。由於我們採用了很多以前研究所使用的測試問卷中的問題，所以本研究所蒐集的內容和在其他國家和地區進行的研究內容有很強的可比性。我們的另一個計畫是把澳門的數據庫和其他國家及地區的數據庫結合起來進行比較分析，幫助我們認識澳門與其他國家和地區尤其是大中華地區的相同點和不同點，鑒定不同地區所面臨的共同問題以及特殊的挑

戰，為探索理論問題和提供行之有效的政策建議打下更深更廣的基礎。

國家圖書館出版品預行編目資料

澳門社會現狀調查／李德等主編. ——初版.
——臺北市：五南，2020.05
　　面；　公分
　ISBN 978-986-522-001-3（平裝）

1.社會調查　2.澳門特別行政區

543.239　　　　　　　　　109005657

4J2B

# 澳門社會現狀調查

主　　編 ― 李德、蔡天驥、王紅宇、郭世雅

責任編輯 ― 紀易慧

文字校對 ― 許馨尹、黃志誠

封面設計 ― 姚孝慈

發 行 人 ― 楊榮川

總 經 理 ― 楊士清

總 編 輯 ― 楊秀麗

副總編輯 ― 張毓芬

出 版 者 ― 五南圖書出版股份有限公司

地　　址：106台北市大安區和平東路二段339號4樓

電　　話：(02)2705-5066　傳　真：(02)2706-61

網　　址：http://www.wunan.com.tw

電子郵件：wunan@wunan.com.tw

劃撥帳號：01068953

戶　　名：五南圖書出版股份有限公司

法律顧問　林勝安律師事務所　林勝安律師

出版日期　2020年5月初版一刷

定　　價　新臺幣350元